Schadensersatzrecht I

Hemmer/Wüst/Griedl

Oktober 2007

Juristisches Repetitorium hemmer

examenstypisch - anspruchsvoll - umfassend

Augsburg
Wüst/Skusa/Mielke/Quirling
Mergentheimer Str. 44
97082 Würzburg
Tel.: (0931) 79 78 2-30
Fax: (0931) 79 78 2-34
www.hemmer.de/augsburg

Bayreuth
Daxhammer
Matzenhecke 23
97204 Höchberg
Tel.: (0931) 400 337
Fax: (0931) 404 3109
www.hemmer.de/bayreuth

Berlin-Dahlem
Gast
Schumannstraße 18
10117 Berlin
Tel.: (030) 240 45 738
Fax: (030) 240 47 671
www.hemmer.de/berlin-dahlem

Berlin-Mitte
Gast
Schumannstraße 18
10117 Berlin
Tel.: (030) 240 45 738
Fax: (030) 240 47 671
www.hemmer.de/berlin-mitte

Bielefeld
Knoll/Sperl
Hinter dem Zehnthofe 18a
38173 Sickte
Tel.: (05305) 91 25 77
Fax: (05305) 91 25 88
www.hemmer.de/bielefeld

Bochum
Schlegel/Schlömer/Sperl
Salzstr. 14/15
48143 Münster
Tel.: (0251) 67 49 89 70
Fax.: (0251) 67 49 89 71
www.hemmer.de/bochum

Bonn
Ronneberg/Christensen/Clobes
Leonardusstr. 24c
53175 Bonn
Tel.: (0228) 23 90 71
Fax: (0228) 23 90 71
www.hemmer.de/bonn

Bremen
Kulke
Mergentheimer Str. 44
97082 Würzburzg
Tel.: (0931) 79 78 230
Fax: (0931) 79 78 234
www.hemmer.de/bremen

Dresden
Stock
Zweinaundorfer Str. 2
04318 Leipzig
Tel.: (0341) 6 88 44 90
Fax: (0341) 6 88 44 96
www.hemmer.de/dresden

Düsseldorf
Ronneberg/Christensen/Clobes
Leonardusstr. 24c
53175 Bonn
Tel.: (0228) 23 90 71
Fax: (0228) 23 90 71
www.hemmer.de/duesseldorf

Erlangen
Grieger/Tyroller
Mergentheimer Str. 44
97082 Würzburg
Tel.: (0931) 79 78 2-30
Fax: (0931) 79 78 2-34
www.hemmer.de/erlangen

Frankfurt/M.
Geron
Dreifaltigkeitsweg 49
53489 Sinzig
Tel.: (02642) 61 44
Fax: (02642) 61 44
www.hemmer.de/frankfurt

Frankfurt/O.
Neugebauer/ Vieth
Holzmarkt 4a
15230 Frankfurt/O.
Tel.: (0335) 52 29 87
Fax: (0335) 52 37 88
www.hemmer.de/frankfurtoder

Freiburg
Behler/Rausch
Rohrbacher Str. 3
69115 Heidelberg
Tel.: (06221) 65 33 66
Fax: (06221) 65 33 30
www.hemmer.de/freiburg

Gießen
Knoll/Sperl
Hinter dem Zehnthofe 18a
38173 Sickte
Tel.: (05305) 91 25 77
Fax: (05305) 91 25 88
www.hemmer.de/giessen

Göttingen
Sperl/Schlömer
Kirchhofgärten 22
74635 Kupferzell
Tel.: (07944) 94 11 05
Fax: (07944) 94 11 08
www.hemmer.de/goettingen

Greifswald
Burke/Lück
Buchbinderstr. 17
18055 Rostock
Tel.: (0381) 3 77 74 00
Fax: (0381) 3 77 74 01
www.hemmer.de/greifswald

Halle
Luke
Arndtstr. 1
04275 Leipzig
Tel.: (0177) 3 34 26 51
Fax: (0341) 4 62 68 79
www.hemmer.de/halle

Hamburg
Schlömer/Sperl
Pinnasberg 45
20359 Hamburg
Tel.: (040) 317 669 17
Fax: (040) 317 669 20
www.hemmer.de/hamburg

Hannover
Daxhammer/Sperl
Matzenhecke 23
97204 Höchberg
Tel.: (0931) 400 337
Fax: (0931) 404 3109
www.hemmer.de/hannover

Heidelberg
Behler/Rausch
Rohrbacher Str. 3
69115 Heidelberg
Tel.: (06221) 65 33 66
Fax: (06221) 65 33 30
www.hemmer.de/heidelberg

Jena
Hannich
Parkweg 7
97944 Boxberg
Tel.: (07930) 99 23 38
Fax: (07930) 99 22 51
www.hemmer.de/jena

Kiel
Sperl/Schlömer
Kirchhofgärten 22
74635 Kupferzell
Tel.: (07944) 94 11 05
Fax: (07944) 94 11 08
www.hemmer.de/kiel

Köln
Ronneberg/Christensen/Clobes
Leonardusstr. 24c
53175 Bonn
Tel.: (0228) 23 90 71
Fax: (0228) 23 90 71
www.hemmer.de/koeln

Konstanz
Guldin/Kaiser
Hindenburgstr. 15
78467 Konstanz
Tel.: (07531) 69 63 63
Fax: (07531) 69 63 64
www.hemmer.de/konstanz

Leipzig
Luke
Arndtstr. 1
04275 Leipzig
Tel.: (0177) 3 34 26 51
Fax: (0341) 4 62 68 79
www.hemmer.de/leipzig

Mainz
Geron
Dreifaltigkeitsweg 49
53489 Sinzig
Tel.: (02642) 61 44
Fax: (02642) 61 44
www.hemmer.de/mainz

Mannheim
Behler/Rausch
Rohrbacher Str. 3
69115 Heidelberg
Tel.: (06221) 65 33 66
Fax: (06221) 65 33 30
www.hemmer.de/mannheim

Marburg
Knoll/Sperl
Hinter dem Zehnthofe 18a
38173 Sickte
Tel.: (05305) 91 25 77
Fax: (05305) 91 25 88
www.hemmer.de/marburg

München
Wüst
Mergentheimer Str. 44
97082 Würzburg
Tel.: (0931) 79 78 2-30
Fax: (0931) 79 78 2-34
www.hemmer.de/muenchen

Münster
Schlegel/Sperl/Schlömer
Salzstr. 14/15
48143 Münster
Tel.: (0251) 67 49 89 70
Fax: (0251) 67 49 89 71
www.hemmer.de/muenster

Osnabrück
Schlömer/Sperl/Knoll
Kirchhofgärten 22
74635 Kupferzell
Tel.: (07944) 94 11 05
Fax: (07944) 94 11 08
www.hemmer.de/osnabrueck

Passau
Mielke
Schlesierstr. 4
86919 Utting a.A.
Tel.: (08806) 74 27
Fax: (08806) 94 92
www.hemmer.de/passau

Potsdam
Gast
Schumannstraße 18
10117 Berlin
Tel.: (030) 240 45 738
Fax: (030) 240 47 671
www.hemmer.de/potsdam

Regensburg
Daxhammer
Matzenhecke 23
97204 Höchberg
Tel.: (0931) 400 337
Fax: (0931) 404 3109
www.hemmer.de/regensburg

Rostock
Burke/Lück
Buchbinderstr. 17
18055 Rostock
Tel.: (0381) 3777 400
Fax: (0381) 3777 401
www.hemmer.de/rostock

Saarbrücken
Bold
Preslesstraße 2
66987 Thaleischweiler-Fröschen
Tel.: (06334) 98 42 83
Fax: (06334) 98 42 83
www.hemmer.de/saarbruecken

Trier
Geron
Dreifaltigkeitsweg 49
53489 Sinzig
Tel.: (02642) 61 44
Fax: (02642) 61 44
www.hemmer.de/trier

Tübingen
Guldin/Kaiser
Hindenburgstr. 15
78465 Konstanz
Tel.: (07531) 69 63 63
Fax: (07531) 69 63 64
www.hemmer.de/tuebingen

Würzburg
- ZENTRALE -
Mergentheimer Str. 44
97082 Würzburg
Tel.: (0931) 79 78 230
Fax: (0931) 79 78 234
www.hemmer.de/wuerzburg

Wer in vier Jahren sein Studium erfolgreich abschließen will, kann sich einen Irrtum im Hinblick auf Examensvorbereitung und Ausbildungsmaterial nicht leisten!

Stellen Sie frühzeitig Ihre Weichen richtig. Trainieren Sie unter professioneller Anleitung das, was Sie im Examen erwartet.

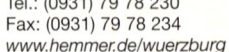

www.hemmer.de

www.lifeandlaw.de

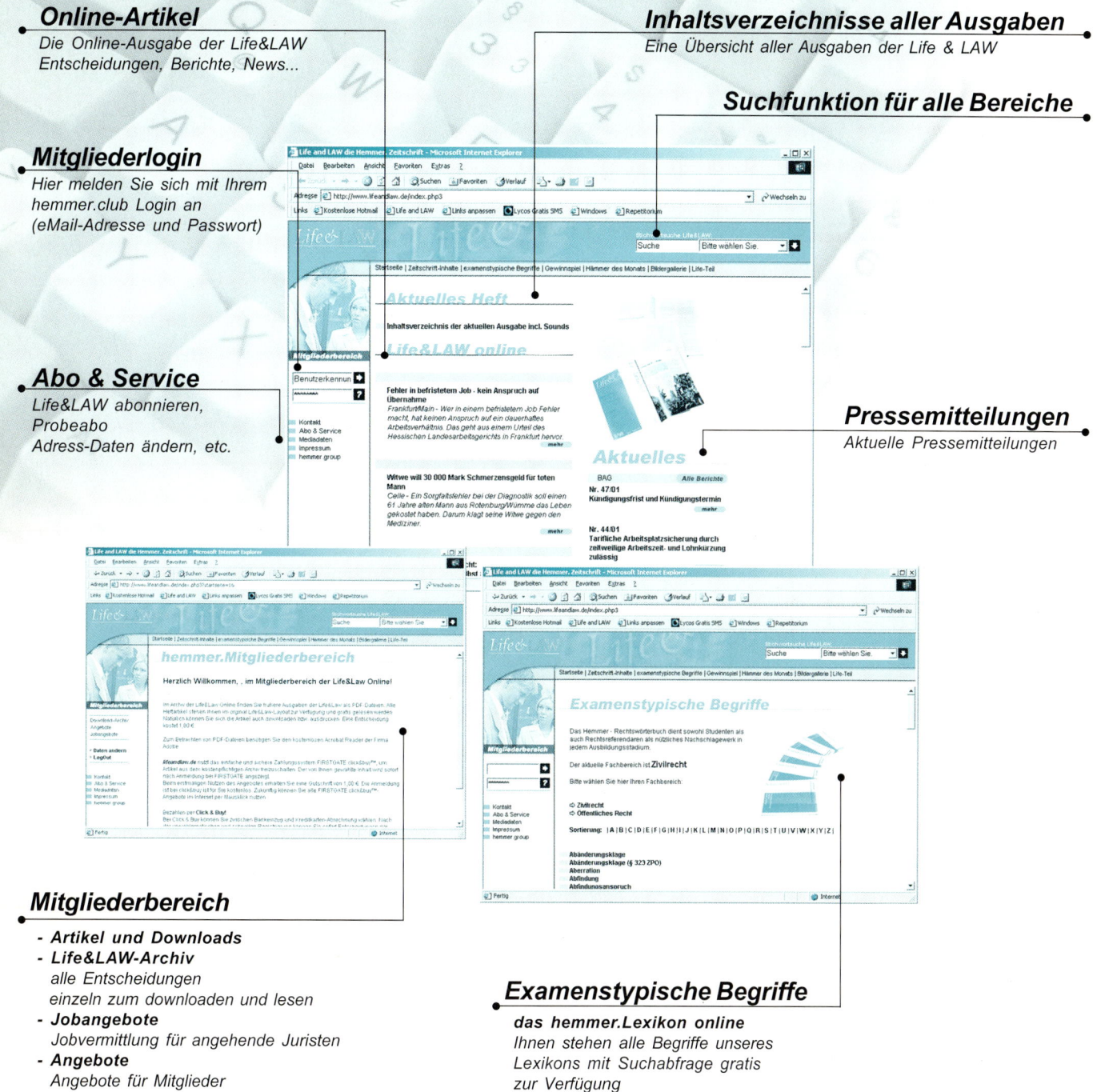

Online-Artikel
Die Online-Ausgabe der Life&LAW
Entscheidungen, Berichte, News...

Mitgliederlogin
Hier melden Sie sich mit Ihrem
hemmer.club Login an
(eMail-Adresse und Passwort)

Abo & Service
Life&LAW abonnieren,
Probeabo
Adress-Daten ändern, etc.

Inhaltsverzeichnisse aller Ausgaben
Eine Übersicht aller Ausgaben der Life & LAW

Suchfunktion für alle Bereiche

Pressemitteilungen
Aktuelle Pressemitteilungen

Mitgliederbereich
- *Artikel und Downloads*
- *Life&LAW-Archiv*
  alle Entscheidungen
  einzeln zum downloaden und lesen
- *Jobangebote*
  Jobvermittlung für angehende Juristen
- *Angebote*
  Angebote für Mitglieder

Examenstypische Begriffe
das hemmer.Lexikon online
Ihnen stehen alle Begriffe unseres
Lexikons mit Suchabfrage gratis
zur Verfügung

Assessorkurse

Bayern:		RA I. Gold, Mergentheimer Str. 44, 97082 Würzburg; Tel.: (0931) 79 78 2-50
Baden-Württemberg:	Konstanz/Tübingen	RAe F. Guldin/B. Kaiser, Hindenburgstr. 15, 78467 Konstanz; Tel.: (07531) 69 63 63
	Heidelberg/Freiburg/Stuttgart	RAe Behler/Rausch, Rohrbacher Str. 3, 69115 Heidelberg; Tel.: (06221) 65 33 66
Berlin/Potsdam:		RA L. Gast, Schumannstr. 18, 10117 Berlin, Tel. (030) 24 04 57 38
Brandenburg:		RA Neugebauer/Vieth, Holzmarkt 4a, 15230 Frankfurt/Oder, Tel.:(0335) 52 29 32
Bremen/Hamburg:		RAe M. Sperl/Clobes/Dr. Schlömer, Kirchhofgärten 22, 74635 Kupferzell; Tel. (07944) 94 11 05
Hessen	Frankfurt	RA A. Geron, Dreifaltigkeitsweg 49, 53489 Sinzig; Tel.: (02642) 6144
	Marburg/Kassel	RAe M. Sperl/Clobes/Dr. Schlömer, Hinter dem Zehnthofe 18a, 38173 Sickte, Tel. (05305) 91 25 77
Mecklenburg-Vorp.:		Ludger Burke/Johannes Lück, Heilgeiststraße 30, 18439 Stralsund, Tel: (03831) 30 93 44
Niedersachsen:	Hannover	RAe M. Sperl/Dr. M. Knoll, Hinter dem Zehnthofe 18a, 38173 Sickte, Tel. (05305) 91 25 77
	Postversand	RAe M. Sperl/Clobes/Dr. Schlömer, Kirchhofgärten 22, 74635 Kupferzell; Tel. (07944) 94 11 05
Nordrhein-Westfalen:		Dr. A. Ronneberg, Leonardusstr. 24c, 53175 Bonn; Tel.: (0228) 23 90 71
Rheinland-Pfalz:		RA A. Geron, Dreifaltigkeitsweg 49, 53489 Sinzig; Tel.: (02642) 6144
Saarland:		RA A. Geron, Dreifaltigkeitsweg 49, 53489 Sinzig; Tel.: (02642) 6144
Thüringen:		RA J.-Luke, Arndtstr. 1, 04275 Leipzig; Tel.: (0177) 3 34 26 51
Sachsen:		RA J. Luke, Arndtstr. 1, 04275 Leipzig; Tel.: (0177) 3 34 26 51
Schleswig-Holstein:		RAe M. Sperl/Clobes/Dr. Schlömer, Kirchhofgärten 22, 74635 Kupferzell; Tel. (07944) 94 11 05

Schadensersatzrecht I

Hemmer/Wüst/Griedl

Oktober 2007

Hemmer/Wüst Verlagsgesellschaft

Das Skript ist urheberrechtlich geschützt. Die dadurch begründeten Rechte, insbesondere des Nachdrucks, der Wiedergabe auf photomechanischem oder ähnlichem Wege und der Speicherung in Datenverarbeitungsanlagen bleiben, auch bei nur auszugsweiser Verwertung, der Hemmer/Wüst-Verlagsgesellschaft vorbehalten.

Hemmer/Wüst/Griedl/d'Alquen; Schadensersatzrecht I

ISBN 978-3-89634-771-8
6. Auflage, Oktober 2007

gedruckt auf chlorfrei gebleichtem Papier
von Schleunungdruck GmbH, Marktheidenfeld

Vorwort
Neues Lernen mit der "HEMMER-METHODE"

Wer in vier Jahren sein Studium abschließen will, kann sich einen **Irrtum** in bezug auf Stoffauswahl und -aneignung **nicht leisten**. Hoffen Sie nicht auf die leichten Rezepte, die Schemata und den einfachen Rechtsprechungsfall. Die unnatürlich klare Zielsetzung der Schemata lässt keine Frage offen und suggeriert eine Einfachheit, die in der Prüfung nicht besteht. Hüten Sie sich vor Übervereinfachung beim Lernen. Stellen Sie deswegen frühzeitig die Weichen richtig.

Das BGB unterscheidet grds. Anspruchsgrund und Anspruchsinhalt. Während sich die Skripten Schadensersatzrecht I und II mit der Frage nach dem Bestehen des Anspruchsgrundes („ob") befassen, ist Inhalt des Skripts Schadensersatzrecht III die Frage, „wieviel" Schadensersatz der Geschädigte fordern kann.

Zum Entstehen eines Schadensersatzanspruches fordert das BGB grds. Verschulden des Schuldners (sog. Verschuldensprinzip). Dennoch finden sich über das gesamte BGB verteilt Ausnahmen von dieser Regel: §§, 536a I 1. Alt., 122, 179 BGB sind Fälle sog. Garantie- bzw. Vertrauenshaftung. Die Abgrenzung dieser Haftungstatbestände zu verschuldensabhängigen Tatbeständen wie auch die sich daraus ergebenden Konsequenzen für die Prüfung darzustellen, ist Inhalt des Skripts **Schadensersatzrecht I**.

Die **"HEMMER-METHODE"** vermittelt Ihnen die **erste richtige Einordnung** und das **Problembewusstsein**, welches Sie brauchen, um an einer Klausur bzw. dem Ersteller nicht vorbeizuschreiben. Häufig ist dem Studenten nicht klar, warum er schlechte Klausuren schreibt. Wir geben Ihnen **gezielte Tips**! Vertrauen Sie auf unsere **Expertenkniffe**.

Durch die ständige Diskussion mit unseren Kursteilnehmern ist uns als erfahrenen Repetitoren klar geworden, welche **Probleme** der Student hat, sein **Wissen anzuwenden**. Wir haben aber auch von unseren Kursteilnehmern profitiert und von Ihnen erfahren, welche **Argumentationsketten** in der Prüfung zum Erfolg geführt haben.

Die **"HEMMER-METHODE"** gibt **jahrelange Erfahrung** weiter, erspart Ihnen viele schmerzliche Irrtümer, setzt richtungsweisende Maßstäbe und begleitet Sie als **Gebrauchsanweisung** in Ihrer Ausbildung:

1. Basics:

Das *Grundwerk* für Studium und Examen. Es schafft **Grundwissen** und mittels der **"HEMMER-METHODE"** richtige Einordnung für Klausur und Hausarbeit.

2. Skriptenreihe:

Vertiefend: Über 1.000 Prüfungsklausuren wurden auf ihre "essentials" abgeklopft.

Anwendungsorientiert werden die für die Prüfung nötigen Zusammenhänge umfassend aufgezeigt und wiederkehrende Argumentationsketten eingeübt.

Gleichzeitig wird durch die **"HEMMER-METHODE"** auf **anspruchsvollem Niveau** vermittelt, nach welchen Kriterien Prüfungsfälle beurteilt werden. Spaß und Motivation beim Lernen entstehen erst durch Verständnis.

Lernen Sie, durch Verstehen am juristischen Sprachspiel teilzunehmen. Wir schaffen den "background", mit dem Sie die innere Struktur von Klausur und Hausarbeit erkennen: **„Problem erkannt, Gefahr gebannt"**. Profitieren Sie von unserem **technischen know how**. Wir werden Sie auf das Anforderungsprofil einstimmen, das Sie in Klausur und Hausarbeit erwartet.

Die **studentenfreundliche Preisgestaltung** ermöglicht auch den **Erwerb als Gesamtwerk**.

3. Hauptkurs:

Schulung am examenstypischen Fall mit der Assoziationsmethode. Trainieren Sie unter professioneller Anleitung, was Sie im Examen erwartet und wie Sie bestmöglich mit dem Examensfall umgehen.

Nur wer die Dramaturgie eines Falles verstanden hat, ist in Klausur und Hausarbeit auf der sicheren Seite! Häufig hören wir von unseren Kursteilnehmern: „Erst jetzt hat Jura richtig Spaß gemacht".

Die Ergebnisse unserer Kursteilnehmer geben uns recht. Der **Bewährungsgrad** einer Theorie ist der **Erfolg**. Die Examensergebnisse zeigen, dass unsere Kursteilnehmer überdurchschnittlich abschneiden.

Z.B.: **Zentrale in Würzburg:** Von '91 bis '97 6x sehr gut, 50x gut, darunter mehrere Landesbeste, einer mit 15,08 (Achtsemester), z.B. '97: 14,79; '96: 14,08. Auch '95: Die 6 Besten, alle Freischüßler, Schnitt von 13,39, einer davon mit sehr gut; Sommer '97: Von 9 x gut, 8x Hemmer! In den Terminen 95/96/97 5x Platzziffer 1, 1x Platzziffer 2, alles spätere Mitarbeiter. Landesbester in Augsburg 15,25 (Achtsemester). **München Frühjahr '97 (ein Termin!):** 36x über Neun: 2x sehr gut, 14x gut, 20x vollbefriedigend.

Bereits in unserem ersten Durchgang in Berlin, Göttingen, Konstanz die Landesbesten mit "sehr gut". "Sehr gut" auch in Freiburg, Bayreuth, Köln (2x), Bonn, Regensburg (15,54;14,2; 14,00) Erlangen (15,4; 15,0; 14,4), Heidelberg (14,7; Termin 97 I: 14,77) und München (14,25; 14,04; 14,04; 14,00). Augsburg: Schon im ersten Freischuß 91 I erzielten 4 Siebtsemester (!) einen Schnitt von 12,01. Auch in Thüringen '97 I 2x 12, 65 waren die Landesbesten Kursteilnehmer. Von 6x gut, 5 Hemmer-Teilnehmer. Fragen Sie auch in anderen Städten nach unseren Ergebnissen.

Lassen Sie sich aber nicht von diesen Supernoten verschrecken, sehen Sie dieses Niveau als Ansporn für Ihre Ausbildung. Denn: Wer auf 4 Punkte lernt, landet leicht bei 3!

Basics, Skriptenreihe und Hauptkurs sind als **modernes, offenes und flexibles Lernsystem** aufeinander abgestimmt und ergänzen sich ideal.

Wir hoffen, als Repetitoren mit unserem Gesamtangebot bei der Konkretisierung des Rechts mitzuwirken und wünschen Ihnen **viel Spaß beim Durcharbeiten** unserer Skripten.

Wir würden uns freuen, mit Ihnen später als Hauptkursteilnehmer mit der **"HEMMER-METHODE"** gemeinsam Verständnis an der Juristerei im Hinblick auf Examina zu trainieren.

Hemmer   *Wüst*

INHALTSVERZEICHNIS

§ 1 Allgemeines zum Schadensersatzrecht 1

A. Grundbegriffe 1
I. Vermögens- und Nichtvermögensschaden 1
II. Unmittelbarer und mittelbarer Schaden 3

B. Anspruchsgrund 5

C. Anspruchsarten 8
I. Primäre Schadensersatzansprüche 8
II. Sekundäre Schadensersatzansprüche 9

D. Anspruchsinhalt 10
I. Schadensumfang, §§ 249 ff. 10
1. § 249 10
2. § 250 11
3. § 251 I 11
4. § 251 II 12
5. § 252 13
6. § 253 BGB 13
II. Negatives und positives Interesse bei sekundären Schadensersatzansprüchen 13
1. Positives Interesse 14
2. Negatives Interesse 16
III. Abgrenzung zu Begleitschäden 18

E. Haftungsprinzipien 19
I. Prinzip des Vertretenmüssens 19
1. Haftung für Eigenverschulden 20
2. Haftung für Hilfspersonen, § 278 20
   a) Gesetzliche Vertreter 22
   b) Erfüllungsgehilfen 22
   c) Verschulden 26
II. Garantie- und Vertrauenshaftung 27
III. Gefährdungshaftung 27

§ 2 Vertragliche Primäransprüche auf Schadensersatz 28

A. Der selbständige Garantievertrag 28
I. Abgrenzung zur Bürgschaft 29
II. Abgrenzung zu Schuldübernahme/-beitritt 30
III. Abgrenzung der selbständigen Garantie zur Beschaffenheitsgarantie im Gewährleistungsrecht. 32

B. Sachversicherungsvertrag 33

§ 3 Gesetzliche Garantiehaftung ... 35

A. § 536a I 1.Alt. ... 35

I. Haftungsgrund ... 36

II. Voraussetzungen des § 536a I 1.Alt. ... 36
1. Fehler (§ 536 I) ... 36
2. Fehlen zugesicherter Eigenschaften (§ 536 II) ... 37
3. Maßgeblicher Zeitpunkt ... 37
4. Anspruchsausschluss gem. §§ 536b, 536c ... 38

III. Abgrenzung zwischen § 536a I 1.Alt. und anfänglicher Unmöglichkeit ... 38

IV. Der Anspruchsumfang im Einzelnen ... 41

B. § 701 BGB ... 42

C. Garantiehaftung im Kauf-, Werk- und Reisevertragsrecht ... 43

I. Garantiehaftung im kaufrechtlichen Mängelrecht ... 44
1. Abgrenzung zu Beschaffenheitsangaben ... 46
2. Abgrenzung von Angaben in der Werbung ... 47
3. Sonderfall Gebrauchtwagenkauf ... 49

II. Verschuldensunabhängige Haftung im Werkvertragsrecht ... 50

III. § 651f ... 51

D. § 122 ... 52

I. Allgemeines ... 52

II. Haftungsgrund ... 52

III. Anwendungsbereich ... 52

IV. Ausschluss der Haftung ... 54

E. § 179 ... 55

I. Allgemeines ... 55

II. Haftungsgrund ... 55

III. § 179 I ... 55

IV. § 179 II ... 57

V. Ausschluss der Haftung des falsus procurator ... 57
1. Widerruf nach § 178 ... 57
2. Kenntnis vom Mangel gemäß § 179 III S.1 ... 58
3. Beschränkt geschäftsfähiger falsus procurator, § 179 III 2 ... 58
4. Haftungsausschluss in sonstigen Fällen ... 58
   a) Nichtigkeit des Vertretergeschäfts ... 58
   b) Insolvenz des Vertretenen ... 58
   c) Rechtliche oder tatsächliche Hindernisse ... 59

VI. Verjährung ... 59

VII. Konkurrenz zu Ansprüchen aus c.i.c. ... 59

VIII. Sonstige Probleme ... 60
1. Analoge Anwendung von § 179 ... 60
2. § 139 bei "Auch-Vertretung" ... 61
3. Streitverkündung bei ungewisser Vertretungsmacht ... 61

F. Sonstige verschuldensunabhängige Haftung- Ersatz von Zufallsschäden gem. § 670 ... 62

§ 4 Verschuldensabhängige Mängelhaftung 65

A. Sachmängelhaftung im Kaufrecht 65

I. Überblick 65

II. §§ 437 Nr. 3, 280 I, III, 281 67

1. Haftungsgrund 67
2. Voraussetzungen 67
   - a) Sachmangel 68
     - aa) Beschaffenheitsvereinbarung 68
     - bb) § 434 I 2 Nr. 1 70
     - cc) § 434 I 2 Nr. 2 71
     - dd) § 434 I 3 72
     - ee) § 434 II 1 73
     - ff) § 434 II 2 „IKEA-Klausel" 74
     - gg) § 434 III 1.Alt. Lieferung eines Aliuds 74
     - hh) § 434 III 2.Alt. Zuwenig-Lieferung 75
   - b) Im Zeitpunkt des Gefahrübergangs 77
     - aa) § 446 S. 1 77
     - bb) § 446 S. 3 77
     - cc) § 447 78
     - dd) Beweislastumkehr nach § 476 BGB 78
   - c) kein Ausschluss der Mängelhaftung 80
     - aa) § 442 80
     - bb) § 377 II HGB 82
     - cc) Rechtsgeschäftlicher Haftungsausschluss 82
   - d) Keine Unmöglichkeit der Nacherfüllung 83
   - e) Verjährung 84
3. Fristsetzung oder Entbehrlichkeit der Fristsetzung 84
   - a) Fristsetzung 84
   - b) § 281 II 85
   - c) § 440 85
   - d) Entbehrlichkeit kraft Vereinbarung 86
4. Erfolgloser Fristablauf 86
5. Vertretenmüssen 87
6. Rechtsfolge: 88
   - a) Kleiner Schadensersatz 88
   - b) Großer Schadensersatz 89
   - c) Wahlrecht 89

III. §§ 437 Nr. 3, 311a II 89

1. Wirksamer Kaufvertrag 90
2. Sachmangel im Zeitpunkt des Gefahrübergangs, kein Ausschluss der Mängelrechte 90
3. Unmöglichkeit der Nacherfüllung 90
4. Anfängliche Unmöglichkeit 91
5. Kenntnis oder zu vertretende Unkenntnis 91
6. Rechtsfolge: Schadensersatz statt der Leistung 92

IV. §§ 437 Nr. 3, 280 I, III, 283 92

V. §§ 437 Nr. 3, 280 I 93

1. Pflichtverletzung 93
2. Vertretenmüssen 95
3. Umfang des Schadensersatzes 95

B. Sachmängelhaftung im Werkvertragsrecht 96

I. §§ 634 Nr. 4, 280 I, III, 281 98

1. Haftungsgrund 98

2. Voraussetzungen 98
   a) Wirksamer Werkvertrag 98
   b) Sachmangel 99
   c) Abnahme 100
   d) Kein Ausschluss der Mängelrechte 100
     aa) § 640 II 100
     bb) Rechtsgeschäftlicher Haftungsausschluss 100
   e) keine Unmöglichkeit der Nacherfüllung 101
   f) Fristsetzung oder Entbehrlichkeit der Fristsetzung 101
   g) Vertretenmüssen 101

3. Rechtsfolge: Schadensersatz statt der Leistung 102

II. §§ 634 Nr. 4, 311a II 102

III. §§ 634 Nr. 4, 280 I, III, 283 102

IV. §§ 634 Nr. 4, 280 I 103

C. § 536° I 2.Alt. 103

I. Voraussetzungen 103

II. Umfang 104

III. Anspruchsausschluss 104

D. § 651f 104

I. Haftungsgrund 105

II. Voraussetzungen 105
  1. Reisevertrag 105
  2. Mangel im Sinne von § 651c 105

III. Ersatz nutzlos aufgewendeter Urlaubszeit 107

IV. Sonderprobleme 108
  1. Haftungsbegrenzung 108
  2. Abgrenzung zur Unmöglichkeit 109
  3. Vertrag zugunsten Dritter 110

§ 5 Rechtsmängelhaftung 111

A. Rechtsmängelhaftung im Kaufrecht 111

I. Haftungsgrund 111

II. Rechtsmangel 112
  1. Dingliche Rechte 112
  2. Obligatorische Rechte 113
  3. Öffentlichrechtliche Bau- und Nutzungsbeschränkungen 113
  4. § 435 S. 2 113

III. Besonderheiten beim Rechtskauf 113

B. Rechtsmängelhaftung im Werkvertragsrecht 115

C. §§ 536 III, 536a I 116

LITERATURVERZEICHNIS

Kommentare:

Erman — Bürgerliches Gesetzbuch

Münchener Kommentar — Kommentar zum Bürgerlichen Gesetzbuch

Palandt — Kommentar zum Bürgerlichen Gesetzbuch

Soergel — Bürgerliches Gesetzbuch mit Einführungs- und Nebengesetzen

Staudinger — Kommentar zum Bürgerlichen Gesetzbuch

Lehrbücher:

Brox/Walker — Allgemeines Schuldrecht

Besonderes Schuldrecht

Larenz — Lehrbuch des Schuldrechts: Allgemeiner Teil

Lehrbuch des Schuldrechts: Besonderer Teil II/1

Larenz/Canaris — Lehrbuch des Schuldrechts: Besonderer Teil II/2

Medicus — Bürgerliches Recht

Reinicke/Tiedtke — Kaufrecht

§ 1 ALLGEMEINES ZUM SCHADENSERSATZRECHT

Intention der Skriptenreihe

Die Reihe Schadensersatzrecht I-III ist Teil unserer sog. Rechtsfolgenskripten. Wird in der Klausur gefragt: „Kann A von B Schadensersatz verlangen?" müssen Sie in der Lage sein, alle in Betracht kommenden Anspruchsgrundlagen zu finden und ihr Verhältnis zueinander zu klären (Konkurrenzen). Eine Darstellung, die sich nur isoliert mit Schadensersatz aus Delikt oder Schadensersatz aus Vertrag usw. beschäftigt, vermittelt Ihnen zwar das nötige Grundlagenwissen in dem jeweiligen Bereich. Die examenstypische Situation bleibt dabei aber auf der Strecke.[1]

A. Grundbegriffe

Aufgabe des *Schadensersatzrechts* ist es, Schäden auszugleichen. Als Schaden bezeichnet man jede unfreiwillige Einbuße an den Gütern des Geschädigten[2].

Ausgleichsfähig sind dabei sowohl sog. Vermögens- als auch Nichtvermögensschäden (vgl. § 253).

I. Vermögens- und Nichtvermögensschaden

Schadensersatzpflicht bei Vermögens- und Nichtvermögensschaden

Ein *Vermögensschaden* ist entsprechend der sog. Differenztheorie grundsätzlich dann gegeben, wenn der tatsächliche Wert des Vermögens des Geschädigten mit dem schädigenden Ereignis geringer ist als der Wert, den das Vermögen ohne das die Ersatzpflicht begründende Ereignis haben würde.[3]

Von einem *Nichtvermögensschaden* (immateriellen Schaden) spricht man, wenn eine messbare Vermögenseinbuße nicht vorliegt. Das wird häufig bei der Verletzung sog. immaterieller Güter wie z.B. Gesundheit, Freiheit oder Ehre der Fall sein.[4] Eine Schadensberechung mittels der Differenztheorie versagt hier, da diese Güter nicht in Geldwert messbar sind (vgl. aber Rn. 5 zum Kommerzialisierungsgedanken).

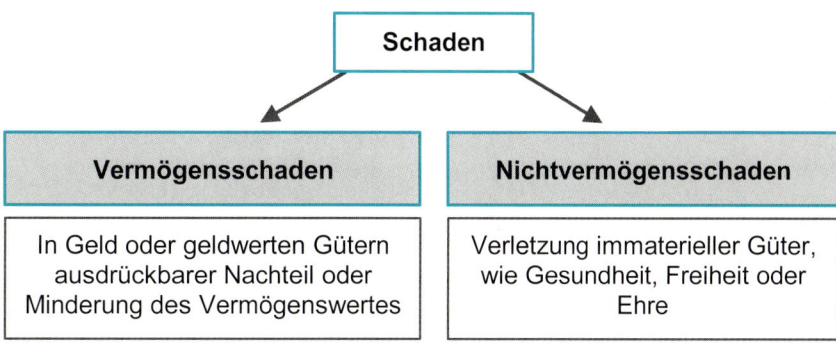

Allgemeiner Schadensbegriff

Unter einem Schaden versteht man jede unfreiwillige Einbuße, die jemand infolge eines bestimmten Ereignisses an seinen Rechtsgütern erleidet. Davon umfasst sind:

Schaden
- **Vermögensschaden**: In Geld oder geldwerten Gütern ausdrückbarer Nachteil oder Minderung des Vermögenswertes
- **Nichtvermögensschaden**: Verletzung immaterieller Güter, wie Gesundheit, Freiheit oder Ehre

---

1 Dasselbe Konzept verfolgen die Skripten „Herausgabeansprüche" und „Rückgriffsansprüche". Auch dies sind häufig auftretende Klausurkonstellationen, bei denen das Verhältnis der einzelnen Anspruchsgrundlagen zueinander von Bedeutung ist.
2 Vgl. PALANDT, vor § 249, Rn. 7; BROX/WALKER, SchuldR AT, § 29 Rn. 1.
3 Vgl. PALANDT, vor § 249, Rn. 8.
4 Aber auch bei der Verletzung der Gesundheit ist beispielsweise ein immaterieller Schaden denkbar, was dann über § 253 II BGB sanktioniert wird.

Dennoch besteht in beiden Fällen eine Verpflichtung des Schädigers zum Schadensersatz. Lediglich die Art und Weise der geschuldeten Ersatzleistung ist unterschiedlich: Während der Geschädigte bei Vermögensschäden gemäß den §§ 249-252 Naturalrestitution *oder* Geldersatz verlangen kann, kommt bei immateriellen Schäden grundsätzlich nur ein Anspruch auf Naturalrestitution gemäß § 249 I in Betracht. Ein Ersatzanspruch in Geld gem. § 251 I ist gemäß § 253 I bei Nichtvermögensschäden grundsätzlich ausgeschlossen (Ausnahmen von diesem Grundsatz: §§ 253 II, 651f II, § 15 II AGG und beim Allgemeinen Persönlichkeitsrecht unmittelbar aus Art.1, 2 GG).

hemmer-Methode: Die allgemein gebräuchliche Faustregel "Immaterielle Schäden sind grundsätzlich nicht ersatzfähig ist daher nicht korrekt. Grundsätzlich ausgeschlossen ist lediglich die Ersatzleistung *in Geld gem. § 251 I*. Nur darauf bezieht sich § 253 I. Ein Anspruch auf Naturalrestitution besteht davon unabhängig, sofern dieser möglich und nicht mit unverhältnismäßigen Aufwendungen (vgl. § 251 II 1) für den Schädiger verbunden ist.
Nicht verwechseln darf der Examenskandidat den Ersatz immaterieller Schäden (z.B. an der Gesundheit) mit dem Ersatz der Heilungskosten für eine erlittene Körperverletzung, welche mit der Differenztheorie als klassischer Vermögensschaden einzuordnen sind.

Ein Sonderproblem im Bereich des Vermögensschadens stellt der Ersatz *fiktiver Wiederherstellungskosten* dar.

> *Bsp.:*[5] G wurde von S bei einem Autounfall erheblich verletzt. Der Ersatz der Krankenhauskosten steht zwischen G und S außer Streit. G verlangt jedoch von S zusätzlich 10.000,- €. Diesen Betrag müsste G aufwenden, um sich eine durch den Unfall erlittene Narbe am Rücken beseitigen zu lassen. Wegen des ungeklärten Operationsrisikos will G jedoch die Narbenkorrektur noch nicht vornehmen lassen. S erklärt sich bereit, die Kosten im Falle einer Operation zu übernehmen. Solange G jedoch diese nicht durchführen lasse, weigert sich S, da er nicht zum Ersatz "fiktiver Wiederherstellungskosten" verpflichtet sei.

Der Schadensersatzanspruch des G gegen S besteht dem Grunde nach gemäß § 823 I, § 7 I StVG. Fraglich ist jedoch der Umfang der Ersatzpflicht.

Gemäß § 249 II 1 umfasst die Ersatzpflicht grundsätzlich auch Aufwendungen für die Beseitigung der unfallbedingten Narbe des G (Grundsatz der Naturalrestitution). Problematisch ist hier, dass G (zunächst) gar nicht die Absicht hat, die Narbe beseitigen zu lassen.

Bei der Beschädigung einer Sache hat der BGH in ständiger Rechtsprechung einen Anspruch auf Zahlung der Reparaturkosten auch für den Fall anerkannt, dass der Geschädigte gar nicht die Absicht hat, die Wiederherstellung zu veranlassen.[6] Fraglich ist, ob sich diese Rechtsprechung zum Ersatz fiktiver Wiederherstellungskosten auch auf Personenschäden übertragen lässt. Ausgangspunkt für den Ersatz bei Sachschäden ist der Gedanke der Dispositionsfreiheit des Geschädigten.[7] Dieser Gedanke lässt sich aber nicht auf Personenschäden übertragen, da es sich hierbei um den Ersatz *immaterieller Schäden* handelt: Könnte der Verletzte durch das schlichte Unterlassen einer Operation den entsprechenden Geldbetrag vom Schädiger verlangen, so würde die Sperre, die § 253 I für den Ersatz immaterieller Schäden aufstellt, umgangen. Dem Geschädigten steht allenfalls ein Schmerzensgeldanspruch gemäß § 253 II zu. Eine Zubilligung fiktiver Wiederherstellungskosten würde aber dem Grundgedanken des § 253 I zuwiderlaufen.

G kann daher die 10.000,- € von S nur für den Fall verlangen, dass er die Narbenkorrektur auch tatsächlich an sich vornehmen lässt. Ein Ersatz lediglich fiktiver Wiederherstellungskosten scheidet dagegen aus.

---

5 Vgl. BGH, NJW 1986, S.1538.
6 BGH, NJW 1976, 1369; 1980, 1518; 1982, 98.
7 BGH, NJW 1986, 1538, 1539.

§ 1 ALLGEMEINES ZUM SCHADENSERSATZRECHT

Kommerzialisierungsgedanke

Der Begriff des Vermögensschadens wurde von der Rechtsprechung im Laufe der Jahre mit Hilfe des *Kommerzialisierungsgedankens* teilweise erweitert: Bei der Beschädigung von Sachen, auf deren ständige Verfügbarkeit der Geschädigte für die eigenwirtschaftliche Lebenshaltung typischerweise angewiesen ist (Kfz, Wohnung), kann der Geschädigte angemessene Nutzungsentschädigung verlangen, auch wenn sich mittels der Differenzhypothese ein Schaden nicht errechnen lässt.[8]

Im Bereich der "vertanen Freizeit" hat sich der Kommerzialisierungsgedanke mit Ausnahme der gesetzlichen Regelung in § 651f II (noch) nicht durchgesetzt.[9]

II. Unmittelbarer und mittelbarer Schaden

Weiter gilt es die Begriffe unmittelbarer (Objekt-) und mittelbarer (Vermögensfolge-) Schaden auseinander zu halten.

Unter unmittelbarem Schaden versteht man den Schaden (Objektschaden), der an dem unmittelbar verletzten Gut selbst eingetreten ist (z.B. Beschädigung eines Kfz).

Mittelbare Schäden (Vermögensfolgeschäden) sind die durch das schädigende Ereignis verursachten Einbußen am sonstigen Vermögen des Geschädigten (insb. entgangener Gewinn gemäß § 252; **Bsp.:** Kfz gehört einem Handelsvertreter, welchem infolge der Beschädigung Aufträge entgehen).[10]

hypothetische Kausalität

Grundsätzlich sind sowohl unmittelbare als auch mittelbare Schäden vom Schädiger zu ersetzen. Eine Begrenzung der Schadensersatzpflicht kann sich jedoch bei Vermögensfolgeschäden (und nur bei diesen) in Fällen sog. *hypothetischer Kausalität* ergeben. Dazu folgendes Beispiel:

Bsp.:[11] S zerschlägt aus Unachtsamkeit am 1.1. die Fensterscheibe eines Hotels. Die Anfertigung einer neuen Fensterscheibe erfordert 3 Tage. Während dieser Zeit ist das Hotelzimmer unbewohnbar. Am 2.1. zerstört eine Gasexplosion sämtliche Fensterscheiben des Hotels.

Kann der Hotelier von S dennoch Nutzungsausfall für die gesamten 3 Tage verlangen?

Der Nutzungsausfall stellt im Unterschied zur Zerstörung der Fensterscheibe selbst (Objektschaden) einen Vermögensfolgeschaden dar. Dieser ist als entgangener Gewinn gemäß § 252 grundsätzlich voll ersatzfähig. Da sich jedoch dieser Vermögensfolgeschaden erst im Laufe der Zeit entwickelt, ist hier der weitere Geschehensverlauf einschließlich hypothetischer Ursachen (die Explosion hätte auch das fragliche Zimmerfenster zerstört) zu berücksichtigen.[12] Somit ist der Nutzungsausfall als Vermögensfolgeschaden nur bis zum Zeitpunkt der Explosion am nächsten Tag (natürlich neben dem Wert der Fensterscheibe als Objektschaden, vgl. § 249 I) gemäß § 252 zu ersetzen.[13]

hemmer-Methode: Vor den Fällen hypothetischer Kausalität bzw. der Berücksichtigung von Reserveursachen schrecken bisweilen nicht nur Anfänger zurück. Dennoch ist die frühzeitige Konfrontation mit diesem komplexen Problem für Sie hilfreich.

---

8   PALANDT, vor § 249, Rn. 10; vgl. BGH, NJW 1987, 50 = JuS 87, 574.
9   BGHZ 106, 32.
10 Vgl. LARENZ, SchuldR AT, § 27 II b.3.
11 Vgl. MEDICUS, BR, Rn. 848 ff.
12 Vgl. BGH, DB 79, 352.
13 Vgl. MEDICUS, BR, Rn. 850.

> Sie werden feststellen, dass sich mit entsprechend klaren Begriffen als Handwerkszeug auch diese Fälle in den Griff bekommen lassen. Trennen Sie genau zwischen dem **Objektschaden**, der unmittelbar durch die schädigende Handlung entsteht, und dem **Vermögensfolgeschaden**, der infolge des Zeitablaufs nur noch mittelbar auf die Schadenshandlung zurückzuführen ist. Aufgrund des *"Zeitfaktors"* bei der Berechnung des Vermögensfolgeschadens ist hier die Berücksichtigung des weiteren Geschehens als Begrenzungsfaktor für den Umfang der Ersatzpflicht möglich.

Eine besondere Ausprägung hypothetischer Kausalität liegt bei den sog. "Anlagefällen" vor: Hier wäre aufgrund einer vorhandenen Anlage der geschädigten Person oder Sache der gleiche Zustand auch *ohne* das schädigende Ereignis mit Sicherheit eingetreten. Unberücksichtigt bleibt diese "Schadensanlage" auf der Ebene des Objektschadens, selbst wenn sie zu einer Erhöhung der Wiederherstellungskosten führt. Jedoch führt die Schadensanlage auch hier zu einer Begrenzung der Ersatzpflicht für Vermögensfolgeschäden.

> *Bsp.:*[14] *S tötet fahrlässig den G. Die Familie des G verlangt von S gemäß § 844 II den ihr entgehenden Unterhalt. Wie sich jedoch herausstellt, litt G an einer unheilbaren Krankheit, aufgrund der er noch längstens zwei Jahre zu leben hatte.*
>
> Hier kann die Familie des G gemäß § 844 II von S Unterhalt nur für die zwei Jahre verlangen, da nach dieser Zeit auch ohne die schädigende Handlung des S der G als Unterhaltsverpflichteter entfallen wäre.

Abgrenzungsfragen

Nicht verwechselt werden darf der Vermögensfolgeschaden mit dem *Mangelfolgeschaden* im Mängelrecht.

Während Anknüpfungspunkt für den Vermögensfolgeschaden ein schädigendes Ereignis ist, welches zu einem Objektschaden führt, erwächst der Mangelfolgeschaden aus einem Sachmangel und entsteht an anderen Rechtsgütern (z.B. des Käufers).[15]

Ebenfalls nicht verwechselt werden darf der mittelbare Schaden mit dem *mittelbar Geschädigten*! Während der mittelbare Schaden in den Bereich des Schadensumfangs fällt, betrifft das Begriffspaar unmittelbar - mittelbar Geschädigter den Kreis der ersatzberechtigten Personen.

Unmittelbar geschädigt ist z.B. der in einem Verkehrsunfall verletzte Arbeitnehmer X, mittelbar Geschädigter ist dessen Arbeitgeber Y, welchem für die Dauer der Heilung die Arbeitskraft des X entgeht.[16] Ersatzberechtigt ist jedoch grundsätzlich nur der unmittelbar Geschädigte. Davon macht das Gesetz in den §§ 844, 845 zugunsten der Angehörigen als mittelbar Geschädigten eine Ausnahme.

> **hemmer-Methode: An dieser Stelle sei erwähnt, dass die Frage nach der Ersatzfähigkeit sog. Schockschäden, die Dritte z.B. beim Anblick eines Unfalls erleiden, kein Fall einer mittelbaren Schädigung ist. Es geht um die Frage, ob derjenige, der den Schock erleidet, eine *eigene* Gesundheitsverletzung verzeichnet, also unmittelbar Geschädigter ist.**

---

14 Nach MEDICUS, BR, Rn. 849.

15 Näheres zum Mangelfolgeschaden, siehe Rn. 329 ff.; jedoch kann ein Mangelfolgeschaden auch zu einem Vermögensfolgeschaden führen, so z.B. wenn ein fehlerhaft ausgeführter Ölwechsel am Kfz eines Handelsvertreters zur Zerstörung des Motors führt und dem Vertreter dadurch Aufträge entgehen.

16 Dieser mittelbar Geschädigte wird dann aber häufig über eine cessio legis geschützt, vgl. § 6 EFZG.

B. Anspruchsgrund

Unterscheide: Anspruchsgrund - Anspruchsinhalt

Grundregel für die Bearbeitung jeder schadensersatzrechtlichen Klausur ist das saubere Auseinanderhalten der Frage, *ob* überhaupt gehaftet wird, von der Frage, *wie* der Schädiger dem Geschädigten haftet.

Im Schadensersatzrecht wird daher bestimmt, unter welchen *Voraussetzungen* und in welchem *Umfang* der Geschädigte vom Geschädigten Schadensersatz verlangen kann.

Ob der Schädiger überhaupt haftet, wird mit der Frage nach dem *Anspruchsgrund* beantwortet. Wie er dann bei Vorliegen der Anspruchsvoraussetzungen haftet, ist die Frage nach dem *Anspruchsinhalt*. Während sich der Anspruchsgrund auf der "Tatbestandsseite" der Schadensersatz gewährenden Norm befindet, betrifft der Anspruchsinhalt die Ausgestaltung der *Rechtsfolge* "Schadensersatz".

Anspruchsgründe i.d.R. gesetzl. geregelt

Die überwiegende Anzahl von ausdrücklichen Anspruchsgründen für Schadensersatz ist im BGB geregelt. Examensrelevante Grundlagen für Schadensersatz finden sich darüber hinaus auch in Nebengesetzen (z.B.: § 1 ProdHaftG, § 7 StVG, § 717 II ZPO).

Eine erfolgreiche Fallbearbeitung setzt die Kenntnis der examensrelevanten Schadensersatzanspruchsgrundlagen voraus.

stets die Normen lesen

Lesen Sie bei der Lösung von Fällen die von Ihnen gerade dargestellten bzw. geprüften Normen Wort für Wort.

Häufig stellt sich für Sie folgendes Problem:

bei Prüfung mehrerer Anspruchsgründe Konkurrenzen beachten

Es existieren *mehrere* mögliche Anspruchsgründe für den begehrten Anspruch bzw. es bestehen mehrere ähnliche Anspruchsgründe, von denen nur einer richtig ist. Im Falle der *Anspruchskonkurrenz* (z.B. §§ 280 I, 241 II und § 823) können und müssen Sie alle in Betracht kommenden Ansprüche nebeneinander prüfen.

hemmer-Methode: Achten Sie dabei auf die Reihenfolge der Prüfung: Ansprüche aus Vertrag - vertragsähnliche Ansprüche (c. i. c gemäß den §§ 280 I, 241 II, 311 II; GoA) - dingliche Ansprüche - Ansprüche aus Delikt und ungerechtfertigter Bereicherung. Häufig beeinflusst z.B. ein vertraglich geminderter Haftungsmaßstab auch die deliktische Haftung (vgl. §§ 690, 277 für den Fall der Beschädigung einer verwahrten Sache).[17]

Problem: Gesetzeskonkurrenz

Schwieriger ist die klausurmäßige Prüfung im Falle der *Gesetzeskonkurrenz* oder der Subsidiarität. Es empfiehlt sich dabei für Sie, jene Vorschrift, für die Sie sich letztlich entscheiden, durchzuprüfen und im Rahmen dieser Prüfung darzulegen, dass ein Spannungsverhältnis zu anderen ähnlichen Vorschriften besteht, die aber im konkreten Fall nicht greifen.

⇨ *z.B. in sich geschachtelte Prüfung bei der Abgrenzung von § 281 zu § 283*

Bsp. 1: *V verkauft ein Auto an K. Da D für das Fahrzeug einen höheren Kaufpreis bietet, weigert sich V, das Auto an K zu liefern. Später wird das Auto an D übereignet. K verlangt von V Schadensersatz.*

In Betracht kommt ein Schadensersatzanspruch aus den §§ 280 I, III, 283, wenn D nicht bereit wäre, den Wagen zurück zu übereignen. Dann liegt ein Fall subjektiver, nachträglicher Unmöglichkeit vor. § 283 wäre aber nur dann die richtige Anspruchsgrundlage, wenn ein fälliger Anspruch unmöglich wird. Ist der Anspruch bereits vorher aus anderen Gründen erloschen, so scheidet Unmöglichkeit aus. Der Leistungserfolg ist dann nicht mehr *infolge* Unmöglichkeit ausgeschlossen.

---

17   Vgl. dazu HEMMER/WÜST, DeliktsR I, Rn. 101a.

Hier könnte der Anspruch auf Übereignung der Kaufsache gemäß den §§ 280 I, III, 281 I, IV bereits vorher erloschen sein. Bei dem Verhalten des V könnte es sich um eine endgültige, ernsthafte Erfüllungsverweigerung gemäß § 281 II handeln. Selbst dann würde aber der Primäranspruch nach § 281 IV erst mit dem tatsächlichen Schadensersatzverlangen erlöschen. Im Zeitpunkt der Übereignung an D hatte K aber noch nicht Schadensersatz verlangt.

Daher konnte § 275 I BGB noch greifen. Im Zeitpunkt des Schadensersatzverlangens bestand daher schon kein Leistungsanspruch mehr, der gem. § 281 IV BGB entfallen sein könnte. Das Schadensersatzverlangen konnte daher keine rechtsvernichtende Wirkung mehr entfalten. Richtige Anspruchsgrundlage sind daher die §§ 280 I, III, 283.

hemmer-Methode: Die Abgrenzung von § 281 zu § 283 sollte Ihnen geläufig sein, da sie ein beliebtes Problem der „Schuldrechtsklausur" ist. Selbst wenn es auf die Unterscheidung wegen der Entbehrlichkeit der Nachfristsetzung nach § 281 II nicht ankommt, sollten sie das Problem wenigstens andiskutieren, um zu „punkten".

⇨ z.B. in sich geschachtelte Prüfung bei der Abgrenzung Rechtskauf zu Sachkauf

Bsp. 2: Der geschäftsführende Gesellschafter der X-GmbH, G, veräußert an K 91% der Anteile. G hatte den K aber bei Vertragsschluss wider besseres Wissen über die wirtschaftliche Situation, insbesondere die Ertragsfähigkeit der GmbH getäuscht. K verlangt deshalb von G Schadensersatz.

K könnte gegen G einen Anspruch auf Schadensersatz aus § 433 I 2, 434, 437 Nr. 3, 280 I, III, 281-283 geltend machen. Voraussetzung für einen derartigen Anspruch ist aber, dass die Sachmängelhaftung der §§ 433 I 2, 434 ff. überhaupt Anwendung findet.

Da im Fall Kaufgegenstand die Gesellschaftsanteile, also Rechte sind, richten sich die Ansprüche des K grundsätzlich nach der Mängelhaftung beim Rechtskauf. § 453 I verweist insoweit auf die Vorschriften über den Sachkauf. Diese Verweisungsnorm verweist in ihrer ersten Variante unproblematisch auf die Vorschriften der Rechtsmängelgewährleistung. Die Anwendbarkeit des § 434 BGB ist aber problematisch (allerdings wäre grundsätzlich eine Beschaffenheitsvereinbarung i.S.d. subjektiven Mangelbegriffs denkbar, § 434 I S.1 BGB).

Nach h.M. stellt jedoch auch der Kauf der herrschenden Gesellschaftsanteile den Kauf eines sonstigen Gegenstandes i.S.d. § 453 2.Alt. BGB dar[18], wenn damit nach wirtschaftlicher Betrachtungsweise der Erwerb des Unternehmens insgesamt erfolgt. Da im Fall 91% der Anteile gekauft wurden (und damit gemäß § 50 I GmbHG sogar die Sperrminorität überwunden wurde), finden die §§ 433 I 2, 434 unproblematisch Anwendung.[19] Bei einem Unternehmen ist sehr wohl auch ein Sachmangel nach rein objektiven Kriterien, d.h. unabhängig von einer Beschaffenheitsvereinbarung i.S.d. § 434 I S.1 BGB denkbar.[20]

hemmer-Methode: In diesem Fall bieten sich zwei mögliche Aufbauvarianten an: Sie können (wie hier) entweder direkt mit der Prüfung des Anspruchs aus Sachmängelhaftung (§§ 433 I 2, 434, 437, 280 I, III, 283) beginnen und im Rahmen dieser Prüfung die Abgrenzung zur Rechtsmängelhaftung vollziehen. Sie können aber auch vorweg einen Anspruch wegen Rechtsmängelgewährleistung (§§ 433 I 2, 435 437, 280 I, 281-283) ablehnen und dann erst die Sachmängelgewährleistung prüfen.
Zwar unterscheiden sich die beiden Wege nicht im Ergebnis, doch empfiehlt sich in jedem Fall der ineinander geschachtelte Aufbau: Sie zeigen dem Korrektor so von Anfang an, welches Ziel Sie im Auge haben. Außerdem verlagert sich zu Ihren Gunsten der Schwerpunkt der Argumentation, denn Sie können die Ablehnung der Rechtsmängelgewährleistung und die positive Begründung der Sachmängelgewährleistung zu einem Komplex zusammenziehen.

---

18   PALANDT, § 453, Rn. 7, 23 a.E.
19   Im "Ernstfall" müssen Sie dieses Problem ausführlicher diskutieren; vgl. dazu Fallbesprechung von HOPT/MÖSSLE, JuS 1985, 211 ff.
20   PALANDT, § 434, Rn. 95 ff.

§ 1 ALLGEMEINES ZUM SCHADENSERSATZRECHT

zum Finden der richtigen Grundlage

Auf die weitere Lösung braucht an dieser Stelle noch nicht eingegangen zu werden. Auch wenn die Beispiele noch andere Probleme wie die Frage nach dem Umfang des Schadensersatzes beinhalten, so muss Ihr erster Schritt bei der Darstellung der Lösung stets die Klarstellung sein, welche Anspruchsgrundlage Sie prüfen, ob diese überhaupt anwendbar ist (so sind z.B. Ansprüche aus c.i.c gemäß den §§ 280 I, 241 II, 311 II durch die §§ 433 I 2, 434 ff. grundsätzlich ausgeschlossen, soweit sich das Verschulden des Verkäufers auf die Mangelhaftigkeit der verkauften Sache bezieht) und ob deren Voraussetzungen vorliegen.

hemmer-Methode: Ihre Aufgabe ist es demnach, erst einmal systematisch den richtigen *Anspruchsgrund* zu finden. Nur wenn Sie die zutreffende Anspruchsgrundlage gefunden haben, besitzen Ihre Ausführungen zu Inhalt und Umfang des Schadensersatzes einen Wert. *Gehen Sie deshalb bei der Suche nach der richtigen Anspruchsgrundlage stets von der Rechtsfolge aus!*
Im Beispiel oben müssen Sie schon aufgrund der Fallfrage eine Anspruchsgrundlage suchen, die Schadensersatz gewährt.
Ansprüche auf Schadensersatz finden sich über das gesamte BGB verstreut: Im Allgemeinen Teil z.B. die §§ 53, 122, 160, 179; im Schuldrecht die §§ 280 ff., 536a, 651f, 678, 823 ff. ...; im Sachenrecht die §§ 867 S.2, 904 S.2, 989 ff.,...; im Familienrecht die §§ 1298 ff., 1435 S.2, 1787 I, 1833...; im Erbrecht die §§ 1980 I S.2, 2023 ff., 2183, 2219...
Nunmehr ist es Ihre Aufgabe, für das jeweilige Anspruchsziel diejenige Anspruchsgrundlage von vielen ähnlichen herauszufinden, die neben den sonstigen Voraussetzungen den angestrebten Umfang des Schadensersatzes enthält. Sie müssen deshalb die verschiedenen *Arten* von Schadensersatzansprüchen kennen. Sie müssen darüber hinaus auch wissen, welche *Anspruchsinhalte* es beim Schadensersatz gibt.

Exkurs

gleiche Problematik bei der DriSchaLi

Das Problem des ineinander geschachtelten Aufbaus stellt sich regelmäßig auch bei der Drittschadensliquidation. Gerade hier müssen Sie zeigen, dass Sie die Lösung einer Klausur sinnvoll und anspruchsvoll gliedern können.

Sie müssen dann nicht nur die für den Fall zutreffenden Anspruchsgrundlagen auffinden und hinsichtlich der Voraussetzungen prüfen, sondern diese auch noch in eine ganz bestimmte Reihenfolge bringen.

Bsp.: V vermietet an H eine Wohnung, in der H eine Galerie betreibt. H stellt dort Bilder des K aus. Bei einem Brand, der auf einem anfänglichen Mangel der Wohnung beruht, werden die Bilder des K schließlich zerstört.

Welche Ansprüche hat K gegen H?

Schadensersatzansprüche des K gegen H aus Vertrag oder Delikt kommen nicht in Betracht, da den H in jedem Fall kein Verschulden an dem Brand trifft.

K könnte gegen H aus Drittschadensliquidation (DriSchaLi) i.V.m. § 285 einen Anspruch auf Abtretung der Ansprüche des H gegen V haben.

Voraussetzung dafür wäre, dass K einen Schaden, aber keinen Anspruch hätte. Des Weiteren müsste H einen Anspruch, aber keinen Schaden haben, und es müsste eine zufällige Schadensverlagerung erfolgt sein.

Ihre Aufgabe wäre es nun, i.R.d. Prüfung von Ansprüchen des K gegen H zu prüfen, welche Ansprüche der H gegen den V hätte. Im Ergebnis wäre dies zumindest ein Anspruch aus § 536a I Alt. 1.

Dann müssten Sie prüfen, ob K nicht seinerseits Ansprüche gegen V hätte, z.B. aus § 536a I i.V.m. Vertrag mit Schutzwirkung oder Delikt. Erst wenn Sie das verneinen können und eine zufällige Schadensverlagerung gegeben ist, besteht der Anspruch des K gegen H aus DriSchaLi.

Exkurs Ende

hemmer-Methode: Auswahl examenstypischen Fallmaterials: Gerade im Schadensersatzrecht spielt der ineinander verschachtelte Aufbau eine wichtige Rolle. Hier müssen Sie zeigen, dass Sie nicht nur schematisch gelernt haben, sondern die verschiedenen Rechtsinstitute und Anspruchsgrundlagen flexibel handhaben können.

C. Anspruchsarten

Anspruchsarten

Bei Schadensersatzansprüchen lässt sich zwischen *primären* und *sekundären* Ansprüchen unterscheiden. Bedeutung erlangt diese Einteilung v.a. für die Anwendbarkeit von § 278, d.h. die Frage, inwieweit für das schuldhafte Handeln eines Erfüllungsgehilfen Schadensersatz geschuldet wird.

I. Primäre Schadensersatzansprüche

primäre Ansprüche

Primäre Ansprüche auf Schadensersatz erfordern keine Sonderverbindung zwischen Schädiger und Geschädigtem. Sie entstehen *unmittelbar*, ohne dass es eines gestörten oder gescheiterten primären Erfüllungsanspruches bedürfte.[21] Das Gegenstück zum *primären* Schadensersatzanspruch ist der *sekundäre* Schadensersatzanspruch: Für diesen ist gerade das Bestehen eines gestörten Primäranspruchs, also das Bestehen einer Sonderverbindung Voraussetzung. Wenn eine solche Sonderverbindung gegeben ist, tritt der sekundäre Schadensersatzanspruch neben oder an die Stelle des Primäranspruchs.

z.B. Delikt

Zu den primären Schadensersatzansprüchen gehören insbesondere die *Deliktsansprüche*: Hier entstehen Schadensersatzansprüche unabhängig vom Bestehen einer Sonderverbindung zwischen Schädiger und Geschädigtem.

> **Bsp.:** *A fährt mit seinem Auto schuldhaft den Fußgänger F an. F verlangt von A Ersatz der Heilungskosten.*

Ein primärer Schadensersatzanspruch des F gegen A ergibt sich hier u.a. aus Delikt (§§ 823 ff.).

rechtsgeschäftliche Begründung

Möglich ist jedoch auch die rechtsgeschäftliche Begründung primärer Schadensersatzansprüche durch Garantievertrag oder im Fall der Schadensversicherung. Dort wird direkt - ohne Bezugnahme auf eine anderweitige primäre Verbindlichkeit - Ersatz für den einem Dritten entstandenen Schaden versprochen.[22] Jedoch wird der Anspruchsinhalt beim Schadensversicherungsvertrag in erster Linie durch die Allgemeinen Versicherungsbedingungen und erst ergänzend durch die §§ 249 ff., 842 ff. bestimmt.

Auch wenn im Rahmen primärer Schadensersatzansprüche zwischen Schädiger und Geschädigtem keine *rechtliche Sonderverbindung* zu existieren braucht, so ist das Vorliegen einer solchen gleichsam unschädlich.

---

21 MEDICUS, JuS 86, 666 (671).
22 Einzelheiten siehe Rn. 88 ff.

Zu beachten bleibt dabei allerdings, dass auch in einem solchen Fall die Sonderverbindung nicht zur Anwendbarkeit des § 278 im Rahmen eines deliktischen Schadensersatzanspruches führen kann.[23] Bedeutung kann die Sonderverbindung für primäre Schadensersatzansprüche jedoch dann erlangen, wenn es um die Frage des Mitverschuldens des Geschädigten nach § 254 geht: Hier ist fraglich, ob sich der Geschädigte ein etwaiges Mitverschulden seines Erfüllungsgehilfen gemäß § 254 II S.2 i.V.m. § 278 auch bei den auf Delikt gestützten Ansprüchen anrechnen lassen muss.[24] Da deliktische Ansprüche vom Bestehen einer Sonderverbindung unabhängig sind, kann § 278 keine Anwendung finden. Eine Zurechnung ist über die § 254 II S. 2 i.V.m. § 831 analog möglich. Auch die Grundsätze über die gestörte Gesamtschuld können zu einer Kürzung des Schadensersatzanspruchs wegen des Verschuldens eines Dritten führen.

Ausnahme: Abwicklung von Ansprüchen aus Delikt

Bei der *Abwicklung* einer Verpflichtung auf Schadensersatz aus § 823 findet § 278 aber dennoch Anwendung, weil es sich dann um eine sekundäre Schadensersatzverpflichtung im Rahmen eines gesetzlichen Schuldverhältnisses aus den §§ 823 ff., 249 ff. handelt.

> *Bsp.: A hat die Fensterscheibe des B zerstört. A beauftragt den Handwerker H mit der Reparatur. Bei der Reparatur beschädigt der H leicht fahrlässig die Hauswand des B. B verlangt nunmehr von A Schadensersatz.*

§§ 280 I, 241 II i. V. m. dem gesetzlichen SV aus §§ 823, 249

B könnte gegen A einen Anspruch aus den §§ 280 I, 241 II besitzen. Als Schuldverhältnis zwischen beiden Beteiligten besteht das gesetzliche Schuldverhältnis aus § 823 i.V.m. § 249, denn A schuldet B wegen der Zerstörung der Fensterscheibe Naturalrestitution. Die Beschädigung der Hauswand des B stellt eine Nebenpflichtverletzung dar. Zwar besteht kein eigenes Verschulden des A, aber aufgrund der bestehenden Sonderverbindung ist dem A das Verschulden des H über § 278 zuzurechnen. Die Primärverbindlichkeit aus §§ 823, 249 ff. ist gestört. B kann somit von A aus den §§ 280 I, 241 II Schadensersatz verlangen.

hemmer-Methode: Lernen Sie die §§ 823 ff. nicht zu schematisch. Beim Entstehen des Anspruchs kommt § 278 als Zurechnungsnorm nicht in Betracht, hier besteht bei Beteiligung Dritter allenfalls eine Haftung nach § 831. Nach Entstehen des gesetzlichen Schuldverhältnisses ist aber zu beachten, dass § 278 im Rahmen der §§ 280 I, 241 II Anwendung findet.

II. Sekundäre Schadensersatzansprüche

sekundäre Ansprüche

Sekundäre Schadensersatzansprüche entstehen aus der Verletzung von Leistungs- und Schutzpflichten *im Rahmen einer Sonderverbindung*. Eine Sonderverbindung besteht dann, wenn zwischen den Beteiligten ein *vertragliches oder gesetzliches Schuldverhältnis* oder zumindest ein *quasivertragliches Verhältnis* wie z.B. §§ 311 II oder GoA gegeben ist. Hier findet dann auch § 278 Anwendung.

Die Verletzung von Schutzpflichten kann im Rahmen einer Sonderverbindung *auch ohne Bestehen einer Leistungspflicht* einen sekundären Schadensersatzanspruch begründen. Dies kann z.B. beim *Verschulden bei den Vertragsverhandlungen* (§§ 311 II, 280 I, 241 II), bei der *GoA* oder einer Naturalobligation, § 656, der Fall sein.

> *Bsp.: Der am Unfallort zufällig vorbeikommende Arzt A lässt sich bei der Erste-Hilfe-Leistung von seiner Beifahrerin B assistieren. Diese reicht dem A eine verschmutzte Kompresse. Dadurch entzündet sich die Wunde, was eine langwierige Behandlung erfordert. Das Unfallopfer verlangt von A Schadensersatz.*

---

[23] PALANDT, § 278, Rn. 2.
[24] PALANDT, § 254, Rn. 61.

Der Anspruch könnte sich hier aus Pflichtverletzung bei der GoA gemäß den §§ 280 I, 241 II ergeben. Die Voraussetzungen der GoA liegen bei der Erste-Hilfe-Leistung vor. Die GoA begründet ein Schuldverhältnis zwischen Geschäftsführer und Geschäftsherr. Die Behandlung mit einer verschmutzten Kompresse stellt eine Pflichtverletzung des A dar. Soweit dem A die Verschmutzung der Kompresse jedoch nicht erkennbar war, fehlt es an einem Eigenverschulden des A. Jedoch muss sich A ein Verschulden der B gemäß § 278 zurechnen lassen. Zu beachten ist hier noch die Streitfrage, ob sich auch die sog. „professionellen Nothelfer" auf das Haftungsprivileg des § 680 berufen können.[25]

D. Anspruchsinhalt

Anspruchsinhalt

Inhalt und Umfang des Schadensersatzes werden grundsätzlich durch die *§§ 249 ff.* bestimmt, diese gelten für alle Schadensersatzansprüche. Bei der primären *Deliktshaftung* wird der Anspruchsinhalt *darüber hinaus* noch durch die *§§ 842, 843, 846* ergänzend geregelt. Hinzuweisen ist auch auf die Sonderregelungen in den §§ 9 – 13 StVG.

I. Schadensumfang, §§ 249 ff.[26]

1. § 249

Grundsatz der Naturalrestitution

§ 249 I bestimmt, dass Schadensersatz grundsätzlich in Form der *Naturalrestitution* zu leisten ist. Demnach hat der Schädiger den Zustand herzustellen, der bestünde, wenn der zum Schadensersatz verpflichtende Umstand nicht eingetreten wäre.

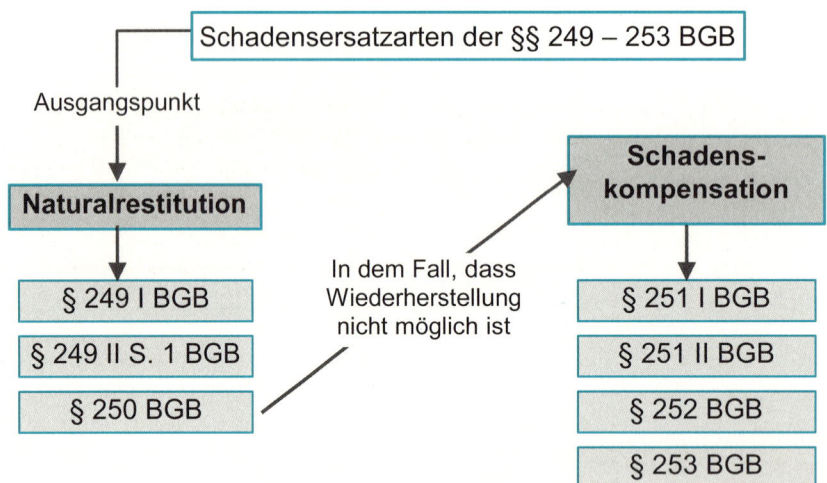

hemmer-Methode: Im Rahmen der Naturalrestitution nach § 249 I ist *nicht* der Zustand *vor* und *nach* dem schädigenden Ereignis zu vergleichen, sondern der tatsächliche mit dem *hypothetischen* Zustand, der ohne Schadenseintritt bestünde.
Dies ist eine dynamische Betrachtungsweise, die die weitere Entwicklung, welche ohne das schädigende Ereignis eingetreten wäre, mit einbezieht.

---

25 Vgl. Sie dazu OLG München, Life and Law 2006, 579 ff. mit ausführlichem Background zu der Thematik.
26 Vgl. dazu ausführlich HEMMER/WÜST, SchadensersatzR III.

§ 1 ALLGEMEINES ZUM SCHADENSERSATZRECHT

Im Fall der Körperverletzung oder Sachbeschädigung kann der Geschädigte gemäß § 249 II 1 als *Sonderfall der Naturalrestitution* auch Entschädigung in Geld verlangen, da ihm das Gesetz in diesen Fällen die weitere "Zusammenarbeit" mit dem Schädiger zur Schadensbehebung nicht zumuten will. Eine tatsächliche Behebung des Schadens durch den Geschädigten ist – mit Ausnahme der Personenschäden (vgl. Rn. 4) - jedoch grundsätzlich keine Voraussetzung oder Bedingung des Geldanspruches.[27]

Nach § 249 II S.2 schließt der nach § 249 II S.1 BGB zu fordernde Geldbetrag die Umsatzsteuer nur dann ein, wenn und soweit sie tatsächlich angefallen ist. Der Gedanke, der dahintersteckt, ist auf den ersten Blick einleuchtend. Wenn der Geschädigte den Wagen nicht reparieren lässt, muss er auch die Umsatzsteuer nicht an den Werkunternehmer zahlen, so dass insoweit keine Vermögenseinbusse besteht.[28]

hemmer-Methode: Indes wirft die Vorschrift mehrere - bislang ungeklärte - Fragen auf. Wie steht diese Vorschrift im Verhältnis zu § 251 BGB? Sofern dieser einschlägig ist, und man für die Bemessung des Schadensersatzes auf die Widerbeschaffungskosten abstellt, ist fraglich, ob in diesem Rahmen die USt nicht entsprechend § 249 II S.2 BGB herausgerechnet werden muss, wenn eine Wiederbeschaffung nicht stattfindet.[29]
Nach h.M. stellt sich diese Frage nicht, da insbesondere nach der Rechtsprechung des BGH[30] die Beschaffung einer vergleichbaren Ersatzsache ebenfalls als Form der Naturalrestitution anzusehen ist, weshalb diese Fälle unter § 249 BGB und nicht unter § 251 BGB zu subsumieren sind. § 249 II S.2 BGB gilt daher unmittelbar. Für § 251 BGB bleibt in diesen Fällen nur Raum, wenn auch die Beschaffung einer vergleichbaren Ersatzsache nicht möglich ist (beim PKW-Unfall etwa bei Zerstörung eines Oldtimer-Unikats).[31]

2. § 250

Geldersatz nach Fristsetzung

Außer in den Fällen des § 249 II 1 kann der Anspruch des Geschädigten auf Naturalrestitution sich gemäß § 250 in einen *Geldanspruch* verwandeln, sofern der Schädiger seiner Schadensersatzpflicht trotz definitiver Fristsetzung durch den Geschädigten nicht nachgekommen ist. Bei ernsthafter und endgültiger Erfüllungsverweigerung seitens des Schuldners ist die Fristsetzung sogar entbehrlich.[32]

3. § 251 I

Geldersatz bei Unmöglichkeit

Ist die Naturalrestitution aus *tatsächlichen* oder *rechtlichen* Gründen unmöglich oder zur Entschädigung nicht ausreichend, so kann der Geschädigte gemäß § 251 I ebenfalls Geld als Schadensersatz verlangen. Im Unterschied zu § 249 II 1 bemisst sich hier der zu zahlende Geldbetrag allerdings nicht nach den für die Wiederherstellung erforderlichen Kosten, sondern nach der tatsächlichen Minderung des Vermögens des Geschädigten.

---

27 Vgl. MEDICUS, BR, Rn. 821.; die Zulässigkeit dieser sog. fiktiven Schadensberechnung ergibt nun bereits aus einem Umkehrschluss aus § 249 II S.2 BGB.
28 Zu den Konsequenzen im Rahmen des Vertragsrechts vgl. REINKING, ZGS 2003, 143 ff.
29 So KNÜTEL, ZGS 2003, 17 ff.; siehe auch PALANDT, § 249, Rn. 15 a.E.; § 251 Rn.10, allerdings vor dem Hintergrund, dass er nun wohl der Rechtsprechung folgt, und den Ersatz bei Zerstörung von PKW § 249 BGB unterstellt, weshalb sich für ihn kein Problem ergibt.
30 Vgl. zuletzt BGH LIFE AND LAW 2004, 577 ff.
31 Vgl. zum Ganzen D'ALQUEN IN LIFE AND LAW 2005, HEFT 5.
32 PALANDT, § 250, Rn. 2.

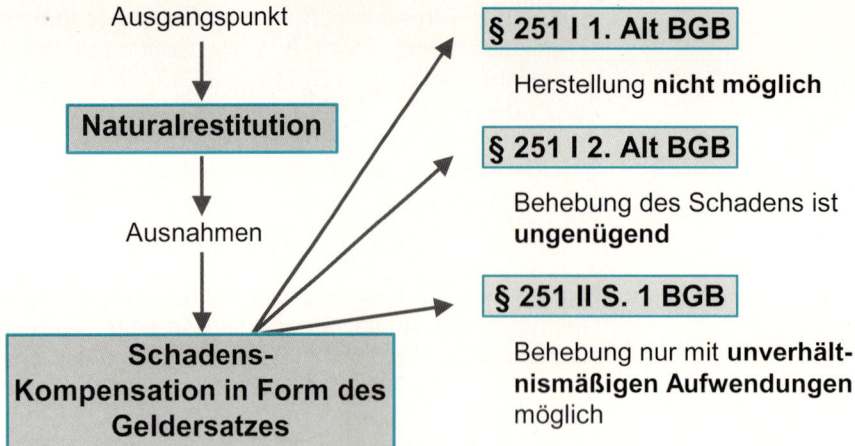

Bsp.: S hat den PKW des G, welcher einen Zeitwert von 1.700,- € hat, bei einem Verkehrsunfall beschädigt. Die Reparatur des Wagens würde 2.000,- € kosten. Nach der von der Rechtsprechung entwickelten 130% Grenze[33] (s. unten Rn. 39) kann G gemäß § 249 II 1 von S 2.000,- € verlangen. Wäre eine Reparatur nicht möglich, so stünde G trotzdem gemäß § 251 I keine Schadensersatzforderung i.H.v. 1.700,- € zu. Zu beachten ist dabei nämlich wiederum, dass der BGH auch bei der Zerstörung von PKW nicht von einem Fall des § 251 BGB ausgeht, sondern von § 249 II S.1 BGB. Nach dieser Auffassung stellt auch die Beschaffung eines gleichartigen und gleichwertigen PKW einen Fall der Naturalrestitution dar. § 251 BGB kommt danach in PKW Fällen erst in Betracht, wenn auch die Ersatzbeschaffung nicht möglich ist.[34]

Ein Fall von § 251 BGB läge daher z.B. bei der Zerstörung eines Kunstwerkes oder bei irreparablen Schäden an Sachen vor, die nicht wiederbeschafft werden können.

Aus rechtlichen Gründen unmöglich ist die Naturalrestitution z.B. bei den §§ 280 I, III, 281 nach Schadensersatzverlangen und bei den §§ 280 I, III, 283, da hier der Erfüllungsanspruch kraft Gesetzes ausgeschlossen ist, vgl. § 281 IV bzw. § 275.

4. § 251 II

Recht des Schädigers auf Entschädigung in Geld

Nach § 251 II ist der Schädiger zur Ersatzleistung in Geld *berechtigt*, wenn die Wiederherstellung *unverhältnismäßig hohe Aufwendungen* erfordert. Die Unverhältnismäßigkeit ergibt sich dabei aus dem Vergleich zwischen dem Herstellungsaufwand und dem (fiktiv) nach § 251 I geschuldeten Geldersatz.[35]

39

Wenn also z.B. ein seltener Fall gegeben ist, in dem bei Zerstörung eines Oldtimers eine Ersatzbeschaffung grundsätzlich möglich (§ 249 BGB) wäre, aber unverhältnismäßig hohe Kosten nach sich ziehen würde.

Prognoserisiko

Entscheidet sich der Schädiger für Naturalrestitution und stellt sich erst *später* die Unverhältnismäßigkeit der erforderlichen Aufwendungen heraus, ohne dass den Geschädigten dabei ein Verschulden trifft, so hat der Schädiger diese in voller Höhe zu tragen - § 251 II ist hier nicht anwendbar. Das *Prognoserisiko* trägt grundsätzlich der Schädiger.[36]

40

---

33 PALANDT, § 249, Rn. 27.
34 Vgl. jetzt auch PALANDT, § 249, Rn. 20.
35 Bei Kfz-Schäden nimmt die Rechtsprechung ab Reparaturkosten von 30 % über dem Wiederbeschaffungswert Unverhältnismäßigkeit an; vgl. BGH, NJW 92, 1618. ⇨ sog. „Integritätszuschlag".
36 BGH, NJW 1972, 1800 ff.

5. § 252

entgangener Gewinn

Nach § 252 umfasst der Schadensersatzanspruch auch den Gewinn, welcher dem Geschädigten infolge des zum Schadensersatz verpflichtenden Umstandes entgangen ist.

hemmer-Methode: Insoweit hat § 252 jedoch nur klarstellende Funktion, da sich der Ersatz des *entgangenen Gewinns* als mittelbarem Schaden bereits aus dem Grundsatz der Naturalrestitution gemäß § 249 ergibt.

§ 252 S.2 stellt zugunsten des Geschädigten eine widerlegbare Vermutung hinsichtlich der Höhe des entgangenen Gewinns auf. Zu beachten bleibt, dass § 252 S.2 lediglich eine *Beweiserleichterung* für den Geschädigten enthält, nicht jedoch eine summenmäßige Begrenzung auf den gewöhnlich zu erwartenden Gewinn, d.h. ein im Einzelfall höherer als der gewöhnliche Gewinn ist bei entsprechender Beweislage ebenfalls zu ersetzen.

Demgegenüber kann der Schädiger jedoch auch behaupten, der entgangene Gewinn sei geringer als gewöhnlich zu erwarten gewesen wäre. Wegen § 252 S.2 trifft ihn jedoch dafür die Beweislast.

6. § 253 BGB

Gem. § 253 I BGB kann der Geschädigte Schadensersatz wegen eines Nichtvermögensschadens *in Geld (!)* nur in den gesetzlich bestimmten Fällen verlangen (Naturalrestitution nach § 249 kann auch bei immateriellen Schäden verlangt werden). Der wichtigste dieser Fälle befindet sich im § 253 II BGB.

Schmerzensgeld auch bei außerdeliktischen Ansprüchen

Danach kann im Rahmen jeder Schadensersatzanspruchsgrundlage unter den dort genannten Voraussetzungen Schmerzensgeld verlangt werden.

hemmer-Methode: Zuvor war diese Ersatzfähigkeit abschließend in § 847 BGB geregelt und damit dem Deliktsrecht vorbehalten. Damit verbunden war der Streit, ob es sich bei § 847 BGB um eine eigene Anspruchsgrundlage handelt. Dieser Streit dürfte sich nun erledigt haben, da § 253 II BGB im Kapitel über Art und Umfang des Schadensersatzes steht, und somit einen bestehenden Anspruch voraussetzt.[37] Lediglich Klarstellende Funktion hinsichtlich des Anspruchsinhalts haben in diesem Zusammenhang die Vorschriften der §§ 11 StVG, 8 ProdHaftG.

i.d.R. Begleitschadensersatz

Soweit § 253 II BGB als Folge vertraglicher Pflichtverletzungen in Betracht kommt, geht es um den Ersatz von Begleitschäden („Schadensersatz neben der Leistung") nach § 280 I BGB. So bei ärztlichen Behandlungsverträgen, Beförderungsverträgen; aber auch ganz allgemein im Rahmen der Verletzung vertraglicher Nebenpflichten.

Weitere gesetzlich geregelte Ausnahmefälle sind § 651f II, § 15 II AG.

II. Negatives und positives Interesse bei sekundären Schadensersatzansprüchen

zu unterscheiden sind pos. u. neg. Interesse

Im Rahmen von *sekundären* Schadensersatzansprüchen lassen sich je nach Umfang des gewährten Anspruchsinhalts das sog. *negative* und *positive Interesse* des Geschädigten unterscheiden.

---

37 A.A. wohl Palandt, § 253 Rn. 4 , wonach der Anspruch auf Schmerzensgeld neben einen zugleich vorausgesetzten Schadensersatzanspruch aus Delikt, Vertrag oder Gefährdungshaftung tritt.

Beide Formen haben einen unterschiedlichen Ausgangspunkt und sind daher streng auseinander zu halten.

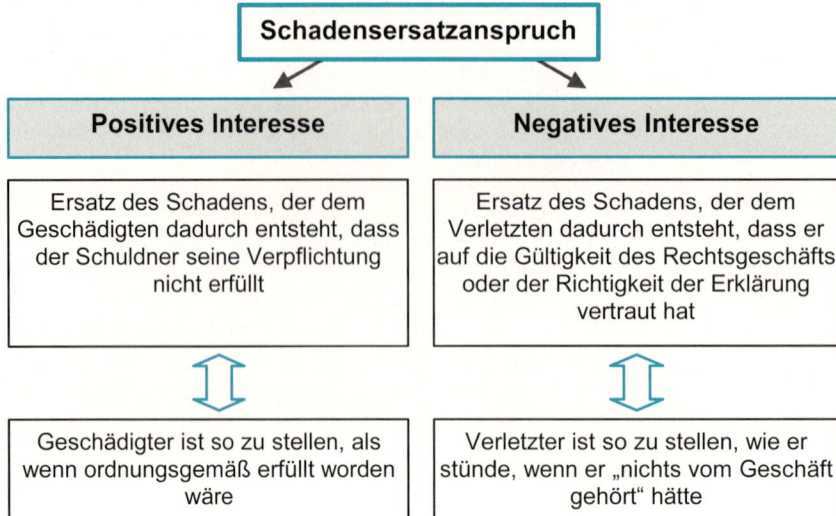

1. Positives Interesse

positives Interesse

Ob ein Anspruch auf das *positive* Interesse besteht, ergibt sich i.d.R. aus dem Wortlaut der Anspruchsgrundlage: Dort ist dann meist von "Schadensersatz wegen *Nichterfüllung*" oder von "Schadensersatz *statt der Leistung*" die Rede (vgl. z.B. §§ 280 I, III, 281- 283, 651f I).[38] § 536a BGB spricht nur von „Schadensersatz". Darunter ist nach h.M. sowohl SE statt der Leistung als auch SE neben der Leistung zu verstehen.

Ersatz für gestörten Primäranspruch

Der Anspruch auf Schadensersatz wegen Nichterfüllung soll dem Geschädigten *Ersatz* für den gestörten Primäranspruch bieten. Ziel des Schadensersatzes wegen Nichterfüllung ist es deshalb, den Geschädigten so zu stellen, wie er stehen würde, wenn der Schuldner *ordnungsgemäß erfüllt* hätte.

> *Bsp.:* A verkauft dem B ein Bild. Vor Übergabe des Bildes wird dieses durch Verschulden des A zerstört. B, der das Bild an F weiterverkauft hätte, nun aber nicht mehr verkaufen kann, entgehen dadurch 200,- € Gewinn.
>
> B könnte gegen A einen Anspruch i.H.v. 200,- € gemäß den §§ 280 I, III, 283 geltend machen.
>
> Da dem A die Übereignung des Bildes schuldhaft nachträglich unmöglich wurde, ist der Anspruch dem Grunde nach gegeben. Fraglich ist aber, ob B hier den entgangenen Gewinn (§ 252) als Schaden geltend machen kann. Da B nach den §§ 280 I, III, 283 ein Anspruch auf Schadensersatz statt der Leistung zusteht und B bei gehöriger Erfüllung das Bild sicher an F mit Gewinn weiterverkauft hätte, kann B die 200,- € entgangenen Gewinn verlangen.

Exkurs

Ersatz vergeblicher Aufwendungen nach § 284

Anstelle des positiven Interesses kann gemäß § 284 Ersatz vergeblicher Aufwendungen verlangt werden. § 284 gilt für jeden Schadensersatzanspruch, der auf Schadensersatz statt der Leistung oder Schadensersatz wegen Nichterfüllung gerichtet ist.

---

38 Einen Versuch zur Klärung der unterschiedlichen Begrifflichkeiten unternimmt ADY, ZGS 2003, 13 ff.

Umstritten ist die Anwendung des § 284 BGB außerhalb der Systematik der §§ 280 ff. BGB:

Wie wäre dies z.B. nach Überlassung der Mietsache für den Anspruch aus § 536a I BGB? Dieser gibt als Rechtsfolge nicht ausdrücklich „Schadensersatz statt der Leistung" an, wie es § 284 BGB eigentlich fordert. Letzten Endes ist dies aber ein *rein sprachliches* Problem, das daraus resultiert, dass noch nicht alle Schadensersatzvorschriften der Terminologie des neuen Schuldrechts angepasst wurden. Da „Schadensersatz statt der Leistung" in der Sache letztlich dasselbe ist wie der frühere Begriff „Schadensersatz wegen Nichterfüllung" (vgl. dazu jetzt noch § 651f I BGB bzw. §§ 523 I 2, 524 II 2 BGB) ist davon auszugehen, dass § 284 BGB auf alle Anspruchsgrundlagen anwendbar ist, die das sog. positive Interesse regeln. Dies ist auch bei § 536a I BGB der Fall, zumal in dessen Vorgängerregelung (§ 538 I BGB a.F.) noch der Begriff „Schadensersatz wegen Nichterfüllung" verwendet worden war und ohne erkennbaren Grund sprachlich verkürzt worden ist.[39]

Hierfür spricht auch der Vergleich mit der Situation, die gilt, wenn es *nicht* zur Überlassung der Mietsache kommt (§ 311a II 1 BGB): Die Zufälligkeit, ob es zur Überlassung kommt oder nicht, kann unmöglich darüber entscheiden, ob Aufwendungen des Mieters, die ja auch schon vor Überlassung anfallen können, ersetzt werden oder nicht.

hemmer-Methode: Dieses Problem ist weitgehend ungeklärt. Daher können Sie hier viel vertreten. Wichtig ist wie immer eine gute Argumentation.

Ersetzt werden die Aufwendungen, die der Gläubiger im Vertrauen auf den Erhalt der Leistung gemacht hat und billigerweise machen durfte. Aufwendungen sind freiwillige Vermögensopfer.

Die Aufwendungen müssen im Vertrauen auf den Erhalt der Leistung gemacht worden sein. Die Aufwendungen müssen deshalb nach Entstehung des Schuldverhältnisses getätigt werden.

Wertungskriterium: Billigkeit

Weiterhin muss der Gläubiger die Aufwendung billigerweise machen dürfen. An diese Voraussetzung sind nur geringe Anforderungen zu stellen. Es sollen nur Aufwendungen ausgegrenzt werden, die offensichtlich in einem groben Missverhältnis zur nicht erbrachten Leistung stehen.[40]

Ausschluss des Ersatzes vergeblicher Aufwendungen

Der Ersatz von Aufwendungen ist ausgeschlossen, wenn deren Zweck auch ohne die Pflichtverletzung nicht erreicht worden wäre. Aufwendungen, die zum Erreichen des Zwecks nicht geeignet sind, werden nicht ersetzt. Ein Ersatz kommt ferner nicht in Betracht, wenn die Leistung unabhängig von der Pflichtverletzung nicht erbracht werden kann.

Verhältnis zur Rentabilitätsvermutung

Fraglich ist, ob § 284 auch in den Fällen eingreift, in denen die Rentabilitätsvermutung einschlägig ist. Bei Verträgen, die erwerbswirtschaftlichen Zwecken dienen, wird vermutet, dass sich die Aufwendungen, die der Erreichung dieses Zwecks dienen, auch rentieren.

---

39 Zum Ganzen Huber/Faust, 4. Kap., Rn. 9. Außer HUBER/FAUST gehen sämtliche wichtigen Werke zur Schuldrechtsreform nicht auf die Frage der Kombinationsmöglichkeit von § 536a I BGB mit § 284 BGB ein. Soweit es teilweise (etwa LORENZ/RIEHM, RN 226; WILMOWSKY Beilage zu Jus 2002/1, S.15) *ausdrücklich* heißt, für die Anwendung des § 284 BGB sei ein Anspruch aus § 280 I, III BGB oder § 311a II 1 BGB erforderlich, dürfte dies mit Sicherheit kein bewusst eingenommener, gegenteiliger Standpunkt zu der hier überzeugenden Lösung von Huber/Faust sein. Vielmehr erklärt sich dies wohl ebenso wie das völlige Schweigen vieler anderer Autoren aus einem typischen „Tunnelblick": Wie der Gesetzgeber selbst hat man vor lauter Beschäftigung mit den neuen Regelungen die Frage, wie sich diese sprachlich und v.a. inhaltlich mit den *nicht gleichzeitig überarbeiteten* Teilen des Schuldrechts vertragen, offenbar vollkommen aus den Augen verloren!

40 PALANDT, § 284 Rn. 6.

Nach einer Ansicht ist die Rentabilitätsvermutung vorrangig, d.h. § 284 wird auf zu ideellen oder konsumptiven Zwecken geschlossene Verträge beschränkt.[41] Im Wortlaut des § 284 findet sich hierfür aber keine Stütze.

Überzeugender erscheint daher die Annahme eines Wahlrechts des Gläubigers zwischen dem Vorgehen über die Rentabilitätsvermutung und dem nach § 284 BGB, weil auch dies zu angemessenen Lösungen führt, die zudem den Vorteil haben, eher dem Gesetzeswortlaut zu entsprechen.

Die Schaffung des § 284 BGB sollte nicht einer Schlechterstellung, sondern einer Besserstellung des Anspruchsinhabers dienen: Folgt man der einschränkenden Auslegung in solchen Fällen der beabsichtigen kommerziellen Nutzung, so würde sich dieselbe Forderung auf Ersatz der Investitionen als Schadensersatz statt der Leistung (positives Interesse) meist unmittelbar aus §§ 280 I, III, 283 BGB ergeben[42].

Folge: Die fehlgeschlagenen Aufwendungen können u.U. kumulativ zu einem entgangenen Gewinn aus dem Geschäft (etwa Kauf zu einem Preis unter Wert) verlangt werden, was bei § 284 BGB („anstelle") gerade nicht möglich ist.

hemmer-Methode: So wie hier hat sich auch das LG Bonn, NJW 2004, 74 ff. = Life & Law 2004, 217 ff. entschieden. Lesen Sie diese Entscheidung sowie den sehr lesenswerten Kommentar von LORENZ, „Schadensersatz statt der Leistung, Rentabilitätsvermutung und Aufwendungsersatz im Gewährleistungsrecht", in NJW 2004, 26 ff. !
Auch das OLG Stuttgart in ZGS 2004, 434 ff. = Life & Law 2005, 1 ff. wendet § 284 BGB auf die erwerbswirtschaftlichen Aufwendungen an.

Über § 284 wird nicht das gesamte negative Interesse sondern nur Teile davon erfasst. Ersetzt werden nur vergebliche Aufwendungen, nicht andere Schadensposten.

Nur alternativ zum Schadensersatz statt der Leistung möglich

Ersatz vergeblicher Aufwendungen kann nur *alternativ* zum Schadensersatz statt der Leistung verlangt werden. Eine gleichzeitige Geltendmachung von Schadensersatz statt der Leistung und Ersatz vergeblicher Aufwendungen ist ausgeschlossen. Der Gläubiger hat ein Wahlrecht zwischen Schadensersatz statt der Leistung und Ersatz vergeblicher Aufwendungen.[43]

Exkurs Ende

2. Negatives Interesse

negatives Interesse

Lesen Sie vorweg den Wortlaut der §§ 122 I, 179 II.

Diese Vorschriften enthalten eine Legaldefinition des negativen Interesses.

Auch die §§ 823 ff. und die §§ 311 II, 280 I, 241 II führen grundsätzlich über die §§ 249 ff. nur zur Haftung auf das negative Interesse.

---

41 PALANDT, § 284 Rn. 4 bis zur 63. Auflage; jetzt hat sich auch Palandt der h.M. angeschlossen, § 284, Rn.3.

42 Siehe hierzu etwa PALANDT § 284, RN 4; nach HUBER/FAUST 4. Kap., RN 7 soll die Vorschrift neben der Schließung der auch bei PALANDT § 284, RN 2 beschriebenen Gesetzeslücke ausdrücklich auch gerade die Rentabilitätsvermutung kodifizieren. Die h.M. geht dagegen davon aus, dass in Fällen wie dem vorliegenden sowohl die Rentabilitätsvermutung als auch § 284 BGB anwendbar ist, die „Wahl des Aufwendungsersatzes" aber nur dann „Sinn" habe, wenn in concreto Aufwendungen getätigt wurden, die von der Rentabilitätsvermutung nicht umfasst sind.

43 Zum Ganzen vgl. ausführlich HEMMER/WÜST, Schuldrecht I, Rn. 431 ff.; Life and Law 2005, 719 ff.; 790 ff.

§ 1 ALLGEMEINES ZUM SCHADENSERSATZRECHT

Ersatz des Vertrauensschaden

Das negative Interesse geht auf Ersatz des sog. *Vertrauensschadens*. Der Geschädigte kann damit verlangen, so gestellt zu werden, wie er stehen würde, wenn er z.B. nicht auf das Zustandekommen eines Vertrages, die Wirksamkeit einer Willenserklärung vertraut hätte oder das zum Schadensersatz führende Ereignis nicht eingetreten wäre.

So zählen zu den typischen Vertrauensschäden die Aufwendungen, die der Anspruchsinhaber zur Erfüllung eines nichtigen Vertrages gemacht hat.

Bsp.: A bestellt bei B Waren. B beauftragt einen Paketdienst, die Waren bei A abzuliefern. A ficht sein Angebot nach § 119 I wirksam an, da er sich verschrieben hat und schickt die Waren zurück. B verlangt wegen der Versendungskosten 50,- € Schadensersatz.

B könnte gegen A einen Schadensersatzanspruch aus § 122 I haben. Aufgrund der Anfechtung des A ist der Anspruch dem Grunde nach gegeben. Hätte B nicht auf die Wirksamkeit des mit A geschlossenen Vertrages vertraut, wären ihm nicht die 50,- € Transportkosten entstanden. Folglich handelt es sich hier um einen Vertrauensschaden des B. Also kann B von A gemäß § 122 Ersatz der 50,- € verlangen.

Begrenzung auf positives Interesse

Die Höhe des negativen Interesses ist i.d.R. - aber nicht notwendig - niedriger als das positive Interesse; bisweilen kann es dieses jedoch überschreiten.

Bei den §§ 122 I, 179 II ist das negative Interesse aber durch das positive Interesse begrenzt (vgl. Wortlaut!), denn der Geschädigte soll nicht besser gestellt werden, als er bei Wirksamkeit des Rechtsgeschäfts stünde.[44]

hemmer-Methode: Bei der cic gibt es diese Begrenzung der Ersatzfähigkeit von Schäden grundsätzlich nicht. Daher kann die Frage, ob die cic neben dem Mängelrecht anwendbar ist, von entscheidender Bedeutung sein![45]

Bsp.: B verkauft dem ausländischen Sammler A eine wertvolle Münzsammlung. Er fährt deshalb mit seinem Auto zum vereinbarten Verkaufsort Frankfurt. Durch den Verkauf erzielt B einen Gewinn von 5000,- €. Als B wieder zu Hause angekommen ist, erklärt A wegen eines Übersetzungsfehlers seines Dolmetschers wirksam die Anfechtung nach § 120.[46] B verlangt von A die Fahrtkosten ersetzt. Außerdem macht er geltend, wenn er nicht zu A gefahren wäre, hätte er die Münzen dem Sammler S verkauft und einen Gewinn von 6.000,- € gemacht. S ist nun nicht mehr interessiert.

Ein Ersatzanspruch des B könnte sich hier aus § 122 I ergeben. Eine wirksame Anfechtung des A nach § 120 liegt vor. Fraglich ist aber der Umfang des Schadensersatzanspruchs.

Nach § 122 I kann B verlangen, so gestellt zu werden, wie er stünde, wenn er nicht auf die Wirksamkeit des Rechtsgeschäfts vertraut hätte. Er kann somit *nicht* die 5.000,- € entgangenen Gewinn (§ 252) geltend machen, die er aus dem Verkauf *an A* gezogen hätte, denn dieser Schaden entstand nicht durch das Vertrauen auf die Wirksamkeit der Willenserklärung.

Fraglich ist aber, ob B Ersatz der Fahrtkosten und der anderweitigen 6.000,- € als entgangenen Gewinn geltend machen kann.

Die Fahrtkosten sind B nur deshalb entstanden, weil er auf die Wirksamkeit der Willenserklärung vertraut hat. Andernfalls wäre er nicht nach Frankfurt gefahren.

---

44 Zum Zusammenspiel von positivem und negativen Interesse i.R.d. § 179 I vgl. unten, Rn. 193.
45 Vgl. dazu HEMMER/WÜST, Schuldrecht II, Rn. 404 ff.
46 § 120 gilt auch beim Dolmetscher, vgl. PALANDT, § 120, Rn. 2.

Möglicherweise kann B zudem Ersatz der 6.000,- € Gewinn wegen des ansonsten mit S abgeschlossenen Vertrages verlangen. Dieser Schaden entstand dem B gerade dadurch, dass er auf die Wirksamkeit des Verkaufs an A vertraute. Auch die Nachteile, die durch das Nichtzustandekommen eines möglichen anderen Geschäftes entstehen, fallen unter § 122 BGB.[47]

Gleichwohl kann B aufgrund der Begrenzung des negativen auf das positive Interesse insgesamt nur 5.000,- € Schaden geltend machen, denn B hätte bei Wirksamkeit des Vertrages mit A auch nur 5.000,- € Gewinn gemacht.

B hat gegen A somit gemäß § 122 einen Schadensersatzanspruch i.H.v. 5.000,- €.

hemmer-Methode: Gerade beim negativen Interesse müssen Sie zeigen, dass Sie nicht nur in Schlagworten gelernt haben! Falsch ist z.B. der häufig für das negative Interesse verwendete Merksatz: "Die Parteien sind so zu stellen, als wären sie sich nie begegnet". Die Verwendung falscher Merksätze führt oft an den eigentlichen Problemen der Klausur vorbei. Merken Sie sich: Ersatz des negativen Interesses soll den Geschädigten so stellen, wie er stünde, wenn der zum Schadensersatz verpflichtende Umstand sich nicht ereignet hätte.
Auch die Frage, ob, wann und in welchem Umfang beim negativen Interesse der entgangene Gewinn zu ersetzen ist, kann nicht schematisch beantwortet werden. Gänzlich untauglich ist deshalb der häufig zu hörende Merksatz: "Ersatz des entgangenen Gewinns nur beim positiven Interesse".
Wie obiges Beispiel zeigt, kann auch das negative Interesse durchaus entgangenen Gewinn umfassen. Denken Sie aber immer an eine mögliche Begrenzung des negativen Interesses durch das positive! Wichtig: Bei den §§ 311 II, 280 I, 241 II fehlt eine derartige Begrenzung! In welchem Umfang Schadensersatz zu leisten ist, ist häufig Examensthema. Wer diese Problembereiche richtig beherrscht, punktet und hebt sich positiv ab!

III. Abgrenzung zu Begleitschäden

Begleitschäden
z.B. Verzögerungsschaden auch neben Erfüllungsanspruch möglich; grundsätzlich neg. Interesse

Zu unterscheiden ist der Schadensersatz statt der Leistung von den nicht immer klar zu trennenden *Begleitschäden*, auch *Folge-* oder *Verletzungsschäden* genannt. Diese Ansprüche können nämlich sowohl neben dem Primäranspruch (ursprünglicher Erfüllungsanspruch), als auch neben dem *gestörten* Primäranspruch (sekundärer Schadensersatzanspruch) bestehen. Typische Beispiele sind der *Mangelfolge-* und der *Verzögerungsschaden*. Hier entsteht dem Geschädigten regelmäßig ein neben das Erfüllungsinteresse tretender Schaden.

Bsp.(1): G kauft bei S eine Maschine. Infolge eines Mangels explodiert diese in der Fertigungshalle des G und richtet erheblichen Schaden an. G verlangt von S Schadensersatz.

G kann bei Vorliegen der Voraussetzungen gemäß den §§ 433 I 2, 434, 437 Nr. 2, 323 BGB vom Vertrag zurücktreten bzw. Schadensersatz nach § 437 Nr.3, 281 BGB für die zerstörte Maschine verlangen. Dies umfasst allerdings nicht den Ersatz des Schadens, der an anderen Gegenständen oder der Halle selbst entstanden ist. Da diese Schäden jedoch auf der Schlechtleistung beruhen, kann G von S gemäß den §§ 433 I 2, 434, 437 Nr. 3, 280 I Schadensersatz dafür verlangen. Hier tritt also der Begleitschadensersatz aus § 280 I BGB neben den Schadensersatz statt der Leistung.

Begleitschäden fallen grundsätzlich unter das negative Interesse und finden ihre Anspruchsgrundlage deshalb meist in den §§ 280 I, 241 II, 311 II und den §§ 280 I, II, 286 I.

---

[47] BGH NJW 1984, 1950.

§ 1 ALLGEMEINES ZUM SCHADENSERSATZRECHT

Bsp. 2: Um ein größeres Aktienpaket kaufen zu können, nimmt G bei der S-Bank ein Darlehen i.H.v. 100.000,- € auf. Die Auszahlung wird ihm für den nächsten Tag versprochen. Aufgrund der Nachlässigkeit eines Angestellten der S-Bank verzögert sich die Auszahlung um 10 Tage. Nunmehr ist der Kurs der Aktien derart gestiegen, dass das gleiche Aktienpaket 115.000,- € kostet. G will dennoch kaufen, verlangt aber von S Ersatz der 15.000,- € Mehrkosten.

G könnte von S gemäß den §§ 280 I, II, 286 Schadensersatz i.H.v. 15.000,- € verlangen, wenn es sich dabei um einen Verzugsschaden handelt. S ist gemäß den §§ 286 II Nr. 1, IV i.V.m. § 278 in Verzug. Bei rechtzeitiger Leistung hätte G noch zum günstigeren Kurs kaufen können. Daher sind die Mehrkosten dem G infolge des Verzuges entstanden. G kann somit *neben* der Auszahlung der Darlehensvaluta von S gemäß den §§ 280 I, II, 286 Schadensersatz i.H.v. 15.000,- € verlangen.

Hätte die Abwicklung des Darlehensgeschäftes für G infolge des Verzuges der S kein Interesse mehr, so könnte G auch gemäß § 323 I, II Nr. 3[48] von dem Darlehensvertrag zurücktreten und daneben (§ 325 BGB) Schadensersatz statt der Leistung gemäß den §§ 280 I, III, 281 I, II (z.B. aus einer späteren Weiterveräußerung entgangener Gewinn) verlangen. Der Anspruch auf Ersatz des Verzögerungsschadens bliebe jedoch davon unberührt. Nach alter Rechtslage vor der Schuldrechtsreform konnte G aber wahlweise den Verspätungsschaden als Rechnungsposten in den später entstandenen Schadensersatzanspruch statt der Leistung einbeziehen. Das ist heute umstritten, weil Verzug gerade keine Tatbestandsvoraussetzung bei § 281 I BGB ist.[49]

hemmer-Methode: Dies kann man letztlich auch anders sehen. Denn auch wenn der Verzug keine Tatbestandsvoraussetzung des § 281 I BGB ist, wird er in aller Regel gegeben sein. Zumindest dann sollte eine Geltendmachung im Rahmen des § 281 I BGB möglich sein. Bei Anspruch auf Ersatz des positiven Interesses kann der Geschädigte verlangen, so gestellt zu werden, wie er stünde, wenn der Schuldner ordnungsgemäß erfüllt hätte. Dazu gehört eben auch eine *rechtzeitige* Leistung. Folglich lässt sich jeder Verzögerungsschaden begrifflich auch als Teil des Nichterfüllungsschadens verstehen.[50]
Denken Sie dennoch bei der Ausarbeitung Ihrer Klausur an die saubere Darstellung als Verzugsschaden, insbesondere die Kausalität zwischen Verzug und Schaden.

Mangelfolgeschaden

Auf den Ersatz von Begleitschäden (Mangelfolgeschäden) i.R. einer Beschaffenheitsgarantie nach § 443 oder im Rahmen der §§ 433 I 2, 434, 280 I soll an späterer Stelle genauer eingegangen werden.[51]

hemmer-Methode: Für die Abgrenzung des Schadensersatzes statt der Leistung vom Begleitschadensersatz sollten Sie sich immer folgende Frage stellen: kann der jeweilige Schadensposten durch eine fiktiv gedachte, ordnungsgemäße (Nach-)erfüllung beseitigt werden? Wenn ja, handelt es sich um Schadensersatz statt der Leistung, falls nein, geht es um Schadensersatz neben der Leistung gem. § 280 I BGB.

E. Haftungsprinzipien

I. Prinzip des Vertretenmüssens

Verschuldensprinzip

Grundlegendes Prinzip des Schadensersatzrechts ist, dass der Schuldner nur dann auf Schadensersatz haftet, wenn er die Verletzung der Rechtsgüter eines anderen zu vertreten hat.

---

48 Beachten Sie, dass nur beim verzinslichen Darlehen ein synallagmatischer Vertrag vorliegt!
49 Vgl. PALANDT, § 286, Rn. 44, § 281 Rn. 17 a.E.; JAUERNIG, § 281, Rn. 16.
50 ERMAN/WESTERMANN, § 281 Rn. 26 wollen dies zumindest für Verzögerungsschäden annehmen, die nach Schadensersatzverlangen eintreten.
51 Vgl. Rn. 150 ff.

Dabei legen die §§ 276 - 278 allgemein fest, was der Schuldner zu vertreten hat.

1. Haftung für Eigenverschulden

§ 276: objektiver Sorgfaltsmaßstab

Der Schuldner hat gemäß § 276 I S.1 grundsätzlich Vorsatz und Fahrlässigkeit zu vertreten. Vorsatz meint Wissen und Wollen des rechtswidrigen Erfolges.[52] Fahrlässig handelt, wer die im Verkehr erforderliche Sorgfalt außer Acht lässt (§ 276 II). Dabei ist regelmäßig ein *objektiver Sorgfaltsmaßstab* anzulegen.[53]

Haftung erst bei grober Fahrlässigkeit

In den Fällen der §§ 300 I, 521, 599, 680 hat der Schuldner leichte Fahrlässigkeit nicht zu vertreten. Erst ab grober Fahrlässigkeit wird gehaftet. Grobe Fahrlässigkeit liegt vor, wenn die verkehrsübliche Sorgfalt in besonders schwerem Maße außer Acht gelassen worden ist. Anders als im Rahmen der einfachen Fahrlässigkeit, finden bei der groben Fahrlässigkeit auch subjektive, in der Individualität des Handelnden liegende Umstände Berücksichtigung.[54] Diese Feststellung obliegt dem Tatrichter.[55]

§ 277: Sorgfalt in eigenen Angelegenheiten

In einzelnen Vorschriften (§§ 690, 708, 1359, 1664, 2131) wird der Verschuldensmaßstab auf die *Sorgfalt in eigenen Angelegenheiten* ("diligentia quam in suis") beschränkt. Dadurch wird der objektive Verschuldensmaßstab versubjektiviert.

Gemäß § 277 ist in diesen Fällen jedoch die Haftung für Vorsatz und grobe Fahrlässigkeit nicht ausgeschlossen. Daher ist allenfalls die Haftung für leichte Fahrlässigkeit ausgeschlossen, aber eben nur dann, wenn in eigenen Angelegenheiten auch in diesem Rahmen sorglos gehandelt wird. Wichtig also: Aus § 277 BGB kann nicht der Umkehrschluss gelesen werden, dass die Haftung für leichte Fahrlässigkeit per se entfällt!

hemmer-Methode: Denken Sie aber auch bei der "diligentia quam in suis" stets daran, dass nach heutiger Auffassung im Straßenverkehr kein Raum für individuelle Sorglosigkeit ist.[56] D.h. die Haftungserleichterung des § 1359 findet z.B. bei gemeinsamer Teilnahme beider Ehegatten am Straßenverkehr keine Anwendung! Dies sind typische Examenskonstellationen! Prägen Sie sich deshalb den Regel-Ausnahme-Mechanismus gut ein: Nach § 276 grundsätzlich Haftung auch für leichte Fahrlässigkeit - Ausnahme u.U. bei "diligentia quam in suis". (diese kommt aber nicht bei gemeinsamer Teilnahme am Straßenverkehr in Betracht, weil dort kein Raum für individuelle Sorglosigkeit besteht).

2. Haftung für Hilfspersonen, § 278[57]

über § 278 auch Haftung für Hilfspersonen

Besondere Examensrelevanz besitzt die Haftung für Hilfspersonen. Bedeutsam wird dies dadurch, dass sich der Schuldner zur Erfüllung seiner Verbindlichkeit auch der Hilfe anderer bedienen kann.[58]

---

52 Zu Einzelheiten vgl. PALANDT, § 276, Rn. 10.
53 PALANDT, § 276, Rn. 15.
54 PALANDT, § 277, Rn. 5.
55 Nach neuester Rechtsprechung des BGH kann daher auch bei einem Rotlichtverstoß die grobe Fahrlässigkeit zu verneinen sein, BGH v. 29.01.2003, ZGS 2003, 84.
56 PALANDT, § 277, Rn. 2.
57 Vgl. zum ganzen Problemkreis auch den Aufsatz von SCHÜNEMANN/FISCHER, JuS 1989, Lernbogen L 33 ff.
58 Ausnahmen bestehen aber bei höchstpersönlichen Leistungen (vgl. z.B. § 613). Hier würde die Übertragung auf andere schon zu einem eigenen Verschulden nach § 276 führen.

§ 1 ALLGEMEINES ZUM SCHADENSERSATZRECHT

In diesen Fällen haftet der Schuldner dann aber nicht nur für das *eigene* Verschulden, sondern auch für das der von ihm eingesetzten *Hilfspersonen* (§ 278). Hilfspersonen in diesem Sinne sind die *gesetzlichen Vertreter* und die *Erfüllungsgehilfen*. Diese Regelung begründet sich damit, dass der Schuldner gegenüber dem Gläubiger für seinen *Geschäfts- und Gefahrenkreis* verantwortlich ist und dass zu diesem Kreis auch die *von ihm eingesetzten* Hilfskräfte gehören. Der Schuldner, der Hilfskräfte zu seinem *Vorteil* in Anspruch nimmt, soll ebenso die *Nachteile* tragen, die ihm durch ihren Einsatz entstehen.[59] Oder anders ausgedrückt: Es darf dem Schuldner nicht zum Vorteil gereichen, dass er sich zur Erfüllung seiner Verbindlichkeit der Hilfe Dritter bedient.

bzgl. Haupt-, Neben- und sonstigen Verhaltenspflichten

Dies gilt für die Verletzung von Hauptleistungs-, Nebenleistungs- und sonstigen Verhaltenspflichten.[60] Selbst Unterlassungspflichten sind vom Gehilfen genauso zu beachten wie vom Schuldner selbst.[61]

hemmer-Methode: Den meisten im BGB geregelten Anspruchsgrundlagen liegt das Verschuldensprinzip zugrunde, d.h., dass der Schädiger nur dann haftet, wenn ihn auch tatsächlich ein Verschulden trifft. Um eine Klausur anspruchsvoller zu machen, bietet es sich deshalb für den Klausurersteller an, die Frage, ob ein Verschulden besteht, mit dem Handeln einer weiteren Person zu verbinden. Aus diesem Grund ist das Problem der Verschuldenszurechnung fast in jedem Examen ein Schwerpunktproblem. Deshalb gilt es die mit § 278 zusammenhängenden Problemfelder zu kennen.
Der Prüfungskandidat sollte dieser Norm ganz besondere Aufmerksamkeit widmen.

Voraussetzung.: Rechtl. Sonderverbindung

Voraussetzung für die Anwendbarkeit von § 278 ist das Bestehen einer *rechtlichen Sonderverbindung*. Die Sonderverbindung kann dabei sowohl *vertraglicher* als auch *gesetzlicher* Natur sein. Die bloße tatsächliche Gemeinschaft begründet aber *keine* Sonderverbindung. Bei *Rechtsgemeinschaften* gemäß den §§ 741 ff. findet § 278 dagegen Anwendung.[62]

Bsp. für bloße Gemeinschaft: Mehrere Arbeitnehmer desselben Betriebes untereinander; mehrere Mietparteien desselben Hauses.

bei Delikt (-)

Keine Sonderverbindung besteht auch bei der *Deliktshaftung*, so dass § 278 hier nicht anwendbar ist. *Anders* aber bei der *Abwicklung* deliktischer Ansprüche.[63]

Für vorvertragliche Schutzpflichten im Rahmen der §§ 311 II, 280 I, 241 II, bzw. *culpa post contractum finitum*[64] findet § 278 aber ebenfalls Anwendung.

bei EBV (+)

Anwendung findet § 278 auch im Rahmen des Sachenrechts, insbesondere beim EBV.[65]

Bsp.: Juwelier B ist besitzrechtsloser Besitzer einer wertvollen Uhr des Eigentümers E. E klagt gegen B auf Herausgabe. Während des Prozesses wird die Uhr von A, einem Angestellten des B, schuldhaft zerstört. E verlangt von B Schadensersatz:

---

59 MüKo, § 278, Rn. 3.
60 Vgl. SCHÜNEMANN/FISCHER, a.a.O.
61 SCHÜNEMANN/FISCHER, a.a.O.
62 PALANDT, § 278, Rn. 2.
63 Siehe auch Rn. 27 ff.
64 Vgl. MEDICUS, BR, Rn. 31, 308.
65 PALANDT, § 278, Rn. 3.

E könnte von B gemäß § 989 Schadensersatz für die zerstörte Uhr verlangen. Mit Erhebung der Herausgabeklage ist die Rechtshängigkeit gemäß den §§ 261, 253 ZPO gegeben. Jedoch trifft den B an der Zerstörung kein eigenes Verschulden im Sinne von § 276. B muss sich aber gemäß § 278 das Verschulden des A zurechnen lassen, da durch die Vindikationslage zwischen E und B eine für die Anwendbarkeit des § 278 ausreichende Sonderverbindung in Form des dinglichen Schuldverhältnisses des EBV zwischen beiden vorliegt.

Der Schadensersatzanspruch des E gegen B aus § 989 ist damit begründet.

a) Gesetzliche Vertreter

z.B. gesetzliche Vertreter wie Eltern

Zu den *gesetzlichen Vertretern* im Sinne von § 278 zählen insbesondere die Vertreter von *natürlichen* Personen, also u.a. die Eltern (§ 1626 ff. BGB), der Vormund (§§ 1793 ff.), der Betreuer (§ 1902) und der Pfleger (§§ 1909 ff.). Gesetzlicher Vertreter in diesem Sinne ist auch der Ehegatte, wenn Geschäfte im Rahmen des § 1357 geschlossen werden;[66] nach h.M. auch der Insolvenzverwalter (§ 80 InsO), Treuhänder, Nachlaßverwalter (§§ 1984 ff.) oder Testamentsvollstrecker (§§ 2197 ff.), da diese aufgrund ihres *Amtes* Rechte und Pflichten für andere begründen können.[67]

aber nicht Organe, diesbzgl. gilt § 31

Die verfassungsmäßig berufenen Vertreter *juristischer* Personen, z.B. der Gemeindebürgermeister oder der GmbH-Geschäftsführer, sind aber *keine* Vertreter im Sinne von § 278. Ihr Verschulden wird der juristischen Person als Organverschulden gemäß den §§ 31, 89 zugerechnet. Eine analoge Anwendung von § 31 besteht nach h.M. bei den Personenhandelsgesellschaften (OHG, KG).

Dann greift § 278 nicht. Nach mittlerweile h.M. gilt § 31 analog auch bei der BGB-Gesellschaft.[68] Das ist vor dem Hintergrund der Rechtsprechung des BGH zur Teilrechtsfähigkeit der GbR[69] nur konsequent.

hemmer-Methode: Auch wenn die Zurechnung über § 278 und die über § 31 regelmäßig zu den gleichen Ergebnissen führt, gilt es dennoch, beide Zurechnungswege in der Klausur sauber auseinander zu halten. Letztlich ist die Zurechnung über § 31 umfassender, da hier die juristische Person auch für das deliktische Handeln ihrer Vertreter haftet. Andererseits gilt im Rahmen des § 31 BGB auch der § 276 III BGB, der bei § 278 BGB gerade nicht gilt, § 278 S.2 BGB.

b) Erfüllungsgehilfen

bei Erfüllungsgehilfe Voraussetzung:

aa) Examenswichtig ist vor allem die genaue Kenntnis des *Erfüllungsgehilfen* als Hilfsperson im Sinne von § 278.

Tätigwerden mit Wissen und Wollen des Schuldners bei Erfüllung

Erfüllungsgehilfe ist, wer nach den tatsächlichen Gegebenheiten des Falles mit Wissen und Wollen des Schuldners bei der Erfüllung einer diesem obliegenden Verbindlichkeit als dessen Hilfsperson tätig wird. Danach kommt es vornehmlich darauf an, dass der Schuldner von der Tätigkeit als Erfüllungsgehilfe weiß. Umgekehrt braucht der Erfüllungsgehilfe selbst *nicht* zu wissen, dass er als solcher tätig wird.

---

66 MüKo, § 278, Rn. 41; wichtig ist aber, dass dies nur für den Fall der gesetzlichen Vertretung gilt. Dagegen sind die Ehegatten im Verhältnis zueinander regelmäßig keine Erfüllungsgehilfen.
67 PALANDT, § 278, Rn. 5.
68 Vgl. BGH Life and Law 2003, 385 ff.
69 Vgl. dazu Life&Law 2001, 216 ff.

§ 1 ALLGEMEINES ZUM SCHADENSERSATZRECHT

Im Einzelfall ist es ausreichend, wenn das Verschulden eines von mehreren Erfüllungsgehilfen feststeht. Nicht erforderlich ist, dass auch seine Identität festgestellt werden kann.[70]

auch eigene Transportperson

Da der Erfüllungsgehilfe dem Wortlaut nach *bei der Erfüllung* behilflich sein muss, kommt § 278 dann nicht in Betracht, wenn die Hilfsperson zur Schaffung von *Leistungsvoraussetzungen* herangezogen wird. Namentlich ist dies im Kaufrecht von Bedeutung. So ist z.B. der Hersteller als Lieferant kein Erfüllungsgehilfe des Verkäufers; gleiches gilt beim *Versendungskauf* hinsichtlich des durch eine unabhängige Person durchgeführten Transports, da dieser nicht zum Pflichtenkreis des Verkäufers gehört.[71]

Folgeproblem in diesem Bereich ist dann die Drittschadensliquidation. Beim Werkvertrag hängt die Erfüllungsgehilfenstellung des Lieferanten davon ab, ob die Herstellung der zu liefernden Sache Gegenstand der werkvertraglichen Leistungspflicht des Unternehmers ist.[72]

Eine Ausnahme besteht beim Versendungskauf freilich dann, wenn der Verkäufer *eigene* Hilfskräfte als Transportpersonen einsetzt. Ansonsten führte die Verwendung eigener Hilfskräfte zu einer Verschlechterung der Käuferposition bei Untergang der Sache aufgrund eines Verschuldens der Hilfspersonen: Normalerweise erfolgt hier ein Schadensausgleich über die Drittschadensliquidation; dieser wäre bei eigenen Hilfskräften des Verkäufers aufgrund des innerbetrieblichen Schadensausgleich aber ausgeschlossen.[73]

hemmer-Methode: Besondere Berücksichtigung der Wertungsebene! Bei der Verwendung eigener Hilfskräfte durch den Verkäufer kann der Bearbeiter einer Klausur zeigen, dass er nicht nur starr und formelhaft gelernt hat. Häufig wird dieser Fall nämlich als eine von mehreren Varianten des gleichen Falls in einer Klausur auftauchen. Dann gibt schon die Aufgabenstellung zu erkennen, dass gerade für diesen Fall keine Drittschadensliquidation möglich ist. Fände nun keine Korrektur auf der Wertungsebene statt, so wäre der Verkäufer einseitig begünstigt und der Käufer unbillig schlechter gestellt. Ein Interessenausgleich tritt nur dann ein, wenn die eigenen Transportpersonen - trotz fehlender Verpflichtung des Verkäufers zum Transport (§ 447) - als Erfüllungsgehilfen zu behandeln sind.

§§ 664, 691 gesetzl. Spezialregelungen

Bei der Möglichkeit, im Rahmen eines Auftrags- oder Verwahrungsvertrages die gesamte Ausführung auf einen Dritten zu übertragen, kommt § 278 nicht in Betracht, da insoweit die gesetzlichen Spezialregelungen (§§ 664, 691) vorrangig sind.[74]

innerer Zusammenhang notw.

bb) Die schädigende Handlung der Hilfsperson muss auch in einem *inneren Zusammenhang* mit der übertragenen Aufgabe stehen. Die Handlung des Erfüllungsgehilfen muss demnach in den allgemeinen Aufgabenkreis fallen, zu dessen Wahrnehmung ihn der Schuldner bestimmt hat.[75]

h.M.: nicht bei "Gelegenheit"

Daher scheiden nach h.M. solche Schäden aus, die der Erfüllungsgehilfe nur *bei Gelegenheit* seiner Erfüllungstätigkeit verursacht.[76] Dieses Problem stellt sich häufig bei Ansprüchen wegen Nebenpflichtverletzung beim Werkvertrag gemäß den §§ 280 I, 241 II.

---

70 MüKo, § 278, Rn. 42, Fn. 179 m.w.N.
71 MüKo, § 278, Rn. 31, 28 a.E.
72 OLG Karlsruhe, NJW RR 1997, 1240.
73 PALANDT, § 278, Rn. 15.; Hemmer/Wüst, Arbeitsrecht, Rn. 631 ff.
74 MüKo, § 278, Rn. 28.
75 Vgl. PALANDT, § 278, Rn. 20.
76 BGHZ 23, 323; differenzierend BROX/WALKER, SchuldR AT, § 20, Rn. 32, wo auf die Frage der Erleichterung der Schädigung durch die übertragene Tätigkeit abgestellt wird.

Bsp.: Hausbesitzer H beauftragt den Klempner K mit Reparaturarbeiten. Der Lehrling L wird von K angewiesen, die Reparatur bei H durchzuführen. "Bei Gelegenheit" stiehlt L dem H Wertgegenstände.

Die h.M. ist der Auffassung, dass der L in diesem Fall nicht mit dem Willen des K tätig wurde und dass deshalb der innere Zusammenhang mit den Reparaturarbeiten fehle. Eine Verschuldenszurechnung scheide damit aus. Die Gegenmeinung vertritt die Ansicht, der Schuldner müsse so haften, wie wenn er selbst die Sache gestohlen hätte, da auch die bloße Gelegenheit zum Diebstahl allein durch die Zwischenschaltung der Hilfsperson entstanden ist.

auch bei vorsätzl. Überschreiten möglich

Der innere Zusammenhang bleibt aber auch dann bestehen, wenn die Hilfsperson ihren Auftrag überschreitet oder gar die Befugnisse missbraucht. Selbst bei vorsätzlichem Abweichen soll dies noch gelten (Argument § 278 S.2).[77]

Auch wenn der innere Zusammenhang zwischen Schädigung und Auftrag weniger zu Tage treten sollte, findet § 278 dennoch Anwendung. So gelten z.B. auch Gäste des Mieters als dessen Erfüllungsgehilfen, weil sie die Mietsache mitnutzen. Gleiches gilt für Familienangehörige, Kunden und Untermieter.[78]

Kein Fall des § 278 soll dagegen dann vorliegen, wenn der Hauswart im Interesse des Mieters tätig wird.[79]

Der innere Zusammenhang kann aber auch einmal fehlen. Dazu folgendes Beispiel:

Bsp.:[80] *Der Arbeitgeber A lässt von Unternehmer U auf dem Firmengelände einen Turm lackieren. Dabei bildet sich durch das Aufsprühen des Lacks eine feine Lackwolke, die auf den erlaubterweise auf dem Firmengelände geparkten PKW des Arbeitnehmers S niedergeht. Da U zahlungsunfähig ist, wendet sich S an A und verlangt Schadensersatz.*

S könnte gegen A einen Anspruch aus § 280 I BGB haben. Das setzt voraus, dass die schuldhafte Pflichtverletzung des U gem. § 278 BGB zugerechnet werden kann. Nach Auffassung des BAG fehlt es vorliegend jedoch an dem inneren Zusammenhang zwischen der Arbeit des U und der Rechtsgutsverletzung bei S. Zwar ist § 278 BGB auch im Rahmen von Schutzpflichtverletzungen anwendbar und es war auch so, dass A die Pflicht obliegt, die berechtigterweise auf seinem Gelände stehenden Fahrzeuge seiner AN nicht zu beschädigen.

Jedoch hat A den U nicht in Bezug auf eine gegenüber S bestehende Verpflichtung eingesetzt (bei der eine Schutzpflichtverletzung zurechenbar wäre), sondern es ging dem A nur darum, seinen Turm lackieren zu lassen. Das hat primär mit dem Arbeitsverhältnis nichts zu tun. Der U arbeitete daher ohne Bezug zum Eigentum des S auf dem Gelände. Eine Haftung scheidet daher aus.[81]

Abgrenzung zu § 831
⇨ *keine Weisungsgeb. notw. auch bei mittelb. ErfGeh.*

cc) Im Gegensatz zum *Verrichtungsgehilfen (§ 831)*, ist für § 278 *nicht* Voraussetzung, dass der Erfüllungsgehilfe *weisungsgebunden* ist. Es reicht sogar bloß tatsächliche Zusammenarbeit aus, so dass die Haftung des Schuldners auch dann nicht entfällt, wenn der zwischen Schuldner und Gehilfen geschlossene Vertrag *nichtig* ist.[82]

Bsp.: A gibt seinen Wagen bei B in Reparatur. Dabei wird der Wagen schuldhaft von dem minderjährigen Lehrling L beschädigt. Wie sich erst später herausstellt, ist der Lehrvertrag wegen fehlender Einwilligung nichtig gewesen.

---

77 PALANDT, § 278, Rn. 18.
78 MüKo, § 278, Rn. 23 a.E.
79 MüKo, a.a.O.
80 BAG NJW 2000, 3369.
81 Vgl. dazu und zu einer kritischen Auseinandersetzung mit der BGH Rechtsprechung in ähnlichen Fällen KAMANABROU, NJW 2001, 1187.
82 PALANDT, § 278, Rn. 7.

Für die vertragliche Haftung des B ist das Verschulden des L zu berücksichtigen (Verschuldensfähigkeit vorausgesetzt, §§ 276 I S.2, 828 BGB, auch wenn der zugrunde liegende Lehrvertrag nichtig ist. Ausreichend ist deshalb - zum Schutz des Gläubigers - die tatsächliche Mitwirkung des L mit Wissen und Wollen des B.

selbstständiger Unternehmer als Erfüllungsgehilfe

Außerdem kann, da kein *Abhängigkeitsverhältnis* bestehen muss, der Erfüllungsgehilfe auch ein *selbständiger Unternehmer* sein.

Nach BGH ist der *Grundstücksmakler,* der von einer Vertragspartei in die Vertragsverhandlungen eingeschaltet wird, in der Regel nicht dessen Erfüllungsgehilfe. Dabei steht nicht die selbstständige Stellung des Maklers einer Einschätzung als Erfüllungsgehilfe entgegen (s.o.), sondern der Umstand, dass der Makler durch seine Vermittlungstätigkeit eine eigene Leistung gegenüber dem Auftraggeber erbringt, die nicht ohne weiteres zugleich die Verpflichtung des Auftraggebers gegenüber dem späteren Vertragspartner erfüllt.

Etwas anderes gilt jedoch dann, wenn dem Makler von einer der Vertragsparteien die Führung der wesentlichen Vertragsverhandlungen überlassen worden, und so von ihr zur Erfüllung der vorvertraglichen Sorgfaltspflichten herangezogen worden ist. Dass dem Makler hierbei kein eigener Verhandlungsspielraum eingeräumt worden ist, hindert die Anwendung des § 278 BGB dabei nicht.[83]

Der selbständige *unmittelbare* Erfüllungsgehilfe kann sich mit Einverständnis des Schuldners wiederum eines eigenen Erfüllungsgehilfen bedienen. Das Verschulden dieses *mittelbaren* Erfüllungsgehilfen ist dem Schuldner ebenfalls nach § 278 zuzurechnen.[84]

Bsp.: Vermieter V beauftragt den Bauhandwerker B, die Mietwohnung des M zu reparieren. B lässt die Arbeit durch den Lehrling L ausführen.

Kommt es nun zu weiteren Schäden an der Mietsache durch ein Verschulden des L, löst dieser z.B. einen Kabelbrand aus, so haftet der Vermieter direkt aus § 536a I 2.Alt., weil ihm das Verschulden des L als mittelbarem Erfüllungsgehilfen über § 278 zuzurechnen ist. Dasselbe Ergebnis erzielt man über eine doppelte Anwendung des § 278 BGB.

§ 278 auch keine Anspruchs-, sondern Zurechnungsnorm

Weitere *Unterschiede* zwischen § 278 und § 831 bestehen darin, dass § 278 nur eine *Zurechnungsnorm* ist und *keine eigene Anspruchsgrundlage* darstellt. Darüber hinaus begründet § 831 eine Haftung für vermutetes *eigenes* Verschulden, während durch § 278 eine Haftung für *fremdes* Verschulden erfolgt. Eine *Exkulpationsmöglichkeit* besteht schließlich nur im Rahmen des § 831.

Trotz der vielen Unterschiede kann ein und dieselbe Person gleichzeitig Erfüllungsgehilfe und Verrichtungsgehilfe sein.

Bsp.: Der bekanntermaßen unzuverlässige Lehrling L beschädigt bei Reparaturarbeiten eine Vase. Besteller B fordert deshalb von Unternehmer U Schadensersatz.

Einerseits wird L mit Wissen und Wollen bei der Erfüllung tätig. Er ist deshalb Erfüllungsgehilfe des U. Mithin kommt ein Anspruch auf Schadensersatz wegen Pflichtverletzung gemäß § 280 I i.V.m. § 278 in Betracht.

Andererseits ist er als Lehrling auch weisungsgebunden und sozial abhängig von U. L ist folglich auch Verrichtungsgehilfe. Somit kommt auch § 831 als Anspruchsgrundlage in Betracht.

---

83 BGH, NJW 1996, 451.
84 PALANDT, § 278, Rn. 9.

> **hemmer-Methode:** Die Abgrenzung § 278 - § 831 ist ein klassisches Standardproblem, welches Ihnen ab dem 2. Semester immer wieder begegnet. Hier geht es dann um die richtige Einordnung und das "Zuendedenken" der jeweiligen Alternativen. Der Umstand, dass eine Person gleichzeitig Erfüllungs- und Verrichtungsgehilfe sein kann, ist nicht nur bloßer Formalismus. Die Bedeutung des Unterschieds ist zwar durch die Änderung des Verjährungsrechts durch die Schuldrechtsreform und durch das Gesetz zur Reform des Schadensersatzrechts gesunken.
> Zwar richtet sich die Verjährung nunmehr sowohl bei § 280 I i.V.m § 278 als auch bei § 831 nach den §§ 195, 199. Auch Schmerzensgeld kann nach neuer Rechtslage sowohl bei vertraglichen als auch bei deliktischen Ansprüchen verlangt werden, § 253 II.
> Das Zusammenfallen hat aber noch Bedeutung, weil sich der Schuldner im Rahmen des § 831 exkulpieren kann. Bei § 280 I i.V.m. § 278 ist dies nicht möglich.
> Konsequenterweise müssen Sie deshalb *stets* alle verschiedenen Anspruchsmöglichkeiten in einer Klausur darstellen, auch dann, wenn das Problem der Exkulpation nicht besteht.

c) Verschulden

Verschuldungsmaßstab

Den Hilfspersonen im Sinne von § 278 muss *ihrerseits* ein *Verschulden* vorzuwerfen sein. Der *Verschuldensmaßstab* für die Hilfsperson ist dabei mit dem Verschuldensmaßstab für den Schuldner *identisch*.

Es gelten deshalb auch für die Hilfspersonen im Sinne von § 278 die bereits benannten Haftungserleichterungen.[85] Auf der anderen Seite kann sich der Schuldner nicht darauf berufen, dass sein Gehilfe nicht zurechnungsfähig sei (§§ 276 I S.3, 827, 828). Im Zweifel haftet der Schuldner sogar dann wegen eigenem Verschulden (§ 276), z.B. wenn eine wegen Minderjährigkeit grundsätzlich ungeeignete Hilfsperson ausgewählt wurde.

§ 278 S.2: Haftungsausschluss

Zu beachten ist letztlich noch, dass der Schuldner die Haftung für *vorsätzliches* Handeln seiner Hilfspersonen *im Voraus* vertraglich *ausschließen* kann (§ 278 S.2), während dies für sein eigenes Verschulden gemäß § 276 III nicht möglich ist. Nicht möglich ist jedoch der *formularmäßige* Haftungsausschluss für Vorsatz und grobe Fahrlässigkeit in AGB (§ 309 Nr. 7 b).

§ 278 S.2 ermöglicht außerdem keinen Haftungsausschluss für *Organverschulden*, welches der juristischen Person gemäß den §§ 31, 89 zugerechnet wird. Auf Organe findet § 278 schon gar keine Anwendung. Es handelt sich bei Organverschulden vielmehr um eigenes Verschulden der Körperschaft, so dass § 276 III zum Zuge kommt.

Mitverschulden des Erfüllungsgehilfen: § 254 II S.2

§ 278 kann auch über § 254 II S.2 im Rahmen des Mitverschuldens entsprechend angewendet werden. Die h.M. sieht Abs. 2 S.2 dabei als eigenen Absatz, so dass das Mitverschulden des Erfüllungsgehilfen auch bei der Schadens*begründung* zu berücksichtigen ist.[86]

Da es sich bei § 254 II S.2 um eine *Rechtsgrundverweisung* handelt, ist für die Zurechnung des Mitverschuldens des Erfüllungsgehilfen das Vorliegen einer rechtlichen Sonderverbindung von Schädiger und Geschädigtem unabdingbare Voraussetzung.[87]

---

85   Dazu schon oben Rn. 62.
86   PALANDT, § 254, Rn. 60 ff.
87   Wichtig ist dabei insbesondere, ob ein Vertrag mit Schutzwirkung als rechtliche Sonderverbindung anzusehen ist. Die h.M. bejaht dies. Dies kann z.B. bei Ansprüchen aus den §§ 311 II, 241 II, 280 I (c.i.c.) i.V.m. Schutzwirkung einmal problematisch sein, vgl. JuS 1990, Lernbogen 68.

II. Garantie- und Vertrauenshaftung

Garantie-/Vertrauenshaftung

Neben dem Verschuldensprinzip kennt das BGB jedoch auch eine *Garantie-* und *Vertrauenshaftung*.

> *Beispielhafte Fälle dafür sind die §§ 122, 179 oder die Haftung aus vertraglicher oder gesetzlicher Garantie, § 536a I Alt.1. Examensrelevant ist auch die Vorschrift des § 717 II ZPO!*

Hier tritt eine Schadensersatzpflicht ohne Rücksicht auf ein Verschulden ein. Der Grund für diese strenge Haftung ist im Schutz des Rechtsverkehrs zu sehen, der auf den Bestand des vom Schuldner gegebenen Wortes vertrauen können muss.

III. Gefährdungshaftung

Gefährdungshaftung

Erwähnt sei hier auch die sog. *Gefährdungshaftung*. Auch hier ist Anknüpfungspunkt für die Schadensersatzpflicht nicht ein Verschuldensvorwurf, sondern das mit dem Innehaben oder dem Betrieb bestimmter Sachen verbundene Risiko des Schadenseintritts für andere. Beispiele einer Gefährdungshaftung sind die §§ 833 S.1, 701, 231 BGB, § 7 StVG, § 1 ProdHaftG, § 1 ff. HaftPflG.

§ 2 VERTRAGLICHE PRIMÄRANSPRÜCHE AUF SCHADENSERSATZ

vertragliche Primäransprüche

Innerhalb der primären Schadensersatzansprüche sind die *gesetzlichen* (z.B. § 823) von *vertraglichen* Ansprüchen zu trennen. Letztere sind Garantievertrag und Sachversicherung.

A. Der selbständige Garantievertrag

Garantievertrag

Der selbständige Garantievertrag ist ein einseitig verpflichtender Vertrag (§§ 311 I, 241), durch den sich der Garant gegenüber dem Garantieempfänger verpflichtet, für den Eintritt eines bestimmten Erfolges oder das Risiko eines zukünftigen Schadens einzustehen.[88]

> *Bsp.:* Autohersteller WV gibt auf die Motoren der von ihm gefertigten Fahrzeuge bis zu einem Kilometerstand von 50 000 km eine Garantie ab. Sollten Schäden an oder durch einen mangelhaften Motor entstehen, so macht sich der Hersteller ersatzpflichtig.

> **hemmer-Methode:** Auswahl examenstypischen Fallmaterials: Gerade bei der Garantie *des Herstellers* für Kfz lassen sich verschiedene Problemfelder verbinden: Einerseits stellt sich die Frage, ob durch den Garantievertrag die gesetzlichen Mängelrechte gegenüber dem Verkäufer, insbesondere die Verjährungsfrist des § 438, modifiziert werden können. Dies ist aber nicht der Fall, denn die Garantie soll die Rechte des Käufers erweitern und nicht schmälern.[89] Außerdem lassen sich Probleme wie Produkthaftung und Deliktshaftung mit der Produzentengarantie kombinieren.
> Denken Sie aber bei dem Stichwort "Garantie" immer auch an eine mögliche Verlängerung der Verjährung nach § 438: So z.B. wenn der *Verkäufer* auf die von ihm verkauften Sachen eine besondere Garantie gibt (unselbständige Garantie; vgl. Palandt § 443 Rn. 4 ff.)

unbed. Garantieversprechen notwendig

Wesentliches Kriterium des selbständigen Garantievertrags ist das unbedingte Versprechen, den Garantieempfänger schadlos halten zu wollen, wenn der garantierte Erfolg nicht eintritt. Der Garantievertrag stellt damit den seltenen Fall dar, dass der Garant unabhängig vom Verschulden oder vom Tatbestand einer Gefährdungshaftung für einen Schaden aufzukommen hat; der Garant hat damit auch für alle "nicht-typischen Zufälle" einzustehen. Es liegt gerade im Wesen der Garantieübernahme, dass sich der Garant im Rahmen der selbständigen Garantie verpflichtet, *in jedem Fall* für den garantierten Erfolg einzustehen.

> So würde in obigem Beispiel der Hersteller auch für Mängel an den Motoren aufkommen müssen, die durch eine unvorhersehbare Änderung der Oktanzahl des Benzins entstanden wären.

Ein Anspruch besteht selbst dann, wenn die im Garantievertrag versprochene Leistung von Anfang an objektiv unmöglich war. Gemäß § 311a I ist der Vertrag auch in diesem Fall wirksam.

Schadensersatz über pos. Interesse; auch im Fall der anfängl. obj. Unmöglichkeit

Tritt der Garantiefall ein, so bestimmt sich der Umfang der Verpflichtung aus der Garantie nach dem Inhalt des Garantievertrages. Verspricht der Garantierende im Garantiefall Schadensersatz zu leisten, so bestimmt sich die Ersatzpflicht nach den Grundsätzen des gesetzlichen Schadensersatzrechts.[90] Der Garant hat den Gläubiger dann so zu stellen, als ob der garantierte Erfolg eingetreten oder der Schaden nicht entstanden wäre. Der Umfang des Ersatzanspruchs entspricht also bei entsprechender Erklärung dem *positiven* Interesse.

---

88 PALANDT, vor § 765, Rn. 16.
89 BGHZ 78, 369; Schließlich wird der Garantievertrag auch nicht zwischen Verkäufer und Käufer, sondern zwischen Produzent und Käufer geschlossen.
90 PALANDT, vor § 765, Rn. 18.

§ 2 VERTRAGLICHE PRIMÄRANSPRÜCHE

Bsp.: A plant den Bau eines Hochhauses in der Innenstadt. Noch bevor der Bau erstellt ist, schließt A mit B einen Vorvertrag über die Vermietung einer der Wohnungen. Aufgrund der Bedenken des B, ob das Haus überhaupt gebaut werde, garantiert der A dem B gleichzeitig, das Haus werde in jedem Fall gebaut. Andernfalls werde er für entstehende Schäden aufkommen.

Weil das Haus aus baurechtlichen Gründen von Anfang an genehmigungsunfähig war und deshalb nicht gebaut werden kann, verlangt der B von A Schadensersatz wegen entgangenen Gewinns. A entgegnet, Vorvertrag und Garantie wären aufgrund der anfänglichen Unmöglichkeit von Anfang an unwirksam und nichtig gewesen

Ein Anspruch des B gegen A aus § 536a I kommt nicht in Betracht, da nur ein Mietvorvertrag, nicht aber ein wirksamer Mietvertrag geschlossen wurde. Außerdem würde es an der für § 536a I erforderlichen Übergabe der Mietsache fehlen (vgl. Wortlaut des § 536 I: „bei Überlassung", was über die Verweisung in § 536a BGB auch zur Voraussetzung für die Schadensersatzpflicht wird).

Ein Anspruch des B gegen A könnte sich aber aus Garantievertrag, §§ 311 I, 241, 249 ff., ergeben. Ein Garantievertrag wurde geschlossen. § 311a I stellt klar, dass der Vertrag wirksam ist, obwohl die versprochene Leistung, der Bau des Hochhauses, aus rechtlichen Gründen von Anfang an objektiv unmöglich war.

B kann deshalb von A nach den §§ 311, 241, 249 Schadensersatz im Umfang des positiven Interesses verlangen, also mithin auch den entgangenen Gewinn aus der gescheiterten Vermietung der Wohnung.

Weiteres Beispiel: Ein Baubetreuer übernimmt gegenüber dem Vermieter die Garantie für die Vermietung eines Neubaus.[91]

hemmer-Methode: Grundsätzlich entstehen primäre Schadensersatzansprüche nicht durch Vertrag. Eine wichtige Ausnahme stellt der Garantievertrag dar. Sein Entstehen richtet sich nach Vertragsrecht, sein Umfang grundsätzlich nach Schadensersatzrecht. Diese Einordnung muss bekannt sein.

wichtig ist Abgrenzung ggü:

Wichtig und examensrelevant ist auch das häufig in Klausuren auftretende Problem der Abgrenzung des selbständigen Garantievertrags zur Bürgschaft, zu Schuldübernahme/-beitritt, zum unselbständigen Garantievertrag und zur gewährleistungsrechtlichen Beschaffenheitsgarantie.

I. Abgrenzung zur Bürgschaft[92]

Bürgschaft ⇨ keine Akzessorietät

Im Unterschied zur Bürgschaft übernimmt der Garant unabhängig vom Entstehen oder dem Fortbestehen der gesicherten Schuld die Gewähr für die Erbringung der Leistung durch den Hauptschuldner. Daher muss durch Auslegung (§§ 133, 157) ermittelt werden, ob der Garant Rechtsbindungswillen zur Begründung einer von der Hauptverbindlichkeit *unabhängigen* (dann Garantie) oder *abhängigen* (dann Bürgschaft) Verbindlichkeit hatte. Wegen der für den Bürgen günstigen Akzessorietät ist *im Zweifel* stets von einer Bürgschaft auszugehen.

Bsp.: A nimmt bei der Bank B einen Kredit auf. Kaufmann O, Onkel des A, gibt der Bank B mündlich die "Garantie", dass der Kredit zurückgezahlt werde.

⇨ entspr. Rechtsbindungswille notwendig; ggfs Auslegung

Die Frage, ob sich O nur für den A verbürgen wollte oder ob er einen Garantievertrag (grundsätzlich formfrei) mit der Bank schließen wollte, ist durch Auslegung (§§ 133, 157) zu beantworten. Fehlen dazu konkrete Angaben, so kann nur die Auswertung von Indizien weiterhelfen.

---

91 BGH, WM 87, 179.
92 Lesen Sie dazu HEMMER/WÜST, KreditsicherungsR, Rn. 30 ff.

SCHADENSERSATZRECHT I

Indiz: unmittelb. Eigeninteresse

Indiz für die Annahme einer Garantie und damit für das Bestehen eines entsprechenden Rechtsbindungswillens ist zum Beispiel das Vorliegen eines eigenen unmittelbaren Interesses des Garanten an der Leistung. Ein Garantievertrag kann folglich nur dann angenommen werden, wenn keine Zweifel an einem entsprechenden Rechtsbindungswillen bestehen.

grundsätzlich formfrei

Der Garantievertrag ist grundsätzlich formfrei. Ausnahmen können allerdings bei § 311b I bestehen. Zu beachten ist deshalb, dass die Vorschriften der §§ 765 ff. (insbesondere § 766) aufgrund der Unterschiede zur Bürgschaft nicht, auch nicht entsprechend, anwendbar sind.[93]

> **hemmer-Methode: Denken Sie daran, dass der Laie die Begriffe nur umgangssprachlich verwendet. Auch wenn das Wort "Garantie" verwendet wird, kann dies in Wirklichkeit "Bürgschaft" bedeuten. Die juristische Sprache ist eine Kunstsprache, es gilt immer das, was wirklich gewollt ist (Auslegung). Häufig ist der Examensfall gerade der, bei dem das Wort "Bürgschaft" nicht im Sachverhalt angesprochen ist.**

keine Umdeutung formunwirks. Bürgschaft in GarantieV

Eine verschärfte Haftung desjenigen, der sich formunwirksam verbürgt hat, darf auch nicht dadurch entstehen, dass eine mündliche und damit nach § 125 formungültige Bürgschaftserklärung in eine formlos gültige Garantieerklärung umgedeutet wird (§ 140). Eine solche Handhabung ließe § 766 leer laufen.

Abgrenzung problematisch bei § 350 HGB; i. Zw. Bürgsch.

Problematisch wird es dann, wenn (wie im Bsp. oben) der Versprechende Kaufmann ist. Dann gilt für die Bürgschaft der § 350 HGB, so dass auch eine Bürgschaft *formlos* eingegangen werden kann. Es bleibt damit allein die Auslegung und die Berücksichtigung der sonstigen Umstände, um zu ermitteln, ob ein Bürgschaftsvertrag oder ein Garantievertrag gewollt ist. Fehlen wie im Beispielsfall oben nähere Angaben, so ist davon auszugehen, dass die nach § 350 HGB mündlich wirksame Bürgschaftserklärung als der gesetzlich geregelte Fall gewollt ist.

II. Abgrenzung zu Schuldübernahme/-beitritt

Schuldbeitritt nicht gesetzl. geregelt

Ähnlich wie der Garantievertrag ist auch der *Schuldbeitritt* (auch Schuldmitübernahme oder kumulative Schuldübernahme genannt) nicht gesetzlich geregelt. Durch Verpflichtungsvertrag (§§ 311 I, 241) tritt der Mitübernehmer zusätzlich neben dem bisherigen Schuldner in das *bereits bestehende* Schuldverhältnis ein; beide werden Gesamtschuldner gemäß den §§ 421, 427. Der Schuldbeitritt darf deshalb nicht mit der befreienden Schuldübernahme (§§ 414 f.) verwechselt werden, denn die Schuldübernahme führt zu einem echten *Schuldnerwechsel,* bei dem kein Gesamtschuldverhältnis zwischen altem und neuem Schuldner entsteht. In Examensfällen entfällt deshalb häufig die *befreiende Schuldübernahme* gemäß §§ 414, 415. Außerdem fehlt es im Fall des § 415 regelmäßig an der Genehmigung des Gläubigers. Beachten Sie dabei immer die Auslegungsregel des § 329!

sowohl mit Gläubiger als auch mit Schuldner als Vertragspartner möglich

Der Schuldbeitritt kann sowohl mit dem Gläubiger als auch als *Vertrag zugunsten Dritter* mit dem Schuldner abgeschlossen werden. Insbesondere beim Vertragsabschluß mit dem Gläubiger ergeben sich dabei sowohl Abgrenzungsprobleme mit der Bürgschaft als auch mit dem Garantievertrag.

---

[93] PALANDT, vor § 765, Rn. 16; daraus folgt auch insbesondere, dass § 774 nicht anwendbar ist und damit auch keine cessio legis besteht.

§ 2 VERTRAGLICHE PRIMÄRANSPRÜCHE

Beitrittswille notwendig i. Zw. Bürgschaft

Abgrenzungskriterium zur Bürgschaft war dabei nach früherer Rechtsprechung ein eigenes, unmittelbares wirtschaftliches Interesse des Beitretenden. Nach neuerer Auffassung ist dieses Abgrenzungskriterium ungeeignet: Es kommt nicht auf die Art des Interesses an, wenn der *Beitrittswille* eindeutig hervortritt: Dann ist stets ein Schuldbeitritt anzunehmen. Ist der Wille aber mehrdeutig, so ist *im Zweifel* die Bürgschaft als gesetzlicher Regelfall anzunehmen, da ansonsten die Formvorschrift des § 766 umgangen würde. Eine Umdeutung einer formunwirksamen Bürgschaft in einen Schuldbeitritt ist nicht möglich.[94]

103

hemmer-Methode: Beachten Sie aber, dass auf den Schuldbeitritt die §§ 491-498 BGB entsprechend angewendet werden, wenn der Beitretende Verbraucher im Sinne des § 13 BGB ist. Das folgt aus der Rechsprechung des BGH[95], nach der der Schuldbeitritt zwar selbst kein Darlehensvertrag ist, ihm aber gleichgestellt werden muss. Arg.: im Gegensatz zum Darlehensnehmer profitiert der Beitretende nicht einmal von der Darlehenssumme.

Abgrenzung: Zukünftige oder bestehende Schuld

Die Abgrenzung des Schuldbeitritts vom Garantievertrag fällt nicht schwer: Während der Garantievertrag einen *zukünftigen* Schaden absichert, bezieht sich der Schuldbeitritt schon dem Wortlaut nach auf eine *bestehende* Schuld. Da ein bereits entstandener Schaden nicht durch Garantievertrag übernommen werden kann, ergeben sich insoweit kaum nennenswerte Abgrenzungsprobleme.

104

⇨ GarantieV nur bei zukünft. Schuld anzunehmen

Merken Sie sich also: Der Garant ist alleiniger Schuldner eines zukünftigen Anspruchs, während der Beitretende Gesamtschuldner einer bereits bestehenden Schuld wird.

Bsp.: Der 17-jährige J soll bei Meister M eine Lehrstelle antreten. Weil M Bedenken wegen der Zuverlässigkeit des J hat, wendet er sich an die Eltern. Diese entgegnen, dass J ein ganz und gar zuverlässiger Mensch sei. M werde durch dessen Anstellung keinerlei Schaden erleiden, dafür werden sie sich "verbürgen".

105

Ein halbes Jahr darauf findet M heraus, dass J regelmäßig Werkzeuge und Geld gestohlen hat. Da J insolvent ist, fordert M nun von den Eltern Schadensersatz.

M könnte gegen die Eltern einen Anspruch aus *Bürgschaftsvertrag* § 765 besitzen, denn diese haben sich für den Sohn dem Wortlaut nach verbürgt. Ein solcher Anspruch scheitert aber daran, dass die Bürgschaft zu einer bestehenden Hauptschuld akzessorisch ist. Diese bestand zur Zeit der Bürgschaftserklärung aber noch nicht. Eine Bürgschaft kann sich jedoch gemäß § 765 II auch auf eine künftige Verbindlichkeit des J (z.B. aus § 280 I wegen Pflichtverletzung im Rahmen des Ausbildungsvertrages oder den §§ 823 ff.) beziehen. Jedenfalls aber wurde die für die Bürgschaft erforderliche Form des § 766 nicht eingehalten.

M könnte gegen die Eltern einen Anspruch haben, wenn die "Bürgschaftserklärung" eine *befreiende Schuldübernahme* darstellte (§ 414). Die Übernahme ist auch formfrei möglich. Ein Anspruch scheitert aber daran, dass die Schuld bereits bei Abschluss des Übernahmevertrags bestehen muss. Dies ist hier nicht der Fall gewesen.

Ein Anspruch aus einer *vertraglichen Schuldmitübernahme* scheitert aus dem gleichen Grund. Der Prüfung eines wirtschaftlichen Eigeninteresses bzw. des Beitrittswillens der Eltern bedarf es deshalb nicht.

---

[94] PALANDT, vor § 765, Rn. 15.
[95] BGH NJW 2000, 3496.

M könnte gegen die Eltern aber einen Anspruch aus *Garantievertrag* (§§ 311, 241) besitzen. Dann müsste zwischen ihnen ein solcher Vertrag geschlossen worden sein. Dies ist aber nur anzunehmen, wenn ein entsprechender Rechtsbindungswille der Eltern gegeben war, den M in jedem Fall vor solchen Schäden zu bewahren. Der Äußerung, dass sie sich verbürgen, kann ein solcher Rechtsbindungswille auch entnommen werden, denn die Eltern garantierten dem M, dass sie ihn in jedem Falle schadlos halten wollen. M hat somit gegen die Eltern einen Anspruch aus Garantievertrag (§§ 311, 241, 249) – a.A. vertretbar.

hemmer-Methode: Lernen mit examenstypischem Fallmaterial: Bei dieser Problematik kommt es darauf an, den Garantievertrag zu ähnlichen Rechtsinstituten sicher abzugrenzen.

III. Abgrenzung der selbständigen Garantie zur Beschaffenheitsgarantie im Gewährleistungsrecht.

Abgrenzung zur gewährleistungsrechtl. Beschaffenheitsgarantie

Examenstypisch ist die Abgrenzung des *selbständigen* Garantieversprechens vom *unselbständigen* Garantieversprechen in Form der *gewährleistungsrechtlichen Beschaffenheitsgarantie*.

Bei der *selbständigen* Garantie übernimmt der Garant eine *über das Gewährleistungsrecht hinausgehende* Verpflichtung.

Der Verkäufer garantiert das Vorliegen oder Eintreten von Umständen, die *keine* Eigenschaften der Kaufsache sind, mithin also nicht zum Gegenstand einer Beschaffenheitsvereinbarung gemacht werden können. Dabei ist problematisch, dass der Beschaffenheitsbegriff des § 434 I S.1 BGB sehr weit gefasst ist.

> **Bsp.:** Verkäufer A versichert dem Käufer B einer Gaststätte - der darauf besonders viel Wert legt -, dass der Bierumsatz in einem Jahr eine bestimmte Menge ausmache.[96]

Der Bierumsatz stellt keine Beschaffenheit des Grundstücks im Sinne des § 434 dar. Dazu gehören zwar neben den physischen Merkmalen alle tatsächlichen und rechtlichen Verhältnisse, welche die Beziehung der Sache zur Umwelt betreffen und wegen ihrer Art und Dauer die Brauchbarkeit oder den Wert der Sache beeinflussen. Davon kann aber beim Bierumsatz nicht die Rede sein, da der Bierumsatz für ein Jahr keine verlässliche Grundlage für die Bewertung des Grundstücks darstellen kann. Eine Sachmängelhaftung aus den §§ 433 I 2, 434, 437 Nr. 3, 280 scheidet daher aus.[97]

Gleichwohl kann der Verkäufer eine selbständige Garantie abgeben, dass der Bierumsatz eine bestimmte Menge ausmache. Trifft dies nicht zu, so macht sich der Verkäufer aus Garantievertrag (§§ 311 I, 241, 249 ff.) schadensersatzpflichtig. Zu ermitteln ist dann ein dahingehender Rechtsbindungswille.

Bezieht sich eine Garantieerklärung indes auf eine Beschaffenheit der Sache, ist in der Regel nicht von einem selbständigen Garantievertrag auszugehen. Denn für die Schaffung einer neuen Anspruchsgrundlage besteht hier kein Bedürfnis. Vielmehr wird in solchen Fällen die bereits bestehende gesetzliche Mängelhaftung nur modifiziert, sog. unselbständige Garantie.

Dies kann auf verschiedene Weise geschehen. So kann die Schadensersatzhaftung z.B. verschuldensunabhängig ausgestaltet werden (Fall der Garantie i.S.d. § 276 I BGB). Oder aber es soll sichergestellt werden, dass während einer bestimmten Dauer ein Mangel nicht auftritt (sog. Haltbarkeitsgarantie). Der Verkäufer haftet nach Gesetz nämlich nur für Mängel, die bei Gefahrübergang vorliegen.

---

96 Angelehnt an BGH NJW 1990, 1658.
97 Vgl. zum Beschaffenheitsbegriff PALANDT, § 434, Rn. 10; HEMMER/WÜST, Schuldrecht II, Rn. 88 ff.

§ 2 VERTRAGLICHE PRIMÄRANSPRÜCHE

Achtung: Bei Abgabe durch Dritte immer selbständige Garantie

Die Abgabe einer solchen Haltbarkeitsgarantie durch den Verkäufer ist indes eher selten. Häufig (gerade bei neuen Sachen) sind es die Hersteller selbst, die eine Garantie abgeben. Dann kann es sich wiederum logischerweise nur um einen selbständigen Garantievertrag handeln. Denn zwischen Hersteller und Käufer besteht keine gesetzliche Mängelhaftung, die durch eine unselbständige Garantie modifiziert werden könnte. 110

In diesem Fall tritt die Garantiehaftung des Herstellers neben die Haftung des Verkäufers aus den §§ 434 ff. BGB.

Auch wenn demnach bezogen auf Beschaffenheitsmerkmale die Abgabe einer selbständigen Garantie durch den Verkäufer eher die Ausnahme darstellen wird, ist dies gleichwohl im Einzelfall denkbar.

stets notw.: entspr. Rechtsbindungswille

Eine *selbständige* Garantie kann aber *nur dann* angenommen werden, wenn ein entsprechender *Rechtsbindungswille klar hervortritt* oder sich aus den sonstigen Umständen ergibt, dass eine selbständige Garantie gewollt ist. Ob im jeweiligen Fall eine selbständige Garantie oder eine unselbständige Beschaffenheitsgarantie gewollt ist, muss durch Auslegung (§§ 133, 157) ermittelt werden. Dabei ist grundsätzlich erst einmal davon auszugehen, dass die vom Verkäufer abgegebene Erklärung nur die gewährleistungsrechtliche Übernahme einer Beschaffenheitsgarantie für eine Eigenschaft darstellt. 111

> *Bsp.: Der Verkäufer erklärt: "Wir garantieren für diese Anlage wärmetechnisch und auch funktionstechnisch!"* 112

Eine unselbständige Garantie in Form einer Beschaffenheitsgarantie liegt vor, da der Verkäufer sich nur im Rahmen des Mängelrechts binden will. Das bedeutet, dass er im Rahmen dieser Rechte verschuldensunabhängig haftet, vgl. § 276 I BGB. Eine selbständige Garantie scheitert an der zu weit gehenden Haftung. Es fehlt diesbezüglich der Rechtsbindungswille.[98]

hemmer-Methode: Achten Sie darauf, wie das Problemfeld in der Examensarbeit dargestellt wird! Die Frage, ob z.B. die §§ 433 I 2, 434, 437 Nr. 3, 280 ff. (mit nach § 202 zulässiger Verlängerung der Verjährung nach § 438) oder aber Garantievertrag die richtige Anspruchsgrundlage ist, sollte regelmäßig angesprochen werden.
Wird in der Garantieerklärung eine genaue Frist festgelegt, z.B. eine Verjährung von 5 Jahren bestimmt, so handelt es sich regelmäßig um eine Erweiterung der Verjährung nach § 438, da Ansprüche aus Garantievertrag nach der regelmäßigen Verjährungsfrist des § 195 verjähren. Es handelt sich dann um eine unselbständige Garantie, bei der dafür garantiert wird, dass 5 Jahre lang kein Mangel auftritt.[99] 113

B. Sachversicherungsvertrag

Sachversicherung

Ein rechtsgeschäftlich begründeter Primäranspruch auf Schadensersatz kommt auch bei Abschluss eines Vertrags zur *Versicherung von Sachen* in Betracht. 114

> *Bsp.: Abschluss einer Hausratversicherung; Abschluss einer Kaskoversicherung; Abschluss einer Kfz-Haftpflichtversicherung* 115

Übernahme von fremdem Schaden

Die vertraglich übernommene Leistungspflicht des Versicherers ist die Übernahme eines fremden Schadens. Speziell in den Allgemeinen Versicherungsbedingungen enthält das Versicherungsrecht aber Besonderheiten, was oftmals zu einer anderen Schadensrechnung als in den §§ 249 ff., 842 ff. führt.

---

98 Vgl. BGH, WM 1977, 367.
99 PALANDT, § 438, Rn. 2; § 443, Rn. 16 ff., 23.

Bei Klausuren ist insbesondere § 3 Nr.1 PflVG von Bedeutung. Dieser gewährt bei Straßenverkehrsunfällen dem Geschädigten gegenüber dem Versicherer des Schädigers einen Direktanspruch.

Von prozessualer Bedeutung können auch die §§ 3 Nr. 2, 8, und 10 PflVG sein, denn Versicherer und Versicherter sind Gesamtschuldner und somit Streitgenossen. Achten Sie auch auf die cessio legis in den Fällen der §§ 67 VVG, 4 EntGFzG und 116 SGB X. Es entfällt dann die Aktivlegitimation des Geschädigten. Die Forderung geht jeweils auf den leistenden Dritten über.

hemmer-Methode: Ein weiteres klausurrelevantes Problem des Versicherungsvertrages ist die Frage, ob beim Geschädigten eine Vorteilsanrechnung wegen Zahlung der Versicherung anzunehmen ist. Im Ergebnis ist dies abzulehnen,[100] da die Versicherungsleistungen vom Geschädigten erkauft wurden. Außerdem würde ansonsten die cessio legis leer laufen. Merken Sie sich also: Keine Vorteilsanrechnung bei cessio legis!

---

[100] Dazu MEDICUS, BR, Rn. 857.

§ 3 GESETZLICHE GARANTIEHAFTUNG

gesetzliche Garantiefälle

Neben dem selbständigen Garantievertrag (§§ 311, 241) sind von besonderer Bedeutung die Fälle *gesetzlich geregelter* Garantiehaftung. Der Anspruch auf Schadensersatz ist dabei nicht von einem Verschulden des Anspruchsgegners abhängig. Die gesetzlichen Garantiefälle sind deshalb zwischen der selbständigen vertraglichen Garantie und der verschuldensabhängigen gesetzlichen Haftung einzuordnen.

116

A. § 536a I 1.Alt.

§ 536a I S.1
Mangel muss bei Vertragsschluss bereits vorhanden sein

Der einzige Fall einer gesetzlichen Garantiehaftung im Rahmen des Mängelrechts ist § 536a I 1.Alt. Der Mieter kann vom Vermieter Schadensersatz für Mängel verlangen, die bereits *bei Vertragsschluss* vorhanden waren, ohne dass es auf ein Verschulden des Verkäufers ankommt.

117

Er ist deshalb scharf zu trennen vom Schadensersatzanspruch aus § 536a I 2.Alt., der einen Anspruch des Mieters für Mängel der Mietsache begründet, die *nach Vertragsschluss* entstehen und vom Vermieter *zu vertreten* sind.

Die Einstandspflicht ist danach sehr weit: Sie geht erheblich über die des Verkäufers hinaus, denn dieser haftet nur dann auf Schadensersatz, wenn er den Sachmangel zu vertreten hat.

Rechtsfolge Schadensersatz auf das positive Interesse

Der Mieter hat nach § 536a I 1.Alt. einen Anspruch auf Schadensersatz wegen Nichterfüllung. Der Ersatzanspruch geht folglich auf das positive Interesse. Er ist sekundärer Art und setzt einen gestörten primären Erfüllungsanspruch voraus.

118

Im Anspruch enthalten ist auch der Ersatz von Mangelfolgeschäden, für die ebenfalls eine Garantiehaftung besteht. Dies ist streitig, entspricht aber der h.M. Nach a.A. sind die Begleitschäden nur dann zu ersetzen, wenn vertraglich eine entsprechende Garantie übernommen wurde (insbesondere aufgrund einer Beschaffenheitsgarantie oder bei Verschulden aus § 280 I).[101]

119

hemmer-Methode: Nehmen Sie zu dem Rechtsstreit in der Klausur kurz Stellung. Zeigen Sie, dass zwischen Schadensersatz wegen Nichterfüllung und Ersatz von Mangelfolgeschäden ein Unterschied besteht. Es ist aber nicht gerechtfertigt, den Mangelfolgeschaden, der oft den größeren Schadensposten darstellt, von der Garantiehaftung des § 536a I 1.Alt. auszunehmen. Für diese Ansicht spricht zudem, dass der Gesetzgeber seit der Mietrechtsreform nur noch von Schadensersatz spricht, nicht aber von Schadensersatz wegen Nichterfüllung.

120

Beschränkung durch §§ 536b, 536c

Eine Beschränkung des Anspruchs ergibt sich aus den §§ 536b, 536c. Wie im Kaufrecht kann der Mieter **neben** der Minderung (§ 536) den Anspruch aus § 536a geltend machen, soweit nicht durch die Minderung der Schaden entfallen ist. Über §§ 581 II gilt der Anspruch auch i.R. von Pachtverhältnissen.

121

---

101 BB 1971, 680; vgl. auch Rn. 142 ff.

I. Haftungsgrund

Haftungsgrund ist die Nichterfüllung von Vertragspflichten
⇨ *kein Gewährleistungsanspruch*

Das Gesetz gewährt dem Mieter einen *Erfüllungsanspruch* auf den vertragsgemäßen Gebrauch der Mietsache (§ 535 I). Der Vermieter hat demnach die Mietsache so bereitzustellen, dass der Mieter in der Lage ist, in der üblichen oder vertraglich bestimmten Weise von ihr Gebrauch zu machen. Hat die Mietsache jedoch einen Mangel, so hat der Mieter die *verschuldensunabhängigen* Rechte nach den §§ 536, 536a I 1.Alt. Der Anspruch ist aber wegen § 536 nicht auf Gewährleistung gerichtet. Haftungsgrund ist nach h.M. vielmehr die Nichterfüllung der primären Vertragspflichten: Der Vermieter hat gemäß § 535 I 2 die vermietete Sache in einem zu dem vertragsgemäßen Gebrauch geeigneten Zustand zu überlassen. Der Gebrauchszweck kann im Einzelfall ausdrücklich, aber auch stillschweigend vereinbart sein. In letzterem Fall geht es meistens um die Tauglichkeit zum gewöhnlichen Gebrauch.

II. Voraussetzungen des § 536a I 1.Alt.

Die wichtigsten Voraussetzungen im Überblick:

Voraussetzungen:

⇨ Bestehen eines wirksamen Mietvertrags (§ 535)

⇨ Vorliegen eines Mangels i.S.v. § 536 I/II bei Vertragsschluss

⇨ Keine Kenntnis des Mieters vom Mangel (§§ 536b, 536c)

Die Voraussetzungen im Einzelnen:

Mietvertrag, Mangel i.S.v. § 536

Der Anspruch aus § 536a I 1.Alt. setzt neben einem *wirksamen Mietvertrag* einen *Mangel im Sinne von § 536* voraus.

Dieser Oberbegriff umfasst den *Fehler* (§ 536 I) und das *Fehlen zugesicherter Eigenschaften* (§ 536 II).

hemmer-Methode: Lernen durch Abgrenzung! Im Mietrecht gibt es wie im Kauf- und Werkvertragsrecht Minderung und Schadensersatz. Sie sollten aber vor allem die Unterschiede bei den einzelnen Vertragsarten kennen, z.B. dass im Mietrecht keine Rücktrittsmöglichkeit besteht! Als Ersatz hierfür besteht aber die Möglichkeit zur Kündigung aus wichtigen Grund gemäß den §§ 543 I, II Nr. 1 BGB.

1. Fehler (§ 536 I)

Fehler sind alle Substanzschäden der Mietsache

Fehler sind solche Mängel der Mietsache, die *der Substanz* anhaften. Der Fehler muss darüber hinaus die Tauglichkeit der Sache für den konkreten, vertraglich vorausgesetzten Gebrauch *erheblich* mindern oder aufheben. Der Umstand, dass der Fehler sich nur gelegentlich auswirkt, kann allein nicht zur Unerheblichkeit führen. Es gilt im Rahmen des § 536 I der *subjektive* Fehlerbegriff. § 536 I stellt auf den von den Parteien vorausgesetzten Gebrauch ab.

Bsp.: Schimmel in der Mietwohnung; fehlerhafte Reifen des Mietwagens; fehlende Leistungsfähigkeit eines für ein Open-Air-Konzert gemieteten Generators.

Fehler im Sinne von § 536 I können aber auch öffentlich-rechtliche Beschränkungen (Bsp.(1)) oder äußere Einwirkungen auf die Mietsache (Bsp.(2)) sein.[102]

---

102 Beispiele aus PALANDT, § 536, Rn. 18 ff.

Bsp. 1: Ein dem vertragsgemäßen Gebrauch entgegenstehender Nutzungsplan; erforderliche oder fehlende Genehmigung für den vertragsgemäßen Gebrauch. Unbenutzbarkeit eines Kfz wegen allgemeinen Fahrverbots.

Bsp. 2: Lärm; Luftverschmutzung; Großbaustelle in unmittelbarer Nähe eines zur Erholung gemieteten Zimmers; bei Vermietung eines Kfz-Stellplatzes sogar ständiges verkehrswidriges Parken vor der Einfahrt.

Schwierigkeiten können bei der Fehlerbestimmung im Mietrecht insbesondere dann auftreten, wenn fraglich ist, ob das schadensstiftende Ereignis räumlich überhaupt noch in den Bereich des Mietvertrags fällt.

Bsp.: Unfall des Mieters im Flur eines Hochhauses, in dem nur eine Wohnung angemietet ist. Unfall eines Kindes in der Scheune eines von den Eltern zur Erholung angemieteten Bauernhofes.

Hier wird man im Einzelfall durch Auslegung ermitteln müssen, inwieweit das Mietverhältnis auch für solche Schäden gelten soll.

2. Fehlen zugesicherter Eigenschaften (§ 536 II)

zugesicherte Eigenschaften

Zusicherungsfähige Eigenschaft der Mietsache ist jede Beschaffenheit der Sache selbst und jedes tatsächliche oder rechtliche Verhältnis, das für die Mietsache von Bedeutung ist.

Bsp.: Größe eines Grundstücks oder einer Wohnung; Tragfähigkeit einer Decke.

Der Zusicherung im Mietrecht entspricht einer Beschaffenheitsvereinbarung im Kaufrecht. Die Ausführungen zur Beschaffenheitsvereinbarung im Kaufrecht gelten auch im Mietrecht entsprechend.[103]

hemmer-Methode: Der Begriff der Zusicherung wurde früher auch im Kaufrecht verwendet und wurde dort stets aufgefasst als die Erklärung des Verkäufers, verschuldensunabhängig für das Vorhandensein bestimmter Eigenschaften einstehen zu wollen. Mittlerweile ist dies die Definition für eine Beschaffenheitsgarantie. Der Begriff der Zusicherung im Mietrecht hat nicht zwingend den selben Bedeutungsinhalt, denn hier haftet der Vermieter zumindest ja für anfängliche Mängel verschuldensunabhängig, so dass es einer dahingehenden rechtsgeschäftlichen Erklärung des Vermieters gar nicht bedarf.

Das Fehlen zugesicherter Eigenschaften steht deshalb auch bei unerheblichen Beeinträchtigungen der Tauglichkeit dem Fehler gleich, § 536 II, I S.3. Fehlt eine Eigenschaft, die nicht zugesichert ist, so kann gleichwohl ein Fehler vorliegen.

3. Maßgeblicher Zeitpunkt

Zeitpunkt: Schon formloser Vertragsschluss

Die gesetzliche Garantiehaftung des Vermieters besteht nur dann, wenn der Mangel bei Vertragsschluss bereits vorhanden war. Bei Mietverträgen über Wohnraum oder Grundstücke ist dafür schon der *formlose* Vertragsschluss ausreichend, wenn später noch ein schriftlicher Vertrag geschlossen wird (vgl. §§ 550 S.1, 578 I).

Es ist jedoch nicht notwendig, dass der Mangel als solcher in diesem Zeitpunkt bereits *hervorgetreten* ist und seine schädigende Wirkung zeigt. Ausreichend ist deshalb, wenn nur die *Gefahrenquelle* schon vorhanden war oder die *Ursache* des Mangels vorlag.

---

103 Vgl. unten Rn. 238 ff.

So stellt z.B. ein unsachgemäß isoliertes Kabel in dem zentralen Verteilerkasten eine Gefahr für den gemieteten Raum dar. Dies gilt auch dann, wenn der Verteilerkasten sich im Keller und nicht in dem gemieteten Raum befindet. Es genügt, dass vom Keller eine Gefährdung für den gemieteten Raum ausgeht.[104]

WICHTIG!

Da § 536a den § 536 voraussetzt, muss der Mangel auch bei Überlassung der Mietsache noch vorliegen.

Unkenntnis des Vermieters vom Mangel schadet nicht

Auf Kenntnis des Vermieters vom Mangel kommt es nicht an, ebenso nicht auf dessen Erkennbarkeit oder Beseitigungsmöglichkeit.

Bsp.: A pachtet 2006 bei B eine Halle. Die zuständige Behörde entzieht dem B 2007 die Nutzungserlaubnis für die Halle wegen Baufälligkeit. A, der sich deshalb eine andere Halle mieten muss, verlangt von B mit der Begründung Schadensersatz, dass die Halle bereits 2002 baufällig und deshalb mangelhaft war. Die Behörde wäre deshalb schon zu diesem Zeitpunkt verpflichtet gewesen, die Erlaubnis zu entziehen. B entgegnet, er habe nichts davon gewusst; er könne deshalb unmöglich haftbar sein.

Ein Anspruch des A gegen B könnte sich aus den §§ 536a I S.1, 581 II ergeben. Ein wirksamer Pachtvertrag liegt vor. Die Nutzungsuntersagung stellt als öffentlich-rechtliche Beschränkung (vgl. Rn 194 f.) auch einen Fehler der Pachtsache im Sinne von den §§ 536, 581 II dar. Da B von dem Fehler aber nichts wusste und somit nur die Garantiehaftung des § 536a I 1.Alt. in Betracht kommt, fragt sich, ob der Fehler bereits zu Vertragsschluss vorhanden war. Dies könnte hier problematisch sein, weil die Nutzungsuntersagung erst nach Vertragsschluss erfolgt ist. Ausreichend ist aber, dass die *Ursache* des Mangels bereits bei Vertragsschluss vorhanden war. Dies ist hier der Fall, denn die Nutzungsuntersagung hätte bereits 2002, also vor Vertragsschluss erfolgen müssen, da die Halle schon zu diesem Zeitpunkt baufällig war. Ein Anspruch des A aus den §§ 536a I 1.Alt., 581 II ist damit gegeben.

4. Anspruchsausschluss gem. §§ 536b, 536c

aber Ausschluss der Haftung bei Kenntnis des Mieters (§§ 536b, 536c)

a) Der Anspruch aus § 536a I ist nach § 536b S.1 dann ausgeschlossen, wenn der Mieter vom Mangel im Zeitpunkt des Vertragsschlusses *positive Kenntnis* hatte.

Auch bei grobfahrlässiger Unkenntnis ist der Schadensersatzanspruch des Mieters gemäß § 536b S. 2 grundsätzlich ausgeschlossen. Der Ausschluss gilt gemäß § 536b S. 2 aber nicht, wenn der Vermieter einen Fehler arglistig verschwiegen hat. Über den Wortlaut des § 536b S. 2 hinaus ist der Anspruch nach § 536a I bei grobfahrlässiger Unkenntnis nicht ausgeschlossen, wenn der Vermieter eine tatsächlich nicht vorhandene Eigenschaft arglistig vorgespiegelt hat oder wenn das Vorhandensein einer Eigenschaft bzw. die Abwesenheit eines Fehlers zugesichert wurde.[105]

b) Des Weiteren ist der Mieter nach § 536c I 1 zur unverzüglichen Anzeige des Mangels verpflichtet, sobald er den Mangel erkennt oder erkennen musste. Unterlässt er dies und konnte der Vermieter deshalb keine Abhilfe schaffen, so ist gemäß § 536c I 2 der Anspruch aus § 536a I ausgeschlossen.

III. Abgrenzung zwischen § 536a I 1.Alt. und anfänglicher Unmöglichkeit

Abgrenzung zur anfänglichen Unmöglichkeit

Schwierigkeiten bereitet die Anwendbarkeit des § 536a I 1.Alt. dann, wenn die Mietsache dem Mieter noch nicht überlassen worden ist und die Überlassung aus rechtlichen Gründen auch nicht möglich ist.

---

104 Vgl. BGH, NJW 1972, 945.
105 Zur Frage, welchen Einfluss die Kenntnis vom Mangel auf die Möglichkeit des Mieters hat, den Vertrag zu kündigen, vgl. Life and Law 2007, 161 ff.

§ 3 GESETZLICHE GARANTIEHAFTUNG

Hier ist problematisch, dass § 536a I wegen der Bezugnahme auf § 536 BGB grundsätzlich die Übergabe der Mietsache voraussetzt. Ist die Mietsache schon bei Vertragsschluss mangelhaft und kommt es deswegen nicht zur Überlassung der Mietsache, so ist § 536a I 1.Alt nicht anwendbar. In Betracht kommt aber die Anwendung des allgemeinen Schuldrechts, insbesondere § 311a II 1.

Bsp. :[106] K hatte von V Räume zum Betrieb eines Restaurants angemietet. Bei den Vertragsverhandlungen hatte V bewusst wahrheitswidrig erklärt, es seien ausreichend Stellplätze vorhanden. Daraufhin hatte K den Mietvertrag mit B abgeschlossen und Aufwendungen für die Ausstattung in Höhe von 300.000,- € gemacht. Zu einer Überlassung der gemieteten Räume an den K kam es nicht. Die zuständige Behörde verweigerte gegenüber K die Erteilung der Gaststättenerlaubnis, weil entgegen der Erklärung des V nicht genügend Stellplätze vorhanden seien.

K verlangt von V u.a. Schadensersatz für die Aufwendungen, die er zur Vorbereitung der Eröffnung der Gaststätte getätigt hat.

mietrechtliche Gewährleistung setzt Übergabe voraus

Ein Anspruch des B gegen A auf Schadensersatz wegen Nichterfüllung könnte sich aus den §§ 581 II, 536a I 1.Alt. ergeben. Ein Pachtvertrag wurde auch zwischen A und B geschlossen. Mangels ausreichender Stellplätze wurde jedoch keine Konzession erteilt. Es lag daher ein anfänglicher Mangel der Mietsache vor. Nach h.M. sind aber die mietrechtlichen Gewährleistungsvorschriften grundsätzlich erst dann anwendbar, wenn die Mietsache dem Mieter übergeben worden ist.[107] Dafür spricht bereits der eindeutige Wortlaut des § 536 I BGB, auf den § 536a I BGB verweist. Dies hätte aber zur Folge, dass sich die Rechtsstellung des Mieters durch die Überlassung der Mietsache verbessert, da erst dann die verschuldensunabhängige Garantiehaftung eingreift. Vor Überlassung käme nur der verschuldensabhängige Schadensersatzanspruch aus § 311 II 1 in Betracht. Jedoch ist der Mieter nach Überlassung der Mietsache wesentlich schutzbedürftiger, da er sich dann auf den Gebrauch der Sache weitaus stärker eingestellt hat.

hemmer-Methode: Selbst wenn § 536a I 1.Alt. als Anspruchsgrundlage heranzuziehen wäre, wäre es problematisch, ob K seine Aufwendungen auf diesem Wege hätte ersetzt bekommen: § 536a I 1.Alt. gewährt dem Mieter einen Schadensersatzanspruch, der auf das positive Interesse gerichtet ist. Der Mieter ist so zu stellen, wie er bei ordnungsgemäßer Durchführung des Vertrages gestanden hätte (sog. positives Interesse). Der von K geltend gemachte Schaden beruht jedoch gerade nicht auf einem Mangel der Mietsache, weil die Aufwendungen auch bei ordnungsgemäßer Durchführung des Vertrages entstanden wären. Hier könnte indes mit der Rentabilitätsvermutung gearbeitet werden, nach der vermutet wird, dass die Aufwendungen wieder eingespielt worden wären, es sich mithin also um einen Fall entgangenen Gewinns handelt. Sofern man die Anwendung des § 284 auf den Anspruch aus § 536a I bejaht und zudem erwerbswirtschaftliche Aufwendungen dem § 284 BGB unterstellt (jeweils absolut h.M.), ergäbe sich alternativ auf diesem Weg eine Ersatzmöglichkeit.[108]

Anspruch aus § 311a II 1

In Betracht kommt aber ein Schadensersatzanspruch aus § 311a II 1.

⇨ *Anwendbarkeit*

⇨ § 311a II 1 ist vorliegend anwendbar. Zwar kommt nach allgemeiner Ansicht eine Haftung aus § 311a II 1 neben den §§ 536 ff. nicht in Betracht, wenn sich der Anspruch auf die anfängliche Mangelhaftigkeit der Mietsache stützt. Allerdings finden die mietrechtlichen Gewährleistungsvorschriften im vorliegenden Fall gerade keine Anwendung, da die Mietsache noch nicht übergeben wurde. § 311a II 1 ist somit nicht durch vorrangige Sonderregelungen ausgeschlossen.

⇨ *Anfängliche Unmöglichkeit*

⇨ V wurde von seiner Leistungspflicht, dem K die notwendigen Stellplätze zur Verfügung zu stellen, gemäß § 275 I frei, weil dies aus tatsächlichen Gründen nicht möglich ist. Dieses Leistungshindernis lag bereits zum Zeitpunkt des Vertragsschlusses vor.

---

106 Nach BGH, NJW 1997, 2813 = Life&Law 1998, 66 ff.
107 BGHZ 85, 267, 270, Pal. § 536a, Rn. 3.
108 Vgl. bereits oben Rn. 45 ff.

⇨ *Vertretenmüssen*

⇨ Dem V müsste dies gemäß § 311a II 2 bekannt gewesen sein. § 311a II 1 ist folglich grundsätzlich verschuldensabhängig. Denkbar wäre aber die Annahme einer unselbständigen Garantie. Dies hätte zur Folge, dass eine verschuldensunabhängige Haftung eintritt. Für die Annahme einer Garantie bedarf es aber gewichtiger Anhaltspunkte. Diese könnten sich daraus ergeben, dass nach Überlassung der Mietsache eine verschuldensunabhängige Garantiehaftung eingreift. Jedoch ist den meisten Vermietern diese Garantiehaftung nicht bekannt. Die Annahme einer Garantie würde deshalb auf eine Fiktion hinauslaufen. Eine Garantiehaftung ist deshalb abzulehnen. Hier ist aber unproblematisch Verschulden gegeben: Da V das Vorhandensein der notwendige Stellplätze arglistig vorgetäuscht hat, ist das Vertretenmüssen gegeben.

hemmer-Methode: Unabhängig von der Ablehnung einer vertraglich übernommenen unselbständigen Garantie stellt sich die Frage, ob § 311a II BGB hinsichtlich des Verschuldenserfordernisses nicht teleologisch zu reduzieren ist. Denn andernfalls würde allein die Tatsache der (zufälligen) Übergabe darüber entscheiden, ob eine Garantiehaftung (§ 536a) oder eine verschuldensabhängige Haftung in Betracht kommt.[109]
Andererseits lässt sich argumentieren, dass erst dann, wenn die Mietsache übergeben wurde, die Gefahr der Verursachung mangelbedingter Schäden steigt und daher auch erst dann eine verschuldensunabhängige Haftung gerechtfertigt ist.[110] Dem lässt sich indes wiederum entgegen halten, dass es gerade dann, wenn es wie im vorliegenden Fall um den Ersatz entgangenen Gewinns geht, die Gefahr der Schadensentstehung nicht durch die Übergabe der Sache erhöht wird.

⇨ *Kausalität*

⇨ Die Pflichtverletzung war haftungsausfüllend kausal für den eingetretenen Vermögensschaden.

⇨ *Umfang des Ersatzanspruches*

⇨ Der Schadensersatzanspruch aus § 311a II 1 ist grundsätzlich auf Schadensersatz statt der Leistung, also auf das positive Interesse gerichtet. Der Mieter wird also so gestellt, wie er bei ordnungsgemäßer Erfüllung stehen würde. Dann aber hätte er die Aufwendungen ebenfalls getätigt. Allerdings wird entsprechend der Rentabilitätsvermutung des BGH davon ausgegangen, dass sich die Aufwendungen rentiert hätten, also mindestens Einnahmen in Höhe der getätigten Aufwendungen hereingekommen wären.[111]

Alternativ: 284 BGB

Alternativ kann der Mieter aber Ersatz vergeblicher Aufwendungen nach § 284 verlangen. Vorliegend hätte K ohne die Täuschung über die Stellplätze keine Aufwendungen getätigt. Er kann diese also in vollem Umfang ersetzt verlangen.

Pr.: auch cic?

Denkbar wäre auch ein Anspruch aus den § 311 II, 280 I, 241 II.

Anwendbarkeit

Problematisch ist aber die Anwendbarkeit des § 311 II, 280 I, 241 II. Sofern die Pflichtverletzung darin liegt, dass sich der Vermieter über seine eigene Leistungsfähigkeit hätte unterrichten müssen, ist § 311a II 1 abschließend. Hier hat der Vermieter aber darüber hinaus arglistig vorgetäuscht, dass genügend Stellplätze bestehen. Für diese Pflichtverletzung ist § 311a II 1 nicht abschließend. Gegenüber dem arglistig Handelnden besteht auch kein Bedürfnis für einen Ausschluss der Haftung nach den §§ 311 II, 280 I, 241 II. Die Voraussetzungen sind unproblematisch gegeben.

Umfang des Schadensersatzes

Der Schadensersatzanspruch aus den § 311 II, 280 I, 241 II ist auf Ersatz des Vertrauensschadens, also des negativen Interesses gerichtet. Der Gläubiger ist so zu stellen, wie er ohne die Pflichtverletzung stünde. In diesem Rahmen sind daher auch fehlgeschlagene Aufwendungen ersatzfähig. Die Aufwendungen des K sind deshalb auch über die 311 II, 280 I, 241 II ersatzfähig.

---

109 Vgl. dazu JA 2003, 162 ff.
110 So BOLTE, in ZGS 2002, 200 (202).
111 PALANDT, § 281, Rn. 23, 24.

hemmer-Methode: Die oben genannte Konstellation eignet sich hervorragend für Examensfälle. Die Abgrenzung des allgemeinen Schuldrechts zu den mietrechtlichen Gewährleistungsvorschriften ist ein schwieriges Thema. Gerade weil hier aus dem allgemeinen Schuldrecht sowohl ein Anspruch aus § 311a II als auch aus den §§ 311, 280 I, 241 II in Betracht kommt, ist die Frage nach den Anspruchsgrundlagen reizvoll.

IV. Der Anspruchsumfang im Einzelnen

Anspruchsumfang: Grundsätzlich pos. Interesse; sowohl Mangel als auch Mangelfolgeschaden

Der Umfang der Garantiehaftung erstreckt sich sowohl auf den *Mangel* als auch auf den *Mangelfolgeschaden*. Eine diesbezüglich konkurrierende Haftung aus § 280 I besteht daher nicht. Der Anspruch aus § 536a I 1.Alt. ist nämlich lex specialis zu § 280 I.

Da § 536a I 1.Alt. sowohl Mangel- als auch Mangelfolgeschäden erfasst, ist für eine subsidiäre Anwendung des § 280 I kein Raum. Gleiches gilt für die §§ 311 II, 280 I, 241 II (Ausnahme: Arglist des Vermieters). Konsequenz davon ist, dass Sie bei der Prüfung von Schadensersatzansprüchen aus § 536a I 1.Alt. nicht zwischen Mangel- und Mangelfolgeschäden unterscheiden müssen.

hemmer-Methode: Vergegenwärtigen Sie sich noch einmal die unterschiedliche Einbeziehung von Mangelfolgeschäden im Kauf-, Werk und Mietvertragsrecht: Im Kauf- und Werkvertragsrecht besteht bezüglich der Mangelfolgeschäden eine eigene Anspruchsgrundlage. Im Mietrecht werden alle Schäden, also auch Mangelfolgeschäden, einheitlich durch eine Anspruchsgrundlage erfasst.
Das wiederum heißt aber nicht, dass die Anwendung des § 280 I BGB im Mietrecht komplett ausgeschlossen wäre. Handelt es sich um eine Pflichtverletzung nach § 241 II BGB, ist selbstverständlich Ersatz nach § 280 I BGB zu leisten!

Ersatzberechtigt sind alle in den Schutzbereich des Mietvertrags einbezogenen Personen.

Bsp.:[112] Kurgast K hat für sich und seine Frau im nostalgischen Hotel H, das um die Jahrhundertwende gebaut wurde, ein Doppelzimmer gemietet. Als Frau K sich im etwas veralteten Bad duschen will, bricht der Porzellangriff vom Hebel der Dusche. Frau K verletzt sich dabei die Hand. Frau K verlangt wegen ihrer Körperschäden von H Schadensersatz.

Für die klausurmäßige Lösung dieses Falls ergeben sich aufgrund der im Rahmen des § 536a I 1.Alt. nicht notwendigen Unterscheidung keine Schwierigkeiten, denn dieser ist Anspruchsgrundlage sowohl für die Mangel- als auch die Mangelfolgeschäden der K. Da Frau K auch in den Schutzbereich des Mietvertrages einbezogen ist (Leistungsnähe, Gläubigernähe, Erkennbarkeit und Schutzwürdigkeit), ist ihr Anspruch aus § 536a I 1.Alt. zu bejahen.

Verjährung nach den allg. Regeln

Die Ansprüche aus § 536a fallen nicht unter die Verjährung des § 548, denn dieser regelt die Verjährung von Ansprüchen des *Vermieters*. Es gilt die allgemeine Verjährungsvorschrift der §§ 195, 199.

hemmer-Methode: Die Garantiehaftung des § 536a I 1.Alt. eignet sich für Examensfälle. Zum einen ist der Fall der Garantiehaftung gemäß § 536a I 1.Alt. zur Verschuldenshaftung gemäß § 536a I 2.Alt. abzugrenzen. Des Weiteren ist im Rahmen des § 536a I zu beachten, dass der Schadensersatz sowohl auf Ersatz der Mangel- als auch der Mangelfolgeschäden geht. Geben Sie als Bearbeiter einer Examensarbeit zu erkennen, dass Ihnen die jeweiligen Begriffe geläufig sind.

---

112 Vgl. RGZ 169, 84 ff.; ferner BGH, NJW 1963, 1449 ff.

> Achten Sie auch darauf: Der Anwendungsbereich des § 536a I 1.Alt. ist sehr weit, es genügt, dass die Gefahr schon angelegt ist und dass § 536a I 1.Alt. auch ohne jegliche Zusicherung auf Schadensersatz wegen Nichterfüllung geht. Dahinter steht der Gedanke der erhöhten Schutzbedürftigkeit des Mieters, der auf die Funktiontüchtigkeit der gemieteten Sache zum vertraglich vereinbarten Zweck vertraut. Weiterhin kommt dem § 536a I 1.Alt. insbesondere beim Vertrag mit Schutzwirkung und bei der Drittschadensliquidation Drittwirkung zu.
> Häufig fällt beim Vertrag mit Schutzwirkung z.B. das Kind in den Schutzbereich. Anspruchsberechtigt ist dann das Kind aus § 536a I 1.Alt. i.V.m. Vertrag mit Schutzwirkung.
> Examenstypische Problemfelder sind dabei die Anwendung des § 536a I 1.Alt. bei gemischten Verträgen[113] (der Fehler liegt z.B. beim mietvertraglichen Element), Zurechnung des Mitverschuldens der gesetzlichen Vertreter über § 254 II 2 i.V.m. § 278 und die Problematik der Regressbehinderung.
> Die Drittschadensliquidation kommt in den Fällen zufälliger Schadensverlagerung in Betracht, wenn ein Dritter Güter beim Mieter eingelagert hat und dem Dritten ein eigener Anspruch aus § 536a I 1.Alt. i.V.m. Vertrag mit Schutzwirkung und den §§ 823 ff. gegen den Vermieter nicht zusteht. Diese eigenen Ansprüche des Einlagernden entfallen häufig, bei § 536a I 1.Alt. i.V.m. Vertrag mit Schutzwirkung wegen Fehlens der Gläubigernähe (sog. gesteigertes Interesse am Schutz des Dritten) zwischen ihm und dem Mieter, bei den §§ 823 ff. mangels Verschuldens seitens des Vermieters, bei § 831 wegen der Exkulpationsmöglichkeit.
> Lernen Sie, in Fallkonstellationen zu denken. Die Anzahl möglicher Konstellationen ist begrenzt. Nur die "Verpackung" der einzelnen Probleme unterscheidet sich von Klausur zu Klausur.

B. § 701 BGB

Gesetzliches Schuldverhältnis

Ebenfalls eine verschuldensunabhängige Haftung regelt das Gesetz in § 701 BGB. Diese Haftung hängt aber nicht von einem Vertragsschluss ab. Vielmehr handelt es sich um gesetzliches Schuldverhältnis,[114] so dass § 701 BGB hier nur der Vollständigkeit halber Erwähnung finden soll.

Beschränkungen

Ausgenommen sind nach § 701 IV BGB Schäden an Fahrzeugen, darin befindlichen Sachen und an lebenden Tieren. Die Haftung ist der Höhe nach beschränkt, dafür in diesem Rahmen aber nicht beschränkbar, §§ 702, 702a BGB.

Da es sich um eine gesetzliche Haftung handelt, ist der Abschluss eines Beherbergungsvertrages keine zwingende Voraussetzung für die Haftung. Maßgeblich ist die Gastaufnahme als tatsächlicher Akt des Wirtes.[115] Sofern allerdings ein Vertrag geschlossen wurde, kommt auch eine Haftung aus § 280 I BGB in Betracht, die freilich eigenen Voraussetzungen unterliegt.

Bei Verschulden ist daneben an die §§ 823 ff. BGB zu denken. § 701 BGB entfaltet insoweit keine verdrängende Wirkung.[116] Für konkurrierende Anspruchsgrundlagen gelten die Besonderheiten der §§ 701 ff. BGB nicht, insbesondere hinsichtlich der Art der Schäden sowie der Möglichkeit, die Haftung zu begrenzen.

---

113 PALANDT, vor § 311, Rn. 19 ff.
114 PALANDT, vor § 701, Rn. 2.
115 PALANDT, § 701, Rn. 3.
116 BGHZ 63, 333.

C. Garantiehaftung im Kauf-, Werk- und Reisevertragsrecht

im Kauf-, Werk- und Reisevertragsrecht grundsätzlich keine Garantiehaftung

Das BGB hat im Gewährleistungsrecht nur im Mietrecht, § 536a I 1.Alt. eine Garantiehaftung angeordnet. Im übrigen Gewährleistungsrecht besteht ein Schadensersatzanspruch grundsätzlich nur dann, wenn der Leistende den Mangel zu vertreten hat: Die §§ 437 Nr. 3, 634 Nr. 4 verweisen auf die §§ 280 I 2, 311a II 2, die das Erfordernis des Vertretenmüssens aufstellen. § 651f setzt schon nach seinem Wortlaut ein Vertretenmüssen des Reiseveranstalters voraus.

147

aber selbständige Garantie denkbar

Dem Verkäufer, Werkunternehmer und Reiseveranstalter bleibt es aber möglich, im Zusammenhang mit dem Vertragsschluss eine selbständige Garantie für Schäden oder Risiken abzugeben. Für das kaufrechtliche Mängelgewährleistungsrecht stellt dies § 443 klar. Anspruchsgrundlage des Garantieempfängers wären die §§ 311, 241, 249 ff.[117]

auch unselbständige Garantie möglich

Anstatt der Übernahme einer selbstständigen Garantie sind aber auch Vertragsgestaltungen denkbar (und weitaus häufiger), bei denen Ansprüche aus den §§ 437 Nr. 3, 280 sowie 634 Nr.4, 280 und 651f ohne das gesetzlich geforderte Verschulden bestehen. Dies ist durch Abgabe einer *unselbständigen* Garantie in Form einer Beschaffenheitsgarantie des Verkäufers, Unternehmers oder Reiseveranstalters möglich. Anspruchsgrundlage bleiben dann beim Kaufvertrag die §§ 437 Nr. 3, 280, 281, 283, 311a II 1, beim Werkvertrag die §§ 634 Nr. 4, 280, 281, 283, 311a II und beim Reisevertrag *651f.*

148

Das Vertretenmüssen ist aber in Abweichung von der grundsätzlich bestehenden Verschuldenshaftung als Garantiehaftung ausgestaltet. In § 276 wird die Möglichkeit der Übernahme einer Garantiehaftung ausdrücklich erwähnt. Für die Haftung gelten die Verjährungsvorschriften des Kauf-, Werk- und Reisevertragsrechts und nicht § 195.

Abgrenzung zwischen selbständiger und unselbständiger Garantie

Die Abgrenzung der selbständigen zur unselbständigen Garantie wurde oben Rn. 100 ff. ausführlich dargestellt. Wenn der Garantierende für das Vorhandensein von Eigenschaften der Kaufsache, des Werkes oder der Reise bei Gefahrübergang garantiert, wird regelmäßig eine unselbständige Garantie anzunehmen sein. Eine solche genügt für den Schutz des Käufers, Bestellers oder Reisenden. Für einen weitergehenden Rechtsbindungswillen des Garantierenden müssen besondere Anhaltspunkte vorliegen.

149

Anforderung an eine unselbständige Garantie

Die Übernahme einer unselbständigen Garantie geschieht durch Vereinbarung zwischen den Vertragsparteien. Das Vorliegen einer Beschaffenheitsgarantie ist durch Auslegung gemäß den §§ 133, 157 zu ermitteln. Aufgrund der einschneidenden Rechtsfolge, nämlich der Übernahme einer verschuldensunabhängigen Haftung, sind an das Vorliegen einer Beschaffenheitsgarantie strenge Anforderungen zu stellen.

Reichweite der Garantie

Die Reichweite einer Beschaffenheitsgarantie ist unterschiedlich. Die Beschaffenheitsgarantie kann auf den Ersatz des Mangelschadens beschränkt sein. Denkbar ist aber auch eine verschuldensunabhängige Haftung für Mangelfolgeschäden. Die Reichweite der Beschaffenheitsgarantie ist durch Auslegung zu bestimmen. Regelmäßig bezieht sich die Beschaffenheitsgarantie nur auf den Mangelschaden. Der Mangelfolgeschaden wird von der Beschaffenheitsgarantie erfasst, wenn sie den Zweck hat, den Käufer, Besteller oder Reisenden gegen das Risiko derartiger Schäden abzusichern.

150

---

117 Vgl. dazu oben Rn. 88 ff.

Bsp.: M will für seine Kinder eine Schaukel bauen. Als das solide Gerüst bereits steht, geht er zu Händler H und fragt dort nach Haken für eine Kinderschaukel mit ausreichender Stabilität. H händigt dem M zwei Haken mit den Worten aus: "Die sind so stabil, damit können Sie sogar als Erwachsener schaukeln; die brechen garantiert nicht." Tatsächlich sind die Haken viel zu schwach und schon beim ersten Schaukeln des Sohnes S des M bricht ein Haken. S verletzt sich dabei schwer. M macht gegen H Schadensersatzansprüche des S geltend.

Ein Anspruch des S könnte sich aus Vertrag mit Schutzwirkung i.V.m. den §§ 437 Nr. 3, 280 I ergeben.

Die Voraussetzungen des Vertrags mit Schutzwirkung (Leistungsnähe, Gläubigernähe aufgrund personenrechtlichen Einschlags, Erkennbarkeit und Schutzbedürftigkeit des Dritten S) liegen vor. Da der Haken nicht die erforderliche Belastbarkeit besaß, liegt ein Sachmangel vor.

Mangelfolgeschaden nur i.R.d. wird nur von der Beschaffenheitsgarantie erfasst, wenn sie gerade vor solchen Schäden schützen sollte.

Fraglich ist aber das Verschulden des H. H könnte aber verschuldensunabhängig haften, weil er eine Beschaffenheitsgarantie übernommen hat. Nun ist der Schaden des S ein solcher, der an anderen Rechtsgütern als der Kaufsache entstanden ist. Er ist somit als Mangelfolgeschaden zu qualifizieren, der nur dann von der Beschaffenheitsgarantie erfasst wird, wenn diese gerade vor solchen Schäden schützen wollte. An die Annahme einer solchen Beschaffenheitsgarantie sind strenge Anforderungen zu stellen, denn sie begründet für den Verkäufer auch hinsichtlich des Mangelfolgeschadens eine verschuldensunabhängige Haftung. Im Fall sind die strengen Voraussetzungen aber gegeben, denn die Zusicherung des H enthielt die auch für M maßgebliche Garantie dafür, dass es zu einem solchen Schaden gerade nicht kommen würde. S kann somit von H Schadensersatz verlangen

hemmer-Methode: Denken Sie daran, dass über den Vertrag mit Schutzwirkung zugunsten Dritter die §§ 437 Nr. 3, 280 I ebenso wie andere Schadensersatzansprüche auch Drittwirkung haben können!

I. Garantiehaftung im kaufrechtlichen Mängelrecht

Beschaffenheitsgarantie ausdrücklich o. konkludent

Auch bei der Übernahme einer Beschaffenheitsgarantie ergeben sich die Schadensersatzansprüche aus §§ 437 Nr. 3, 280, 281, 283, 311a II 1. Eine Beschaffenheitsgarantie im Sinne der §§ 443, 276 ist dann gegeben, wenn der Verkäufer durch ausdrückliche oder stillschweigende Erklärung dem Käufer zu erkennen gibt, dass er für das Vorhandensein der betreffenden Eigenschaften verschuldensunabhängig einstehen will. Die Erklärung muss dabei nicht unbedingt im "eigentlichen Vertrag" enthalten sein.

151

Übernahme auch durch nachträgliche Vereinbarung möglich

Sie kann sich auch aus einer dem eigentlichen Kaufvertrag nachfolgenden, jedoch mit ihm in Zusammenhang stehenden Erklärung des Verkäufers ergeben, wenn zu diesem Zeitpunkt noch ein Wille des Verkäufers zur Übernahme einer verschuldensunabhängigen Einstandspflicht festgestellt werden kann.[118] Der Inhalt einer Beschaffenheitsgarantie ist gemäß den §§ 133, 157 durch Auslegung zu ermitteln, wobei die Umstände des konkreten Falles und die zum Ausdruck gekommenen Vorstellungen der Parteien maßgebend sind.[119]

152

Die Beschaffenheitsgarantie kann sich neben dem Vorhandensein von Eigenschaften aber auch auf deren Fehlen beziehen. Gerade dadurch, dass der Käufer sich das Nichtvorhandensein eines Fehlers zusichern lässt, hält er sich die Möglichkeit des Schadensersatzanspruchs offen.[120]

153

---

118 BGH, NJW-RR 1997, 429.

119 Vgl. nur die Auslegung des Begriffes "Neuwagen" beim sog. grauen Import in BGH, NJW 1997, 1847 – Ferrari Testarossa; Auslegung des Begriffes "generalüberholt " in BGH, NJW 1995, 955.

120 JuS 1976, 2.

§ 3 GESETZLICHE GARANTIEHAFTUNG

Stillschweigende Beschaffenheitsgarantie nur mit Zurückhaltung anzunehmen

Fehlt es an einer ausdrücklichen Beschaffenheitsgarantie, so kann nur anhand von Indizien ermittelt werden, ob eine Beschaffenheitsgarantie vorliegt. Dabei ist eine stillschweigende Beschaffenheitsgarantie nur mit Vorsicht und Zurückhaltung anzunehmen, wenn die Erklärung des Verkäufers, aus der eine Beschaffenheitsgarantie hergeleitet werden soll, zugleich der Bezeichnung der Kaufsache und damit der Vereinbarung der Beschaffenheit dient.

Insbesondere beim Verkauf neu hergestellter beweglicher Sachen ist die Annahme einer stillschweigenden Zusicherung grundsätzlich die Ausnahme, die der besonderen Begründung anhand der Umstände des Einzelfalles bedarf.[121]

154

Indiz für das Vorliegen einer Beschaffenheitsgarantie kann aber die **Inanspruchnahme besonderen Vertrauens** sein, z.B. dann, wenn der Käufer keine eigene Sachkunde besitzt und wenn für den fachkundigen Verkäufer erkennbar ist, dass der Käufer nur für eine Sache Verwendungszweck hat, die bestimmte Eigenschaften besitzt.

Bei Fensterlackfall (+), § 242

Bsp.:[122] F geht in einen Farbenladen, um Fensterlack zu kaufen. F schildert dem Verkäufer V seinen Wunsch. V wählt daraufhin einen bestimmten Lack aus, den er dem F mit folgenden Worten aushändigt: "Zur Verarbeitung dieses Lackes kann ich mit gutem Gewissen raten." F bezahlt. Als sich später herausstellt, dass der Lack völlig ungeeignet ist und die Fenster durch den Lack beschädigt wurden, verlangt F von V Schadensersatz.

155

Ein Anspruch des F könnte sich aus den §§ 437 Nr. 3, 280 I ergeben. Ein wirksamer Kaufvertrag liegt vor. Der Anspruch setzt indes voraus, dass V die Mangelhaftigkeit zu vertreten hat. Diesbezüglich wir ihm jedoch die Widerlegung des § 280 I S.2 gelingen. Auch ein etwaiges Herstellerverschulden hat V nicht zu vertreten, da der Hersteller nicht Erfüllungsgehilfe des Verkäufers ist. Der Verkäufer schuldet nur die Verschaffung, nicht die Herstellung der Ware. Daher könnte sich eine Haftung des V nur dann ergeben, wenn er eine Beschaffenheitsgarantie dafür übernommen hat, dass der verkaufte Lack als Fensterlack geeignet ist, § 276 BGB.

Im Fall kommt, da eine ausdrückliche Beschaffenheitsgarantie nicht vorliegt, nur eine stillschweigende Garantie in Betracht. Grundsätzlich sind an eine stillschweigende Garantie strenge Maßstäbe anzulegen; sie ist deshalb normalerweise nicht anzunehmen.

Im vorliegenden Fall besteht aber eine Ausnahme, da sich aus den Umständen, insbesondere aufgrund des für den V erkennbaren Zwecks und der erkennbaren Unerfahrenheit des F nach Treu und Glauben ergibt, dass V für die Geeignetheit des Lackes eine Beschaffenheitsgarantie übernehmen wollte. Es ist folglich ausnahmsweise eine konkludente Beschaffenheitsgarantie anzunehmen. Damit besteht ein verschuldensunabhängiger Anspruch des F auf Ersatz des ihm entstandenen Schadens.

hemmer-Methode: Machen Sie sich immer die Konsequenzen klar, die sich aus der Annahme einer Garantie ergeben. Zum einen haftet der Garantierende verschuldensunabhängig. Zum anderen kann sich der Garantierende auf einen vereinbarten Haftungsausschluss nicht berufen, § 444 BGB. So auch in einem Fall des OLG Koblenz[123], in dem es um Angaben der Laufleistung eines PKW ging. Aus Gründen der Inanspruchnahme besonderen Vertrauens ist das Gericht hier von einer Garantieerklärung ausgegangen, so dass sich der Verkäufer nicht auf die Haftungsfreizeichnung berufen konnte.

Grundsätzlich Gleiche Form wie bei KaufV selbst notwendig

Da die Beschaffenheitsgarantie Vertragsinhalt geworden sein muss, bedarf sie als *Nebenabrede* der *für den Vertrag vorgeschriebenen Form*.

156

---

121 BGH, NJW 1996, 1465 m.w.N.
122 BGH, NJW 1972, 1706.
123 Vgl. Life and Law 2004, 509 ff.

Dies ist besonders beim Grundstückskauf beachtlich (§ 311b I 1). Die Heilung der Formunwirksamkeit des Vertrages (§ 311b I 2) bezieht sich dann auch auf die Beschaffenheitsgarantie.[124]

Abzugrenzen ist die Zusicherung wegen der verschärften Haftung für den Verkäufer von lediglich technischen Beschaffenheitsangaben der Kaufsache. Technische Angaben definieren regelmäßig nur die Sollbeschaffenheit der Sache, § 434 I S.1 BGB. Durch die Angabe von technischen Merkmalen wird aber grundsätzlich keine Garantie für die Beschaffenheit der Kaufsache übernommen.

1. Abgrenzung zu Beschaffenheitsangaben

Beschaffenheitsangaben

Die bloße Beschreibung des Kaufgegenstandes enthält grundsätzlich keine Beschaffenheitsgarantie.

> **hemmer-Methode: Vorsicht ist auch geboten, Entscheidungen aus der Zeit vor der Schuldrechtsreform des BGH eins zu eins auf das neue Schuldrecht zu übertragen. Beim Verkauf eines Neuwagens durch einen Kfz- Händler liegt nach einer Entscheidung des BGH zum alten Schuldrecht i.d.R. die konkludente Beschaffenheitsgarantie vor, dass das Auto „fabrikneu" ist.[125] Vgl. Sie dazu BGH in Life&Law 2000, Heft 10, 685 ff. = NJW 2000, 2018 ff.! Fehlte es nach altem Schuldrecht an einer Zusicherung, haftete der Verkäufer gar nicht. Daher war die Rechtsprechung insoweit großzügig mit der Annahme einer Zusicherung. Heute bedeutet die Ablehnung einer Garantie nur, dass der Verkäufer nicht verschuldensunabhängig haftet. Ein Mangel läge in Form der Abweichung von einer Beschaffenheitsvereinbarung aber gleichwohl vor!**

Besteht hingegen ein Handelsbrauch oder hat sich eine Verkehrsübung gebildet, dass für bestimmte Beschaffenheitsangaben eine Garantie übernommen wird, so besteht die Haftung des Verkäufers unabhängig von einem sonstigen Verschulden, wenn die Sache nicht von der angegebenen Beschaffenheit ist.

> *Bsp.:* Unternehmer U will seiner Frau zum 25. Hochzeitstag einen Brillantring kaufen. Juwelier J empfiehlt ihm dabei ein ganz besonders schönes Stück. U gefällt der Ring, so dass er ihn gegen Aushändigung einer Verkaufsbescheinigung mit folgendem Inhalt kauft: 1 Brillant, 1 Karat weiß und lupenrein. Später stellt sich heraus, dass die Angaben nicht zutreffen. U verlangt deshalb Schadensersatz.

Ausnahme: Handelsbrauch (z.B. Karatangaben)

Ein Anspruch des U könnte sich hier aus den §§ 437 Nr. 3, 280 I, III, 311a II 1 ergeben. Ein Kaufvertrag über den Diamant wurde geschlossen. Da der Ring nicht die vereinbarte Karatzahl aufweist, ist der Ring mangelhaft. Fraglich ist aber, ob J für die Karatzahl eine Beschaffenheitsgarantie übernommen hat. Dann müsste die Verkaufsbescheinigung die Übernahme einer Beschaffenheitsgarantie darstellen. Dies ist fraglich, da es sich bei den Angaben lediglich um Beschaffenheitsangaben handelt und damit regelmäßig nur die Sollbeschaffenheit des Kaufgegenstandes vereinbart wird.

Nach h.M. ist aber bei der Abweichung von Beschaffenheitsangaben dann eine Beschaffenheitsgarantie anzunehmen, wenn der *Handelsbrauch* besteht, dass darin eine Zusicherung enthalten ist.[126] Dies ist nach der Rechtsprechung auch im Diamanthandel anzunehmen.[127]

Somit kann U aufgrund des Sachmangels von J Schadensersatz nach den §§ 437 Nr. 3, 311a II 1 verlangen ohne dass es gemäß § 311a II 2 darauf ankäme, ob J den Mangel kannte oder kennen musste.

---

124 Vgl. unten Rn. 241.
125 Den Begriff der Fabrikneuheit hat der BGH konkretisiert in Life and Law 2005, 501 ff.
126 Vgl. BGH, WM 1987, 1460; MDR 1955, 31.
127 OLG Düsseldorf DB 1967, 1582.

§ 3 GESETZLICHE GARANTIEHAFTUNG

Aber im Zweifel nur Beschreibung

Fehlt es hingegen an einem Handelsbrauch und an einer Verkehrsübung, so ist die *Interessenlage* zu prüfen. Dabei sind die technischen Angaben im Zweifel nur als Eigenschaftsbeschreibung einzustufen. Durch die technischen Angaben wird eine bestimmte Beschaffenheit im Sinne von § 434 I 1 vereinbart.

159

> *Bsp.: Spediteur S, der einen Fuhrpark von 15 Lkw unterhält und für diese Lkw auch eine eigene Zapfsäule besitzt, bestellt bei Lieferant L regelmäßig 15.000 Liter "Dieselkraftstoff". L, der bisher immer unbeanstandetes Öl geliefert hat, liefert jedoch diesmal Öl, das nicht der DIN-Norm Nr. 51.601 entspricht.*
>
> *An den Lastwagen entstehen durch den Gebrauch des Kraftstoffes Schäden in Höhe von € 20.000,--. S verlangt von L mit der Begründung Schadensersatz, die Lieferung enthalte die konkludente Zusicherung, dass das Öl mit der Bezeichnung "Dieselkraftstoff" der DIN-Norm entspreche.*

Ein Anspruch des S könnte sich hier aus den §§ 437 Nr. 3, 280 I ergeben. Ein wirksamer Kaufvertrag wurde geschlossen. Das Öl entspricht auch nicht der von S angegebenen DIN-Norm. Fraglich ist aber, ob, wie S dies behauptet, in der bloßen Lieferung die konkludente Beschaffenheitsgarantie liegt, dass der Kraftstoff einer bestimmten DIN-Norm entspreche.

160

z.B. bei DIN-Angaben

Nach richtiger Ansicht des BGH[128] ist dies nicht so, denn diese Normen sind nur Empfehlungen des deutschen Normausschusses. Ihre Erfüllung erfolgt freiwillig; diesbezüglich besteht weder eine gesetzliche Vermutung noch eine entsprechende Verkehrsübung, dass der Kraftstoff der Norm zu entsprechen habe.

Nach Prüfung der Interessenlage eines solchen Kaufvertrages fehlt es somit an der Garantie, dass der Kraftstoff DIN-gerecht ausfalle. Es besteht somit zumindest kein verschuldensunabhängiger Schadensersatzanspruch aus den §§ 437 Nr. 3, 280 I.

2. Abgrenzung von Angaben in der Werbung

Auch Angabe in der Werbung nur unverbindliche Anpreisungen

Angaben in der Werbung, in Prospekten und Katalogen dienen regelmäßig nur der Beschreibung der Ware. Diese Angaben sind als unverbindliche Anpreisungen oder Aufforderung zur Offerte (invitatio ad offerendum) einzustufen, denn hier fehlt es dem Anpreisenden für eine Beschaffenheitsgarantie im Sinne der §§ 443, 276 in der Regel am erforderlichen Rechtsbindungswillen, gegenüber jedermann zu erfüllen. Gleichwohl liegt gemäß den §§ 434 I 2 Nr. 2, 434 I 3 ein Sachmangel vor, wenn die Ware nicht die in der Werbung genannten Eigenschaften besitzt.

161

> *Bsp. 1:[129] Malermeister M bestellt bei Händler H 20 Rollen Spezialklebeband der Sorte XY. Dieses Band soll insbesondere bei Malerarbeiten das leichte Abkleben von Flächen ermöglichen. Auf jeder einzelnen Rolle ist in verschiedenen Sprachen vermerkt, dass sich das Klebeband stets leicht entfernen lasse, "selbst dann, wenn Sie am Montag abkleben, am Mittwoch streichen und am Freitag wieder entfernen."*
>
> *M macht es genauso, muss aber am betreffenden Freitag feststellen, dass beim Abziehen des Bandes der Lack mehrerer Winkelprofile (aufgrund der enormen Klebekraft des Klebebandes) stark beschädigt wird. Durch die beschädigten Winkelprofile entstehen M erhebliche Kosten. Er verlangt deshalb von H Schadensersatz.*

162

Ein Schadensersatzanspruch des M könnte sich hier aus den §§ 437 Nr. 3, 280 I ergeben.

---

128 BGH, NJW 81, 1501.
129 Vgl. dazu BGH, NJW 1981, 1269.

48   SCHADENSERSATZRECHT I

z.B. Kleberollenfall

Ein Kaufvertrag liegt vor. Das Fehlen der auf der Verpackung gemachten Angaben stellt gemäß den §§ 434 I 2 Nr. 2, 434 I 3 einen Sachmangel dar. Fraglich ist aber, ob der Verkäufer hinsichtlich dieser Angaben eine Beschaffenheitsgarantie übernommen hat. Problematisch daran ist, dass H nicht selbst Hersteller, sondern nur Vertreiber des Produkts ist. H müsste sich also die Angaben des Herstellers *zu Eigen* gemacht haben. Nach richtiger Auffassung ist das aber nicht der Fall, denn die Werbung des Herstellers ist für den Verkäufer unverbindlich. M hat deshalb gegen H keinen verschuldensunabhängigen Anspruch auf Schadensersatz. Ein Schadensersatzanspruch kommt nur dann in Betracht, wenn H die Unrichtigkeit der Angaben kannte oder aufgrund von Fahrlässigkeit nicht kannte.

z.B. Niederländischer-Meister-Fall

Bsp. 2: *Kunsthändler K bietet in einem Katalog für eine Kunstauktion das Portrait des Niederländischen Meisters M "um das Jahr 1500" an. Der Preis beträgt 8.000,- €. Auf der Auktion wird das Bild von Liebhaber L gekauft. L findet heraus, dass das Bild eine Fälschung ist und verlangt deshalb von K Schadensersatz.*

163

Ein Schadensersatzanspruch des K könnte sich aus den §§ 437 Nr. 3, 311a II 1 ergeben.

Ein wirksamer Kaufvertrag liegt vor. Da es sich um eine Fälschung handelt, liegt ein Sachmangel im Sinne von § 434 I vor. K müsste gegenüber L die Beschaffenheitsgarantie übernommen haben, dass es sich bei dem Bild um ein Original handelt. Eine solche Beschaffenheitsgarantie könnten die Katalogangaben sein. Dies wurde früher auch von einem Teil der Literatur und der Rechtsprechung angenommen, da der Käufer i.d.R. nicht überprüfen kann, ob die Angaben richtig sind. Der Käufer würde ohne die Annahme einer Beschaffenheitsgarantie rechtlos gestellt.[130]

Nach neuerer Rechtsprechung des BGH[131] ist aber dennoch keine Zusicherung anzunehmen, da bei der Annahme einer konkludenten Beschaffenheitsgarantie größte Zurückhaltung geboten sei. Eine solche Annahme ist nur dann gerechtfertigt, wenn für den Empfänger hinreichend deutlich zu erkennen ist, dass der Käufer eine über die normale Haftung (§ 437 Nr. 1, 2) hinausgehende Gewähr bieten wolle. Katalogangaben wie die des K dienten aber nur der Darstellung der Gegenstände. Eine Beschaffenheitsgarantie ist deshalb nicht anzunehmen. L hat also keinen verschuldensunabhängigen Anspruch auf Schadensersatz aus den §§ 437 Nr. 3, 311a II 1. Es kommt deshalb wegen § 311a II 2 nur dann ein Schadensersatzanspruch in Betracht, wenn K die Fälschung kannte oder kennen musste.

Eine Beschaffenheitsgarantie mit der strengen verschuldensunabhängigen Haftung kann folglich nur in Ausnahmefällen angenommen werden. Eine solche Ausnahme stellt der TREVIRA-Fall[132] dar.

164

Ausnahme TREVIRA-Fall; arbeitsteilige Herstellung

Bsp.: *Kleiderfabrikant K kauft bei der Weberei W 40 Ballen TREVIRA-Stoff (45% Wolle und 55% Polyester). W beschreibt den Stoff in der Werbung als pflegeleichtes, stets gleichwertiges und hochwertiges Qualitätsprodukt. K stellt bei der Verarbeitung des Stoffes aber fest, dass dieser brüchig ist.*

Die von ihm aus dem Stoff gefertigten Kleider sind deshalb alle schadhaft. K wendet sich an W und verlangt Schadensersatz. W entgegnet, dass er den Mangel nicht zu vertreten habe, denn der Fadenhersteller F hätte ihm bereits einen schadhaften Faden geliefert.

Ein Anspruch des K könnte sich aus § 437 Nr. 3, 280 I ergeben. Ein wirksamer Kaufvertrag liegt vor. Aufgrund der Brüchigkeit dieses Stoffes ist dieser mangelhaft. Es stellt sich aber die Frage, ob W für die Beschaffenheit des Stoffes eine Garantie übernommen hat.

---

130   BGH, NJW 1980, 1619.
131   BGHZ 48, 118.
132   BGHZ 48, 118.

§ 3 GESETZLICHE GARANTIEHAFTUNG

Zwar war der Stoff schadhaft und entsprach somit nicht den im Katalog gemachten Qualitätsangaben. Fraglich ist aber, ob die Katalogangaben des W eine Gewähr dafür bieten wollen, dass der TREVIRA-Stoff in jeder Stufe der arbeitsteiligen Herstellung (Fertigung des Fadens durch F und Fertigung des Stoffes durch W) so behandelt wird, dass er schließlich die in der Werbung angepriesenen Eigenschaften hat.

Grundsätzlich wird für Angaben in der Werbung keine Beschaffenheitsgarantie übernommen, vielmehr sind sie typischerweise Beschaffenheitsangaben oder Produktanpreisungen.

Grund: Werbung für Eigenschaften des letztendlichen Produkts

Der TREVIRA-Fall ist aber insoweit ein Spezialfall, weil mit der Werbung *für das Produkt* die Garantie übernommen wird, dass dieses *letztendlich* die angepriesenen Eigenschaften besitzt. Diese Garantie umfasst damit auch den gesamten Produktionsablauf von der Ausrüstung des Fadens bis hin zur Anfertigung des Stoffes selbst. Eine Beschaffenheitsgarantie liegt also ausnahmsweise vor. W haftet dem K deshalb nach den § 437 Nr. 3, 280 I verschuldensunabhängig auf Schadensersatz.

hemmer-Methode: Die Übernahme einer Beschaffenheitsgarantie ist häufig im Spannungsfeld von Verbraucherschutz und den Interessen des Verkäufers zu sehen. Lernen Sie diese Fälle nicht auswendig. Versuchen Sie in der Klausur einen Interessensausgleich. Häufig genügt der Rücktritt und die Minderung. Seien Sie deshalb mit der Annahme einer stillschweigenden Beschaffenheitsgarantie vorsichtig!

3. Sonderfall Gebrauchtwagenkauf

Beschaffenheitsgarantie beim Gebrauchtwagenkauf

Eine weitere Ausnahme von den strengen Anforderungen an die Annahme einer stillschweigenden Beschaffenheitsgarantie wurde von der Rechtsprechung beim Gebrauchtwagenhandel gemacht. Entscheidender Grund für die erleichterten Voraussetzungen einer Beschaffenheitsgarantie war die in der Regel erfolgende formularmäßige Freizeichnung des Gebrauchtwagenhändlers bezüglich der Gewährleistung. Ein wirksamer Schutz des Käufer war nur dann möglich, wenn man die Angaben als Garantien einzustufen konnte, da ein Haftungsausschluss sich darauf nicht bezieht, vgl. § 444 BGB.

Aufgrund der gemäß § 475 I 1 zwingenden Gewährleistung ist der Grund für die Annahme der stillschweigenden Beschaffenheitsgarantie entfallen: Dem Käufer stehen in jedem Fall Rücktritt und Minderung zur Verfügung. Nur der Schadensersatzanspruch des Käufers kann gemäß § 475 III ausgeschlossen werden. Für den Bereich des Verbrauchsgüterkaufs besteht deshalb für die erleichterten Voraussetzungen einer Beschaffenheitsgarantie kein Bedürfnis (mehr).

Bei dieser Betrachtung ist allerdings noch folgendes zu berücksichtigen: wie oben (Rn. 154 f.) bereits erwähnt, geht die Rechtsprechung von einer Garantie häufig und gerade im Gebrauchtwagengeschäft dann aus, wenn der Verkäufer besonderes Vertrauen für sich in Anspruch nimmt. Dieses Argument besteht unabhängig von den Besonderheiten des Verbrauchsgüterkaufs.

Bsp.: Rechtsanwalt A kauft bei V einen gebrauchten Pkw für seine Kanzlei. In dem Wagen, der auf dem Verkaufsgelände des V stand, befand sich eine Werbeanzeige mit folgenden Angaben: "Baujahr 2003; Hubraum 2200 ccm; Leistung 110 PS; Austauschmotor mit einer Fahrleistung von 20.000 km." A fragt den V, ob diese Angaben tatsächlich zutreffend sind. V bejaht. In Wahrheit hatte der Tacho einen Kilometerstand von 115.000 km. Tatsächlich war der Wagen aus dem Baujahr 2001, der Hubraum beträgt 1800 ccm, die Leistung nur 85 PS und der Austauschmotor hat bereits eine Fahrleistung von 45.000 km.[133] A verlangt deshalb von V Schadensersatz.

---

[133] Vgl. zur Tachoabweichung OLG Koblenz, Life and Law 2004, 509 ff.

A könnte gegen V einen Anspruch aus den §§ 437 Nr. 3, 311a II 1 haben. Ein Kaufvertrag wurde wirksam geschlossen. Des Weiteren müssten die Angaben in der Werbeanzeige des W eine Beschaffenheitsgarantie darstellen. Eine ausdrückliche Beschaffenheitsgarantie liegt nicht vor. Es könnte aber eine konkludente Beschaffenheitsgarantie vorliegen. An diese sind grundsätzlich strenge Anforderungen zu stellen. Besonderheiten bestehen nach h.M.[134] beim Gebrauchtwagenhandel. Entscheidender Grund dafür ist die i.d.R. erfolgende formularmäßige Freizeichnung des Gebrauchtwagenhändlers bezüglich der Mängelhaftung, welche zumindest außerhalb des Verbrauchsgüterkaufs grundsätzlich möglich ist. Ein Schutz des Käufers kommt daher nur dann in Betracht, wenn die Angaben des Händlers als Garantien einzustufen sind, bei denen eine Abbedingung gerade *nicht* möglich ist.[135] Ob eine Zusicherung vorliegt, richtet sich nach dem obj. Empfängerhorizont, so dass das Vertrauen des Käufers in die Sachkunde des Händlers zu berücksichtigen ist.[136] Für diese Frage ist es auch völlig belanglos, ob der Käufer ein Verbraucher ist, oder ob er die Sache für seine berufliche Tätigkeit anschafft. Hier hat A noch einmal ausdrücklich nachgefragt, ob die Angaben zutreffen. Bei Bejahung muss er auf die Richtigkeit in besonderem Maße vertrauen können. A kann somit nach den §§ 437 Nr. 3, 311a II 1 Schadensersatz verlangen, da die Angaben zu einem PKW seitens eines Händlers ein besonderes Vertrauen darauf wecken, dass die Beschaffenheitsmerkmale auch vorhanden sind.[137] Dies gilt jedoch nach Rspr. des BGH[138] nicht im Hinblick auf die PS-Zahl. Dies sei eine bloße Wissenserklärung.

II. Verschuldensunabhängige Haftung im Werkvertragsrecht

⇨ *Anspruchsgrundlage ist § 634 Nr. 4, 280, 281, 283, 311a II, 635, jedoch kein Verschulden Voraussetzung*

Auch bei einer unselbständigen Garantie im Rahmen des Werkvertrags richtet sich der Umfang der Haftung nach den §§ 634 Nr. 4, 280, 281, 283, 311a II 1. Da die Garantiehaftung im Rahmen des Werkvertragsrechts aber einen Ausnahmefall darstellt, sei für den Anspruchsumfang und die sonstigen Anspruchsvoraussetzungen auf die allgemeinen Ausführungen zu den werkvertraglichen Schadensersatzansprüchen weiter unten verwiesen.[139]

167

⇨ *in jedem Fall notw.: Entspr. Rechtsbindungswille*

Ebenso wie beim Garantievertrag ist stets mit besonderer Sorgfalt zu prüfen, ob der Unternehmer einen auf eine unselbständige Garantie gerichteten Rechtsbindungswillen hat. Eine solche unselbständige Garantie ist nur dann anzunehmen, wenn sich der Unternehmer verpflichtet, im Rahmen des Werkvertrags für einen bestimmten Erfolg *in jedem Fall* einzustehen. Er kann sich z.B. verpflichten, dass das Werk bestimmte Eigenschaften *unbedingt* aufweist oder *unbedingt* frei von Fehlern ist.

168

Für die *unselbständige Garantie* im Rahmen des Werkvertrags gelten ansonsten die §§ 633 ff. Im Ergebnis führt die Abgabe der unselbständigen Garantie deshalb dazu, dass der Unternehmer nach den §§ 634 Nr. 4, 280 I, III, 311a II 1 auch ohne Verschulden so haftet, wie wenn der Mangel auf einem von ihm zu vertretenden Umstand beruhte.

169

Abgrenzung zur selbständigen Garantie

Für die Fallbearbeitung ist insbesondere wichtig, dass Sie dann, wenn eine Garantie abgegeben wurde, unterscheiden, wann ein Anspruch aus selbständiger oder ein solcher aus unselbständiger Garantie in Betracht kommt. Dies ist u.a. deshalb wichtig, weil bei der selbständigen Garantie die §§ 633 ff. nicht, auch nicht entsprechend gelten (insbesondere findet die Verjährungsvorschrift des § 634a keine Anwendung), während sie im Falle der unselbständigen Garantie unmittelbare Anwendung finden.

170

---

134 Vgl. PALANDT, § 444, Rn. 18. Dieses Zitat ist allerdings mit Vorsicht zu genießen. Insbesondere ist an § 475 BGB zu denken, wenn es sich um einen Verbrauchsgüterkauf handelt. Ebenfalls muss an § 309 Nr.7 BGB gedacht werden!
135 Vgl. § 444 BGB.
136 BGH NJW 1996, 1337.
137 So überzeugend OLG Koblenz, Life and Law 2004, 509 ff.
138 NJW 97, 2318.
139 Vgl. Rn. 358 ff.

Abgrenzungskriterium: selbst. Garantie geht über Rahmen des WerkV hinaus

Deshalb soll das für diese Feststellung maßgebliche Abgrenzungskriterium noch einmal hervorgehoben werden:

Eine *selbständige* Garantie ist im Rahmen des Werkvertrags nur dann anzunehmen, wenn der Unternehmer die Gewähr für einen weiteren, *über die vertragsgemäße Herstellung hinausgehenden* Erfolg übernimmt. Eine *unselbständige* Garantie liegt hingegen dann vor, wenn sich der Unternehmer verpflichtet, für einen bestimmten Erfolg *im Rahmen des Werkvertrags* einzustehen.

171

Abgrenzung der unselbst. Garantie zur Beschaffenheitsvereinbarung i.S.v. § 633 notwendig

Größere Schwierigkeiten bereitet hingegen die Abgrenzung der *bloßen* verschuldensabhängigen *Vereinbarung einer bestimmten Beschaffenheit (§ 633 II 1)* von der Abgabe einer *unselbständigen* verschuldensunabhängigen *Garantie* für das Vorhandensein gewisser Eigenschaften.

172

Unselbständige Garantie nur im Ausnahmefall

Regelmäßig liegt nur die Vereinbarung einer Sollbeschaffenheit vor. Wenn in einer Beschaffenheitsvereinbarung in der Regel eine Beschaffenheitsgarantie liegen würde, wären die Schadensersatzansprüche entgegen dem gesetzlichen Leitbild eine gesetzliche Garantiehaftung. Eine Beschaffenheitsgarantie ist nur dann anzunehmen, wenn der Werkunternehmer ausdrücklich oder konkludent erklärt, dass er verschuldensunabhängig für das Vorhandensein der Eigenschaft einstehen will.

III. § 651f

Reisevertragsrecht ist dem Werkvertragsrecht nachgebildet

Das Reisevertragsrecht (§§ 651a ff.) ist dem Werkvertragsrecht (§§ 631 ff.) nachgebildet. Somit gelten die Ausführungen über die unselbständige Garantie im Werkvertrag auch entsprechend beim Reisevertrag. Anspruchsgrundlage ist hier allerdings § 651f: Danach kann der Reisende vom Veranstalter Schadensersatz wegen Nichterfüllung verlangen, wenn die Reise mangelhaft ist und der Veranstalter die Mängel zu vertreten hat. Mängel in diesem Sinne sind Fehler und das Fehlen zugesicherter Eigenschaften (§ 651c).

173

generell Verschulden notw., aber auch unselbst. Garantie möglich

Die Haftung ist nach § 651f zwar generell verschuldensabhängig, doch kann sich der Veranstalter durch die Abgabe einer *unselbständigen* Garantie auch ohne Verschulden haftbar machen. Richtige Anspruchsgrundlage für die unselbständige Garantiehaftung des Reiseveranstalters ist dann ebenfalls § 651f.

Für die selbständige Garantie gelten die obigen Ausführungen.

174

Vorauss.: § 651a ff.

Zu **beachten** ist, dass auch für die verschuldensunabhängige Haftung die sonstigen Vorschriften des Reisevertragsrechts gelten. Voraussetzung für den Anspruch sind deshalb die §§ 651c-e.

175

Insbesondere ist noch auf die Ausschlussfrist des § 651g I hinzuweisen. Die Verjährung bestimmt sich nach § 651g II.

Zu den Anspruchsvoraussetzungen im Einzelnen sei aufgrund der Ausnahme der unselbständigen Garantiehaftung ebenfalls auf die Ausführungen zu den Voraussetzungen im Allgemeinen verwiesen.[140]

Vereinbarung der Haftung trotz höherer Gewalt mögl.

Geht die Garantie dahin, dass z.B. selbst dann gehaftet werden soll, wenn höhere Gewalt den Erfolg der Reise verhindert, so gilt § 651j als abbedungen.

176

---

140 Vgl. unten Rn. 391 ff.

Der Veranstalter haftet dann allein und in vollem Umfang für die entstandenen Schäden. Eine solche Garantie ist auch nach § 651 k zulässig, da sie nicht zum Nachteil des Reisenden gereicht.

D. § 122

I. Allgemeines

§ 122
Haftung für negatives Interesse

Ein *verschuldensunabhängiger*[141] Anspruch auf Schadensersatz besteht gemäß § 122 I für den Fall, dass eine Willenserklärung nach § 118 nichtig ist oder nach den §§ 119, 120 angefochten wurde. Der Anspruch besteht im Umfang des *negativen* Interesses, ist aber nach dem Wortlaut durch das positive Interesse *begrenzt*.[142]

II. Haftungsgrund

Haftungsgrund: Veranlassungsprinzip, Vertrauenshaftung aber kein allgemeiner Grdsatz.

Der Haftung aus § 122 liegt der Gedanke der *Veranlassungshaftung* zugrunde: Derjenige, der durch seine Erklärung im Vertragspartner das Vertrauen auf deren Wirksamkeit hervorgerufen hat, soll dem anderen bei Nichtigkeit derselben den durch das Vertrauen auf die Wirksamkeit entstandenen Schaden ersetzen.

Somit handelt es sich bei § 122 um eine Form der Vertrauenshaftung, wie sich schon aus dem Begriff des zu ersetzenden Vertrauensschadens (negatives Interesses) ergibt. Der Schadensersatzanspruch aus § 122 besteht unabhängig vom Verschulden.[143]

hemmer-Methode: § 122 ist aus Gründen des Verkehrsschutzes in das BGB aufgenommen worden: Das Vertrauen des Rechtsverkehrs in die Wirksamkeit von Willenserklärungen soll geschützt werden. Aus § 122 kann aber nicht der allgemeine Rechtsgedanke entnommen werden, dass bei unwirksamen Willenserklärungen der andere Vertragsteil immer seinen Vertrauensschaden ersetzt verlangen kann.
Dennoch ist das "enttäuschte Vertrauen" immer ein willkommenes Problem, bei dem Sie viel punkten können: Schadensersatz kann der andere auch aus c.i.c. verlangen, und dort können sich bei Beteiligung Dritter Zurechnungsprobleme und die Frage etwaigen Mitverschuldens ergeben.

III. Anwendungsbereich

insbes. wichtig: Analoge Anwendung

Ist eine Willenserklärung wegen mangelnder Ernstlichkeit nach § 118 nichtig oder erfolgt eine Anfechtung nach den §§ 119, 120, so ist bei empfangsbedürftigen Willenserklärungen der Empfänger ersatzberechtigt.[144] Klausurrelevanz kommt auch der analogen Anwendung des § 122 zu.

z.B. fehlendes Erklärungsbewusstsein

Schadensersatz kann nach § 122 auch bei fehlendem Erklärungsbewusstsein geschuldet sein.[145] Dabei ist es für die Anwendung des § 122 unerheblich, ob man der Willens- oder der Erklärungstheorie folgt. Nach der *Willenstheorie* ist die WE zwar entsprechend § 118 nichtig, der Erklärende haftet dann nach § 122 analog.

---

141 MüKo, § 122, Rn. 6 hebt dies insbesondere in Abgrenzung zur Haftung aus c.i.c. hervor.
142 Dazu schon ausführlich oben Rn. 52 ff.
143 Überblick bei MüKo, § 122, Rn. 2 über die Kritik an der Haftung für bloße Ursächlichkeit; zu den Ausnahmen der Haftung später unten Rn. 240 ff.
144 MüKo, § 122, Rn. 7.
145 Zur Anfechtungsmöglichkeit nach § 119 in diesem Fall siehe HEMMER/WÜST, BGB AT I, Rn. 63.

§ 3 GESETZLICHE GARANTIEHAFTUNG

Die *herrschende Erklärungstheorie* nimmt hingegen die Wirksamkeit der WE an, wenn eine sog. Erklärungsfahrlässigkeit vorliegt,[146] d.h. der Erklärende die mögliche Deutung seines Verhaltens als WE bei Anwendung pflichtgemäßer Sorgfalt erkennen konnte. Jedoch steht dem Erklärenden dann ein Anfechtungsrecht nach § 119 I analog zu, welches die Vertrauenshaftung gemäß § 122 nach sich zieht. Liegt keine Erklärungsfahrlässigkeit vor oder kannte der Vertragspartner das Fehlen des Erklärungsbewusstseins, fehlt es nach der h.M. an einer anfechtbaren Willenserklärung und damit an der Voraussetzung der Haftung für § 122.

abhanden gekommene WE

Auch bei einer abhanden gekommenen Willenserklärung kommt eine Haftung des Erklärenden gemäß § 122 analog in Betracht. **183**

> *Bsp.: A hat den Bestellschein des O-Versandes bereits ausgefüllt, aber noch nicht abgesandt, da er sich über die Bestellung noch nicht endgültig schlüssig war. F, die Ehefrau des A, entdeckt den Bestellschein beim Aufräumen und denkt, ihr Mann habe schlicht vergessen, die Bestellung abzuschicken. Deshalb bringt sie den Bestellschein kurzerhand selbst zur Post. Als A davon erfährt, ist er entsetzt, da er es sich mittlerweile anders überlegt hatte. Als die Sachen nach einer Woche angeliefert werden, verweigert A die Annahme. Schließlich habe er die Sachen gar nicht bestellt. Der O-Versand verlangt Abnahme und Bezahlung, zumindest Ersatz des ihm entstandenen Schadens.*

Für die Abgabe eines wirksamen Kaufangebotes durch A fehlt es an der dazu erforderlichen Entäußerung desselben in den Rechtsverkehr. Allein die Ausfüllung des Bestellscheines erfüllt noch nicht die Merkmale einer wirksamen Willenserklärung, da A diese noch nicht "auf den Weg zu O" gebracht hat.

Anders wäre es, wenn A mit dem Absenden durch F gerechnet hätte.[147] Folglich kann O mangels Kaufvertrages nicht Abnahme und Bezahlung der Ware verlangen.

Möglicherweise steht O jedoch ein Ersatz des Vertrauensschadens gemäß § 122 analog zu. Eine direkte Anwendung des § 122 scheidet aus, da es mangels Willenserklärung auch keiner Anfechtung durch A gemäß § 119 bedarf. Jedoch hat A durch das Ausfüllen des Bestellscheins den zurechenbaren Anschein erweckt, die darin enthaltene Erklärung stamme von ihm selbst. Das Vertrauen des O in die Wirksamkeit dieser Willenserklärung ist ebenso schutzwürdig, als ob A seine Willenserklärung wegen Erklärungsirrtums angefochten hätte. Daher kann O gemäß § 122 analog Ersatz des negativen Interesses (Versandkosten) verlangen. Auf ein Verschulden des A kommt es dann nicht mehr an.

hemmer-Methode: Denken Sie in diesem Zusammenhang aber auch an die Regeln über Fernabsatzverträge. Formaljuristisch betrachtet fehlt es zwar am Vertragsschluss, da mangels Abgabe keine Willenserklärung vorliegt. Indes wäre es sehr praxisfern, wenn A sich darauf berufen würde. Denn bei Widerruf des Fernabsatzvertrages besteht kein Anspruch auf Ersatz des Vertrauensschadens. Daher wäre es für A günstiger, sich auf diesem Wege der Waren zu entledigen.

Ähnlich ist die Lage bei einer abhanden gekommenen Vollmachtsurkunde.[148] **184**

Auch hier haftet der Aussteller gemäß § 122 analog unabhängig vom Verschulden, wenn z.B. die in den Papierkorb geworfene Vollmachtsurkunde bei einem Geschäftsabschluss vorgelegt wird. Denn der Adressat einer abhanden gekommenen Vollmachtsurkunde verdient nicht weniger Schutz als bei einer von einem falsus procurator gegen den Willen des Ausstellers vorgelegten Vollmachtsurkunde.

---

146 Vgl. MEDICUS, BR, Rn. 130; wenn dies nicht der Fall ist, liegt wegen Nichtigkeit gar keine WE vor.
147 Vgl. LARENZ, AT, § 21 II a.
148 Vgl. JRH, BGB AT, Fall 17; LARENZ, AT, § 33 I a.

Dies ist die Konsequenz der h.M., die die analoge Anwendung von § 172 und damit einen vertraglichen Anspruch gegen den Vertretenen wegen fehlender Vertretungsmacht ablehnt, da es für die Bindung des Vertretenen als Vertragspartner an der Zurechenbarkeit des Rechtsscheins fehlt.

MM: Haftung für Pseudoboten

Auch für den Fall, dass ein Bote eine Willenserklärung bewusst wahrheitswidrig abgibt, wird eine Haftung des Geschäftsherrn analog § 122 vertreten.[149] Die h.M. lehnt dies aber ab,[150] vielmehr ist nur der Bote selbst analog § 179 haftbar.[151]

str.: geschäftsunf. Vertreter

Ebenfalls strittig ist die Haftung des Vertretenen für Erklärungen eines geschäftsunfähigen Vertreters. Eine Ansicht nimmt hier die Haftung des Vertretenen analog § 122 an.[152] Nach anderer Ansicht[153] soll nur die verschuldensabhängige Haftung nach den §§ 311 II, 280 I, 241 II möglich sein.

IV. Ausschluss der Haftung

Ausschluss nach § 122 II bei Fahrlässigkeit

Eine Ausschlussvorschrift befindet sich in § 122 II. Danach ist schon bei einfacher Fahrlässigkeit des Geschädigten bezüglich der Unkenntnis des Nichtigkeitsgrundes der Anspruch ausgeschlossen.

Dies begründet sich damit, dass kein schützenswertes Vertrauen des Geschädigten besteht, mithin auch kein ersatzfähiger "Vertrauens"-Schaden entstanden sein kann.[154]

hemmer-Methode: Ist aber der Mangel der Ernstlichkeit im Sinne von § 118 ganz offensichtlich, so scheitert die Ersatzpflicht nicht erst an § 122 II, sondern bereits daran, dass aufgrund des objektiven Empfängerhorizonts gar keine Willenserklärung vorliegt, die nach § 118 nichtig sein könnte.[155]

kein SchaErs bei Veranlassung des Irrtums durch Geschädigten

Ein Schadensersatzanspruch nach § 122 ist auch dann ausgeschlossen, wenn der Geschädigte selbst den Irrtum des Erklärenden veranlasst hat.[156] Es fehlt dann an der Schutzwürdigkeit des Vertrauens. Nicht ausreichend ist dagegen die bloße Mitveranlassung des Irrtums durch den Geschädigten; § 254 ist bei § 122 II nicht anwendbar.[157]

hemmer-Methode: Merken Sie sich: Häufig sind neben § 122 auch die §§ 311 II, 280 I, 241 II Anspruchsgrundlage auf Schadensersatz. Dies gilt auch in den Fällen, in denen § 122 analog angewendet wird. Erörtern Sie in der Examensarbeit die Anwendbarkeit der §§ 311 II, 280 I, 241 II neben § 122. Die §§ 311 II, 280 I, 241 II sind nämlich subsidiär zu spezielleren gesetzlichen Regelungen. Es stellt sich daher die Frage, ob die §§ 311 II, 280 I, 241 II durch § 122 verdrängt werden.
Zu erörtern sind daher Sinn und Zweck des § 122 in Abgrenzung zu den §§ 311 II, 280 I, 241 II. Werden unterschiedliche Rechtsgüter geschützt, spricht dies für die Anwendung des §§ 311 II, 280 I, 241 II. Die c.i.c. schützt das Vermögen, die Anfechtung dagegen die freie Willensbildung. Außerdem setzen die §§ 311 II, 280 I, 241 II anders als § 122 Verschulden voraus. Schließlich spricht für die Anwendung der c.i.c. die flexiblere Handhabung der Opfergrenze. Bei § 122 entfällt der Schadensersatz unter den Voraussetzungen des § 122 II.

---

149 MüKo, § 122, Rn. 5, § 120 Rn. 4.
150 Palandt, § 122, Rn. 2.
151 Dazu unter Rn. 212.
152 MüKo, § 122, Rn. 5.
153 Palandt, § 122, Rn. 2.
154 MüKo, § 122, Rn. 9.
155 Vgl. Larenz, § 20 I b.
156 MüKo, § 122, Rn. 12.
157 MüKo a.a.O.

§ 3 GESETZLICHE GARANTIEHAFTUNG

Die "Alles- (Absatz I) oder Nichtshaftung (II)" bei § 122 ist oft unbillig. Bei den §§ 311 II, 280 I, 241 II ist dagegen § 254 anwendbar, was die Erzielung gerechterer Ergebnisse ermöglicht. Außerdem gilt hier die Begrenzung auf das Erfüllungsinteresse nicht.[158]

E. § 179

I. Allgemeines

§ 179, Allgemeines

Zwei weitere wichtige, gesetzlich geregelte Fälle verschuldensunabhängiger Haftung enthält § 179.

zu unterscheiden sind §§ 179 I und II

Nach *§ 179 I* haftet ein Vertreter ohne Vertretungsmacht (falsus procurator)[159] dem Vertragspartner wahlweise auf Erfüllung oder Schadensersatz (positives Interesse).

§ 179 II regelt die Haftung auf das negative Interesse, falls der falsus procurator den Mangel seiner Vertretungsmacht nicht gekannt hat. Dabei ist das Vertrauensinteresse durch das positive Interesse des Vertragspartners begrenzt (vgl. Wortlaut des § 179 II).

II. Haftungsgrund

Haftungsgrund: Verkehrsschutz, Vertrauensschutz

§ 179 begründet eine verschuldensunabhängige gesetzliche Garantiehaftung, die auf dem Gedanken beruht, dass der Vertreter ohne Vertretungsmacht Vertrauen veranlasst und enttäuscht hat.[160]

Aus Sicht des vollmachtlosen Vertreters besteht somit eine Vertrauenshaftung, die an seine Erklärung, er besitze Vertretungsmacht, anknüpft.[161]

§ 179 will die Bereitschaft des Rechtsverkehrs zum Abschluss von Verträgen auch mit Hilfspersonen (Vertretern) fördern, indem er das Vertrauen in das *Bestehen* der Vertretungsmacht schützt.

III. § 179 I

Wahlrecht zwischen Erfüllung und Schadensersatz

Hat der falsus procurator in Kenntnis[162] des Fehlens der Vertretungsmacht gehandelt, so kann der Geschäftspartner diesen wahlweise[163] auf Erfüllung oder Schadensersatz in Anspruch nehmen.

Wählt der Geschäftspartner Erfüllung, so wird der falsus procurator damit jedoch nicht dessen Vertragspartner: Der Anspruch auf Erfüllung ist nämlich entgegen dem ersten Anschein *ein Schadensersatzanspruch*, der sich auf *Naturalrestitution beschränkt*.[164]

---

158 Vgl. JRH, BGB AT, Fall 4.
159 Zum falsus procurator vgl. HEMMER/WÜST, BGB AT I, Rn. 289 ff.
160 PALANDT, § 179, Rn. 1.
161 MüKo, § 179, Rn. 1 f.
162 Bei Unkenntnis gilt § 179 II, vgl. unten Rn. 198 ff.
163 Die Regeln über die Wahlschuld gemäß den §§ 262 ff. sind entsprechend anwendbar; vgl. MüKo, § 179, Rn. 31.
164 So der BGH, in NJW 71, 429, 430; nach seiner Ansicht handelt es sich bei § 179 I 1.Alt. lediglich um eine Inhaltsbestimmung des Anspruchs auf Naturalrestitution. Dafür spricht, dass es sich bei § 179 I 2.Alt. ebenfalls um eine Inhaltsbestimmung, diesmal aber auf Geldersatz handelt; ebenso überzeugend PRÖLSS in JuS 1986, 171; a.A. LARENZ, der einen Übergang des Vertragsverhältnisses auf den Vertreter kraft Gesetzes annimmt. Dagegen spricht aber, dass der Vertreter gerade nicht Vertragspartner werden soll.

bei Erfüllung wird falsus procurator nicht VertragsP.

Dennoch ist der falsus procurator rechtlich gesehen dem Vertragspartner gleichgestellt:[165] So kann er - falls der Dritte von ihm Erfüllung verlangt - die Gegenrechte aus den §§ 320 ff. geltend machen. Auch stehen ihm die Mängelrechte zu.[166] Schließlich besteht durch die Erfüllungsforderung des Dritten nunmehr ein *Schuldverhältnis* zwischen Drittem und falsus procurator, so dass gegebenenfalls auch eine Haftung aus §§ 280 I, 241 II in Betracht zu ziehen ist.[167]

hemmer-Methode: Beachten Sie zudem: § 179 I BGB schützt den Vertragspartner nur im Vertrauen auf den Bestand der Vertretungsmacht. Der Vertreter kann daher nur in Anspruch genommen werden, wenn bei unterstellter Vertretungsmacht der Vertretene in Anspruch genommen werden könnte. Anders gesagt: die fehlende Vertretungsmacht muss der einzige Grund sein, warum der Vertragspartner keinen Anspruch gegen den Vertretenen hat. Ist der Vertrag z.B. noch aus anderen Gründen unwirksam, kann über § 179 I BGB auch nicht der Vertreter in Anspruch genommen werden, da das Nichtbestehen der Vertretungsmacht dann nicht kausal für die nicht bestehende Haftung des Vertretenen ist. Das Vertrauen des Vertragspartners in den Bestand der Vertretungsmacht ist dann nicht schutzwürdig.[168]

Selbstverständlich kann der falsus procurator im Fall der Erfüllung - aber auch nur dann! - die vertraglich vereinbarte Gegenleistung vom Dritten verlangen.

Anstelle von Erfüllung kann der Vertragspartner auch Schadensersatz wegen Nichterfüllung verlangen. Dabei handelt es sich um einen Anspruch auf Geldersatz i.H. des positiven Interesses an der Vertragserfüllung.

Bemessungsgrundlage ist dabei die Wertdifferenz zwischen dem Wert der Leistung, die der Vertragspartner bei Wirksamkeit des Vertrages hätte fordern können, und dem Wert der von ihm ersparten Gegenleistung (abgeschwächte Differenztheorie).[169] Jedoch umfasst der Schadensersatzanspruch auch die Kosten eines erfolglosen Prozesses gegen den Vertretenen.[170]

195 Problematisch ist hingegen der Fall, wenn das positive Interesse (ausnahmsweise) geringer ist als das negative. Fraglich ist dann, ob der Dritte nach § 179 I auch Ersatz des höheren negativen Interesses verlangen kann.

196 *Bsp.: V verkauft im Namen seines Vaters, des Winzers U, 200 Flasche Wein, die Flasche zu 25,- €, an den Weinhändler W für 5.000,- €.*

Im Vertrauen auf dieses Geschäft unterlässt es der W, sich die gleichen Flaschen beim Weinhändler X zu kaufen. Dort hätte die gleiche Menge Wein sogar nur 4.500,- € gekostet. W hoffte aber darauf, durch den Kauf bei U mit diesem Geschäftsverbindungen knüpfen zu können, was auch dem V bekannt war; er war deshalb bereit, den etwas höheren Preis bei U zu bezahlen. Die Flaschen hätte der W mit 5,- € Gewinn, also für 30,- € pro Flasche sicher an den Japaner Obi weiterverkauft.

Als U das Geschäft nicht genehmigt, verlangt W von V Schadensersatz in Höhe von 1.500,- €. Er begründet dies damit, dass er dann, wenn er nicht auf die Gültigkeit des Geschäfts mit U vertraut hätte, den Wein bei X gekauft und dann nicht nur 1 000,- €, sondern sogar 1 500,- € Gewinn gemacht hätte. Außerdem habe der V, was zutrifft, vom Mangel der Vertretungsmacht Kenntnis gehabt.

---

165 BGH, NJW 1970, 241.
166 Zu weiteren Einzelheiten MüKo, § 179, Rn. 32; SOERGEL, § 179, Rn. 23.
167 SOERGEL, § 179, Rn. 16.
168 Vgl. dazu auch die Rn. 203 ff.
169 Vgl. PALANDT, § 179, Rn. 6, § 281, Rn. 19 ff.
170 OLG Düsseldorf, NJW 1992, 1177.

§ 3 GESETZLICHE GARANTIEHAFTUNG

Im Wesentlichen liegt das Problem bei diesem Fall darin, dass das negative Interesse, also der Vertrauensschaden höher ist als das Erfüllungsinteresse.[171] Zwar kann der W *nach dem Wortlaut* des § 179 I nur den Nichterfüllungsschaden geltend machen, dieser enthält aber nach h.M. auch den Vertrauensschaden.[172]

Fraglich ist aber, ob die Wahl des Vertrauensschadens dann dazu führen kann, dass der W besser stünde als bei Erfüllung durch den U. Dagegen spricht aber der Grundsatz, dass die Haftung des vollmachtlosen Vertreters nicht weiter führen soll, als die Erfüllung durch den Vertretenen geführt hätte.[173]

Ein Anspruch des W kommt somit nur im Umfang des positiven Interesses in Betracht.

hemmer-Methode: Auswahl klausurtypischen Fallmaterials! Hier handelt es sich um ein klassisches Thema, nämlich die Begrenzung des negativen durch das positive Interesse, nur in ungewohnter Situation. Die spezielle Problematik im Rahmen des § 179 I ist jedoch weitgehend unbekannt. Sie eignet sich aber gerade deshalb hervorragend als Klausurstoff: Alle für die Lösung wichtigen Umstände ergeben sich aus dem Sachverhalt; der Bearbeiter muss dann zeigen, dass er in der Lage ist, nur mit dem "Handwerkszeug des Juristen" jene Fälle befriedigend zu lösen, die ihm zuvor unbekannt waren. 197

IV. § 179 II

§ 179 II bei Unkenntnis des falsus procurator ⇨ negatives Interesse

Sofern der falsus procurator das Fehlen seiner Vertretungsmacht kennt, ist er nicht schutzwürdig, da er das Vertrauen in die Wirksamkeit der Vertretung bewusst enttäuscht hat. Ihm ist daher die Haftung auf das positive Interesse bzw. Erfüllung auch zumutbar.

Kennt dagegen der Vertreter ohne Vertretungsmacht die fehlende Vollmacht nicht,[174] so ist auch er schutzwürdig. 198

Daher beschränkt § 179 II seine Haftung gegenüber dem Geschäftsgegner auf Ersatz des Vertrauensschadens.[175]

Dabei schadet dem falsus procurator auch grob fahrlässige Unkenntnis vom Fehlen der Vertretungsmacht nicht. In diesen Fällen hat der falsus procurator den Vertragspartner so zu stellen, wie er wirtschaftlich stünde, wenn er nicht auf das Zustandekommen des Vertrages vertraut hätte.

V. Ausschluss der Haftung des falsus procurator

1. Widerruf nach § 178

Haftungsbeschränkungen: keine Nachprüfungspflicht

Der falsus procurator haftet unabhängig von seiner eigenen Gut- oder Bösgläubigkeit nicht, wenn der Vertragspartner von seinem Widerrufsrecht nach § 178 Gebrauch gemacht hat. In diesem Fall fehlt es an einem schutzwürdigen Vertrauen in den Bestand des Vertrages.[176] 199

---

171 Dazu schon oben Rn. 52.
172 Nachweise bei DIEDRICHSEN/WERNER, 20 Probleme, S.88; insofern wäre es sogar vertretbar, von einem dreifachen Wahlrecht i.R.d. § 179 I zu sprechen, nämlich auf Erfüllung oder Schadensersatz auf positives oder negatives Interesse.
173 Dieser Grundsatz lässt sich insbesondere aus dem Beispiel der Vermögenslosigkeit des Vertretenen ableiten; MüKo, § 179, Rn. 34.
174 Z.B. bei Anfechtung der Vollmachtserteilung (§ 142 I); beachte aber auch § 142 II!
175 Teilweise wird sogar die Haftung auf das negative Interesse abgelehnt, sofern das Fehlen der Vertretungsmacht außerhalb jeder Erkenntnis- oder Beurteilungsmöglichkeit des Vertreters lag (z.B. unerkennbare Geisteskrankheit des Vertretenen), vgl. FLUME, § 47, 3c.
176 Vgl. KG JW 1930, 358.

2. Kenntnis vom Mangel gemäß § 179 III S.1

Weiter entfällt eine Haftung des falsus procurator gemäß § 179 III S.1, wenn der Vertragspartner den Mangel der Vertretungsmacht kannte oder grob fahrlässig nicht kannte.

Jedoch besteht für den Vertragspartner eine Nachprüfungs- und Erkundigungspflicht nur dann, wenn die Umstände des Einzelfalls Zweifel an der Vertretungsmacht begründen.[177] Dies kann auch durch einen entsprechenden Hinweis des Vertreters gegenüber dem Vertragspartner geschehen.[178]

3. Beschränkt geschäftsfähiger falsus procurator, § 179 III 2

keine Haftung des Mj ohne Genehmigung der Eltern; h.M.: Genehmigg. bzgl. Geschäft notw.

Eine weitere Besonderheit ist der Ausschluss der Haftung des *Minderjährigen* als falsus procurator, wenn die Eltern dem Handeln des Minderjährigen nicht zugestimmt haben (§ 179 III S.2). Strittig ist dabei, worauf sich die Zustimmung der Eltern beziehen muss.

Nach einer Ansicht hat sie sich darauf zu beziehen, dass der Minderjährige ohne Vertretungsmacht handelt.[179] Die wohl h.M. ist dagegen der Ansicht, dass der Minderjährige dem Vertragspartner schon dann gemäß § 179 I, II hafte, wenn dessen gesetzliche Vertreter nur der Vertretung als solcher zugestimmt hätten.[180]

4. Haftungsausschluss in sonstigen Fällen

keine Besserstellung des Dritten durch Haftung des falsus procurator

Schwierigkeiten bereitet die Begrenzung der Haftung des falsus procurator aus *anderen als den im § 179 III benannten* Gründen. In diesen Fällen ist insbesondere maßgeblich, dass der Dritte durch die Wahl der Erfüllung oder des Schadensersatzes gegenüber dem falsus procurator nicht besser gestellt sein darf als er stünde, wenn der Vertrag mit dem Vertretenen zustande gekommen wäre.

a) Nichtigkeit des Vertretergeschäfts

⇨ *z.B. nicht bei Nichtigkeit nach §§ 125, 134, 138*

So haftet der Vertreter dann nicht, wenn das Geschäft mit dem Vertretenen ohnehin nichtig gewesen wäre, z.B. aufgrund Sittenverstoßes (§ 138) oder Verstoßes gegen ein Verbotsgesetz (§ 134).[181] Gleiches gilt für einen nach § 125 formunwirksamen Vertrag.

b) Insolvenz des Vertretenen

Fraglich ist die Rechtslage bei Insolvenz des Vertretenen. Letztendlich soll ein Schadensersatzanspruch gegen den Vertreter dann ausgeschlossen sein, wenn der Anspruch des Dritten gegen den Vertretenen aufgrund dessen Vermögenslosigkeit nicht durchsetzbar gewesen wäre.[182] Dazu folgendes Beispiel:

> *Bsp.:*[183] V hat als falsus procurator für A mit D einen Vertrag geschlossen, dessen Genehmigung der A verweigert hat. Noch vor Fälligkeit der Ansprüche wird über das Vermögen des A das Insolvenzverfahren eröffnet.

---

177 BGH, NJW 1990, 388; Soergel, § 179, Rn. 19.
178 Vgl. MüKo, § 179, Rn. 4 ff.
179 Vgl. van Venrooy, AcP 181, 220.
180 Vgl. Palandt, § 179, Rn. 4.
181 Soergel, § 179, Rn. 6.
182 Soergel, § 179, Rn. 16.
183 Angelehnt an Medicus, BR, Rn. 120.

§ 3 GESETZLICHE GARANTIEHAFTUNG

Jetzt verlangt D von V gemäß § 179 I Erfüllung, hilfsweise Schadensersatz.

Die Voraussetzungen des § 179 I sollen hier als gegeben angenommen werden. Danach stünde dem D gegen V wahlweise ein Anspruch auf Erfüllung des mit A gescheiterten Vertrages oder auf Schadensersatz i.H. des positiven Interesses zu. § 179 I will den Vertragspartner so stellen, als bestünde die vorgegebene Vertretungsmacht tatsächlich.

Jedoch ist hier zu bedenken, dass der Anspruch des D gegen A aufgrund dessen Insolvenz tatsächlich nicht durchsetzbar wäre. Würde man nun dem D gemäß § 179 I dennoch einen Erfüllungsanspruch gegen V als falsus procurator zugestehen, so stünde nun D *besser*, als er bei Wirksamkeit des Vertrages stehen würde. Daher ist im Wege teleologischer Reduktion der Anspruch aus § 179 I wirtschaftlich dem nicht entstandenen Anspruch gegen den vermeintlich Vertretenen anzugleichen. Somit scheidet sowohl der Erfüllungs- als auch der Schadensersatzanspruch des D gegen V aus.[184] Eine a.A. ist aber genauso gut vertretbar mit dem Argument, dass im Fall des § 179 I der Vertreter nicht schutzwürdig ist und seine Haftung nicht von der von Zufälligkeiten abhängenden Zahlungsfähigkeit des Vertretenen beeinflusst werden kann.

c) Rechtliche oder tatsächliche Hindernisse

bei Verfügungsgeschäften nur Schadensersatz

Aus rechtlichen oder tatsächlichen Gründen kann es außer in den Fällen der Unmöglichkeit zwar nicht zu einem völligen Haftungsausschluss, jedoch zu einer Beschränkung auf den Schadensersatzanspruch kommen.

Rechtliche Gründe würden z.B. im Rahmen von Verfügungsgeschäften einem Anspruch auf Erfüllung gegen den falsus procurator entgegenstehen. Sofern der unwirksamen Verfügung aber eine wirksame Verpflichtung zugrunde lag, kann der Vertragspartner vom Verpflichteten Genehmigung oder Neuvornahme der Verfügung (ggf. im Wege der Klage) verlangen.

Fehlt hingegen nur die Verfügungsbefugnis, so ist § 179 ohnehin nicht anwendbar.[185]

Tatsächliche Gründe würden dem Anspruch auf Erfüllung gemäß § 179 I entgegenstehen, wenn die fragliche Leistung nur von dem Vertretenen erbracht werden kann.

So z.B. bei Abschluss eines Konzertvertrages durch einen völlig unmusikalischen falsus procurator; Mietvertrag über bestimmte Wohnung; Arbeitsvertrag als Köchin u.s.w.

VI. Verjährung

in jedem Fall Verjährung wie bei Erfüllungsanspruch

Ansprüche aus § 179 I, II BGB verjähren nach h.M. in der Frist, die für den Erfüllungsanspruch aus dem unwirksamen Vertrag gegolten hätte.[186] Jedoch beginnt die Verjährung erst mit Verweigerung der Genehmigung durch den Vertretenen, weil erst dann der Anspruch aus § 179 I, II entsteht.

VII. Konkurrenz zu Ansprüchen aus c.i.c.

Problem: Abgrenzung zu § 311 II, 280 I, 241 II.

Ob für den falsus procurator neben § 179 auch eine Haftung aus den §§ 311 II, 280 I, 241 II in Betracht kommt, ist umstritten.

---

184 Vgl. auch PRÖLLS, JuS 1986, 169 (171).
185 Vgl. zum Ganzen MüKo, § 179, Rn. 16.
186 Vgl. PALANDT, § 179, Rn. 8.

e.A.: nebeneinander (+),
a.A.: (-), da 179 III

Nach einer Ansicht[187] stellt § 179 eine abschließende Sonderregelung dar, weil ansonsten die Wertung des § 179 III (Ausschluss des Anspruchs bei Kenntnis des Geschäftsgegners) durchbrochen würde.

Die Gegenansicht[188] meint, dass das auch von § 179 III erfasste Mitverschulden des Vertragspartners nicht zum völligen Ausschluss einer *verschuldensabhängigen* Haftung wie der §§ 311 II, 280 I, 241 II führen könne.

Ein derartiges Mitverschulden sei allenfalls über § 254 zu berücksichtigen. Schließlich sei auch der Anknüpfungspunkt für die Haftung nach § 179 ein anderer als für die nach den §§ 311 II, 280 I, 241 II. Nach dieser Ansicht können somit Ansprüche des Vertragspartners gegen den falsus procurator aus § 179 und aus c.i.c. durchaus nebeneinander stehen.

Aber: jedenfalls § 311 III BGB beachten!

Selbstverständlich kommt die konkurrierende Haftung aus c.i.c. aber nur dann in Betracht, wenn die Voraussetzungen des § 311 III BGB vorliegen. Nur dann ist der Tatbestand gegen den Vertreter erfüllt.

hemmer-Methode: Eine andere Frage ist die, ob neben der Vertreterhaftung eine Haftung des Vertretenen aus c.i.c. in Betracht kommt. Problematisch ist dies insbesondere dann, wenn dem Vertretenen selbst kein Verschuldensvorwurf gemacht werden kann, sondern versucht wird, ein Verschulden des Vertreters dem Vertretenen zuzurechnen (§§ 278 bzw. 31 BGB). Der Wertung der §§ 177 ff. BGB entsprechend soll der Vertretene nicht haften, wenn es an der Vertretungsmacht fehlt. Über die c.i.c. würde er aber doch wiederum haften.
Nach überzeugender Ansicht ist zu differenzieren: geht es um die Zurechnung des Verschuldens eines Erfüllungsgehilfen, kommt eine Haftung nach überzeugender Ansicht dann in Betracht, wenn er vom Vertretenen als Verhandlungsgehilfe eingesetzt wurde. Dann ist eine Zurechnung gerechtfertigt.
Handelt indes ein Organ einer juristischen Person als Vertreter ohne Vertretungsmacht, ist die Zurechnung gem. § 31 BGB problematisch. Denn es käme faktisch immer zu einer Haftung der juristischen Person selbst, da Organverschulden Eigenverschulden der juristischen Person darstellt. Daher verlangt die h.M., dass zu der Überschreitung der Vertretungsmacht noch ein sonstiges, vorwerfbares Verhalten hinzukommen muss (unerlaubte Handlung), um eine Haftung der juristischen Peron bejahen zu können.[189]

Im Verhältnis zu Ansprüchen aus GoA besteht Anspruchskonkurrenz.[190]

VIII. Sonstige Probleme

1. Analoge Anwendung von § 179

entsprechende Anwendung bei Handeln im fremden Namen u. bei Botenhaftung

§ 179 wird in den Fällen analog angewandt, in denen die angeblich vertretene Person überhaupt nicht existiert (so z.B. bei Handeln für eine noch nicht bestehende juristische Person oder Handelsgesellschaft)[191] oder wenn der Vertreter sich weigert, den namentlich nicht genannten Vertretenen[192] innerhalb der Frist des § 177 II S.2 zu benennen.[193]

---

187 CREZELIUS, JuS 1977, 796 ff.; FROTZ, Verkehrsschutz im Vertretungsrecht (1972), S. 55.
188 PRÖLLS, JuS 1986, 169 (172).
189 Vgl. PALANDT, § 179, Rn. 9.
190 BGH Life and Law 2004, 149 ff.
191 Vgl. BGHZ 63, 45 (48 f).
192 Sog. "offenes Geschäft für den, den es angeht"; vgl. HEMMER/WÜST, BGB AT I, Rn. 222 ff.
193 LG Köln, NJW RR 1990, 152.

§ 3 GESETZLICHE GARANTIEHAFTUNG

Des Weiteren wird § 179 beim Fälschen einer Unterschrift und insbesondere bei bewusst falscher Übermittlung einer Willenserklärung durch Boten analog angewandt.[194] Auch beim Handeln unter fremden Namen wird § 179 entsprechend angewendet.

nicht aber, wenn Genehmgg. des VormundschaftsG fehlt

Eine entsprechende Anwendung kommt aber nach h.M. dann nicht in Betracht, wenn das von einem gesetzlichen Vertreter vorgenommene Rechtsgeschäft wegen Fehlens der erforderlichen vormundschafts- bzw. familiengerichtlichen Genehmigung unwirksam ist, da § 1829 (i.V.m. § 1643 I) insoweit eine Spezialregelung darstellt.[195]

2. § 139 bei "Auch-Vertretung"

§ 139 bei "Auch-Vertretung"

Will der falsus procurator nicht nur den Vertretenen, sondern gleichzeitig auch sich selbst verpflichten, so können sich daraus Folgeprobleme im Zusammenhang mit § 139 ergeben.

Bsp.: A und B vereinbaren, gemeinsam einen Porsche für die täglichen Einkaufsfahrten zu erwerben. Aus Gründen der Bequemlichkeit erteilt B dem A Vollmacht zum Kauf des Autos. Noch bevor A den Kauf tätigt, widerruft B bei einem Streit die dem A erteilte Vollmacht. A, der den Widerruf nur für eine Laune des B hält, schließt am nächsten Tag mit V einen Kaufvertrag über den Porsche, wobei er sowohl im eigenen Namen als auch dem des B auftritt. B weigert sich nun, für die Kaufpreisforderung des V aufzukommen. V will sich nun in voller Höhe an A halten. Zumindest verlangt er von A Schadensersatz.

Unwirksamkeit des gesamten Vertrages

V könnte von A Bezahlung des Kaufpreises gemäß § 433 II verlangen. Da A bei U auch in eigenem Namen aufgetreten ist, ist der Kaufvertrag auch zwischen A und U zustande gekommen.

Da es dem A im Zeitpunkt des Vertragsschlusses an der erforderlichen Vertretungsmacht für B (§ 164) gefehlt hat, wurde dagegen B nicht wirksam verpflichtet. Die Unwirksamkeit der Verpflichtung des B könnte sich jedoch gemäß § 139 auch auf die Wirksamkeit der eigenen Verpflichtung des A erstrecken. § 139 ist auch anwendbar, wenn mehrere Personen auf einer Seite eines Rechtsgeschäftes beteiligt sind und die Verpflichtung einer der Personen unwirksam ist. Da A den Kauf des Porsche keinesfalls alleine tätigen wollte, ist gemäß § 139 der gesamte Kaufvertrag unwirksam. Ein Anspruch auf Kaufpreiszahlung gemäß § 433 II besteht daher nicht.

Haftung gemäß § 179 I

Möglicherweise kann V jedoch gemäß § 179 I von A Erfüllung oder Schadensersatz verlangen. Der Kaufvertrag zwischen A, B und V ist wegen der fehlenden Genehmigung des B unwirksam. A kannte auch das Fehlen seiner Vertretungsmacht, da er hinsichtlich des Widerrufes einem vermeidbaren Rechtsirrtum unterlag. Somit haftet A dem V wahlweise auf Erfüllung (Abnahme und Bezahlung des Porsche) oder Schadensersatz (entgangener Gewinn und sonstige Aufwendungen).

3. Streitverkündung bei ungewisser Vertretungsmacht

prozessuale Probleme: Streitverkündung

Der Anspruch des Vertragspartners nach § 179 kommt nur dann in Betracht, wenn eine wirksame Verpflichtung des Vertretenen aufgrund fehlender Vertretungsmacht nicht zustande kommt. Dabei ist es gleichgültig, welche Art der Vertretungsmacht im konkreten Fall einschlägig ist. So scheiden Ansprüche nach § 179 auch dann aus, wenn sich die Wirksamkeit des Vertrages nur über die Grundsätze der Anscheinsvollmacht begründen lässt.[196] Gerade aber das Vorliegen einer Anscheinsvollmacht kann bisweilen sehr zweifelhaft sein.

---

194 Vgl. MüKo, § 179, Rn. 10; SOERGEL, § 177, Rn. 11; PALANDT, § 178, Rn. 2.
195 PALANDT, § 1830, Rn. 2.
196 Vgl. BGH, NJW 1983, 1308.

Daraus kann sich für den Vertragspartner ein missliches Dilemma ergeben: Klagt er gegen den vermeintlich Vertretenen, läuft er Gefahr, mit seiner Klage abgewiesen zu werden, da sich die für eine wirksame Verpflichtung erforderliche Vertretungsmacht nicht beweisen lässt.

Will er sich nun an den Vertreter gemäß § 179 halten, so wird er mit seiner Klage abgewiesen, wenn der Vertreter das Bestehen seiner Vertretungsmacht (zumindest Anscheinsvollmacht) beweist.[197] Dass in dem ersten Verfahren vom Fehlen einer wirksamen Vertretungsmacht ausgegangen wurde, hindert die gegenteilige Annahme im Prozess gegen den Vertreter nicht, da insoweit zwei verschiedene Streitgegenstände vorliegen und eine Bindung an die Ergebnisse des ersten Verfahrens grundsätzlich nicht besteht.

217
Der Vertragspartner kann dieses missliche Ergebnis jedoch vermeiden, indem er im Verfahren gegen den Vertretenen gleichzeitig dem Vertreter gemäß den §§ 72 ff. ZPO den Streit verkündet: Dann ist dieser gemäß § 74 III i.V.m. § 68 ZPO auch an die tatsächlichen und rechtlichen Feststellungen des Urteils gegen den Vertretenen gebunden. Somit wäre ihm in dem Folgeprozess die Möglichkeit genommen, den gegen ihn gerichteten Anspruch aus § 179 mit der Begründung abzuwehren, es habe eine wirksame Vertretung vorgelegen.

F. Sonstige verschuldensunabhängige Haftung- Ersatz von Zufallsschäden gemäß § 670

Sonderfall § 670

218
Nach seinem Wortlaut ist § 670 keine Anspruchsgrundlage für Schadensersatz. Vielmehr kann der Beauftragte (§ 662) bzw. der Geschäftsführer ohne Auftrag (§§ 677, 683) nach § 670 Ersatz der Aufwendungen verlangen, die ihm durch die Geschäftsführung entstanden sind. Aufwendungen sind dabei in Abgrenzung zu Schäden *freiwillige* Vermögenseinbußen.

Ersatz für Zufallsschäden auch ohne Verschulden des Geschäftsherrn

219
Gerade deshalb ist der Meinungsstreit sehr examensrelevant, ob und insbesondere warum der Geschäftsführer über den Wortlaut hinaus auch Ersatz für sogenannte *Zufallsschäden* verlangen kann.[198] Die Einordnung in die gesetzlichen Garantiefälle begründet sich dabei in erster Linie damit, dass ein solcher Anspruch zumindest kein Verschulden des Schuldners (Auftraggeber oder Geschäftsherr) voraussetzt. Die Schadensersatzproblematik besitzt nicht zuletzt auch deshalb Examensrelevanz, weil sie sich mit anderen typischen Problemen des Auftragsrechts verbinden lässt.

220
Bsp.: Der betrunkene und aggressive Raufbold R droht dem schmächtigen Gastwirt G in dessen Lokal mit Schlägen. Kurz bevor R loslegt, bittet der G den kräftigen Gast A innigst, ihm zu helfen. A geht nunmehr auf den R zu, um der Bitte des G Folge zu leisten. R, der all dies mitbekommen hat, empfängt den A mit einem Faustschlag mitten ins Gesicht. A meint nun, er habe einen Anspruch bezüglich Heilungskosten und Schmerzensgeld gegen den Gastwirt G. Wenn G ihn nicht "beauftragt" hätte, ihm zu helfen, wäre es nicht zu dem Vorfall gekommen.

Ein Anspruch des A gegen G könnte sich aus Auftragsvertrag (§§ 662, 670) oder aus GoA (§§ 677, 683, 670) ergeben. GoA scheidet aber aus, wenn ein Auftragsverhältnis vorliegt. Dann müsste aber auch ein Auftragsvertrag zwischen G und A geschlossen worden sein, und es dürfte der Handlung des A nicht nur ein bloßes Gefälligkeitsverhältnis zugrunde liegen.

---

197 Zur Beweislastverteilung vgl. PALANDT, § 179, Rn. 10.
198 Vgl. MEDICUS, BR, Rn. 427; PALANDT, § 670, Rn. 9 ff.

§ 3 GESETZLICHE GARANTIEHAFTUNG

Voraussetzung: Nicht nur bloßes Gefälligkeitsverhältnis ⇨ Rechtsbindungswille notwendig

Da Auftrag und Gefälligkeitsverhältnis sowohl die Fremdnützigkeit als auch die Unentgeltlichkeit der Handlung gemeinsam haben, ist die Abgrenzung nicht einfach. Als Abgrenzungskriterium dient nach h.M. der anhand eines Indizienbündels zu ermittelnde Rechtsbindungswille.[199]

221

Vom Fehlen des Rechtsbindungswillens ist regelmäßig dann auszugehen, wenn es sich nur um eine gesellschaftliche, konventionelle oder freundschaftliche Aufforderung oder Zusage handelt, wie z.B. bei den sog. Gefälligkeiten des täglichen Lebens.

Dass hier von einer Bitte des G die Rede ist, spricht als solches noch nicht gegen das Vorliegen eines Rechtsbindungswillens auf Seiten des A:[200] Mit der Hilfeleistung für G sind für ihn nicht unerhebliche Risiken verbunden, die über das normale Lebensrisiko und damit über eine bloße Gefälligkeit des täglichen Lebens hinausgehen. Die Bitte des G ist deshalb als Auftragsangebot und die versuchte Durchführung als konkludente Annahme zu werten. Ein wirksamer Auftragsvertrag liegt damit vor.

grundsätzlich nur Aufwendungsersatz
aber h.M.: Ersatz auftragstypischer Schäden analog § 670

Fraglich ist aber, ob dem A auch ein Anspruch auf Schadenersatz zusteht. Eine ausdrückliche Anspruchsnorm für Schadensersatz bei Schäden des Beauftragten sieht das Auftragsrecht nicht vor. Es besteht aber in Literatur und Rechtsprechung die übereinstimmende Auffassung, dass die Ablehnung von Ersatzansprüchen wegen unfreiwillig erlittener Nachteile des Beauftragten in vielen Fällen unbefriedigend ist. Nach ganz h.M. besteht deshalb die Möglichkeit, dass der Beauftragte für auftragstypische Schäden, die er bei Durchführung des Auftrags erleidet, nach § 670 analog[201] Ersatz verlangen kann.

222

Nun besteht zwar Einigkeit darüber, *dass* ein Ersatzanspruch grundsätzlich besteht, doch ist umstritten, *wie* dies dogmatisch zu begründen ist.[202]

e.A.: Risikozurechnung

(1) Eine Ansicht stellt darauf ab, dass der Geschäftsführer im fremden Interesse tätig wird und daher eine Risikozurechnung an den Geschäftsherrn stattfinden müsse. Dieser Grundsatz findet sich auch im Arbeitsrecht in den Grundsätzen des fehlerhaften Arbeitsverhältnisses wieder. Auch § 110 I HGB trägt diesem Gedanken Rechnung. Risikotypische Schäden werden so dem § 670 BGB unterstellt.[203]

223

h.M.: Erweiterung des Aufwendungsbegriffs

(2) Die wohl h.M. dehnt hingegen den Aufwendungsbegriff aus und stellt damit die freiwillig erbrachten Vermögensopfer dem Fall gleich, in dem der Beauftragte Schäden erleidet, bei denen sich eine sowohl für Auftraggeber als auch Beauftragten *erkennbare Gefahr* verwirklicht.[204] Der Auftraggeber setzt den Beauftragten damit einem *auftragsspezifischen Schadensrisiko* aus, welches der Beauftragte mit der Ausführung des Auftrages freiwillig auf sich nimmt. Verwirklicht sich nun dieses auftragsspezifische Risiko, so kann der Beauftragte Ersatz der dadurch erlittenen Schäden (sog. *typische Begleitschäden*) gemäß § 670 analog verlangen. Dieses Ergebnis ist auch nicht unbillig, da nicht einzusehen ist, dass sich der Auftraggeber von einem Schadensrisiko, welchem er bei eigenhändiger Ausführung selbst ausgesetzt wäre, durch die schlichte Beauftragung eines Dritten befreien könnte.

224

Vorauss.: Verwirklichung von typischem Risiko

Da sich in der von A erlittenen Körperverletzung ein dem übernommenen Auftrag spezifisch innewohnendes Risiko verwirklicht hat, es sich somit um einen sog. typischen Begleitschaden handelt, kann A von G gemäß § 670 analog Schadensersatz verlangen.

Der Umfang des Anspruchs richtet sich nach den allgemeinen Regeln der §§ 249 ff.[205] A hat deshalb einen Anspruch auf Ersatz der ihm entstandenen Heilungskosten. Ob ein Anspruch auch auf Schmerzensgeld gem. § 253 II BGB besteht, ist umstritten[206]

225

---

199 Vgl. MEDICUS, BR, Rn. 366.
200 Vgl. PALANDT, vor § 662, Rn. 4.
201 In der Literatur wird sowohl die analoge als auch direkte Anwendung des § 670 vertreten; vgl. MüKo, § 670, Rn. 14.
202 Eine Darstellung der verschiedenen Ansichten z.B. MüKo, § 670, Rn. 14 ff.
203 PALANDT, § 670, Rn. 12 m.w.N.
204 Nachweise bei PALANDT, § 670, Rn. 11.
205 PALANDT, § 670, Rn. 13, aber strittig.
206 Nach PALANDT, § 670, Rn. 13 ist Anspruch wohl zu bejahen.

Der BGH hat diese Frage nach neuem Schadensrecht noch nicht geklärt. Vorher bekam der Geschädigte nur nach Deliktsrecht Schmerzensgeld. Heute besteht mit § 253 II BGB eine allgemeine Regelung.

Besonderheiten bei der GoA

Für die GoA beschränkt sich nach h.M. die Haftung des Geschäftsherrn auf den Ersatz von sog. typischen Begleitschäden.

226

> **Bsp.:** *Die Eltern E verbringen mit ihrer 8-jährigen Tochter T einen Tag am Baggersee. Als die Eltern gerade schlafen, geht die T allein ins Wasser und schwimmt sehr weit hinaus. Weil sie nicht mehr die Kraft hat, zurückzuschwimmen und zu ertrinken droht, ruft sie um Hilfe. Der Rechtsanwalt B hört dies, springt sofort ins Wasser und rettet die T. Weil seine Kleidung nun nicht mehr zu gebrauchen ist, verlangt er von den Eltern Schadensersatz. Außerdem verlangt er für die Dauer der Rettungsmaßnahme Zahlung. Er argumentiert, als Rechtsanwalt hätte er in der entsprechenden Zeit 100 € verdient.*

Nothilfeschäden als typische Begleitschäden

Ein Ersatzanspruch des B ergibt sich hier aus den §§ 677, 683, 670 analog, da die nunmehr unbrauchbare Kleidung als Nothilfeschaden der GoA einen Unterfall des typischen Begleitschadens darstellt.

Hingegen bekommt B keinen Ersatz für die aufgewendete Zeit. Zwar ist im Rahmen der GoA anerkannt, dass der professionelle Nothelfer[207] analog § 1835 III BGB Ersatz auch für die Tätigkeit als solche verlangen kann. Es gehört jedoch nicht zu dem Beruf eines Rechtsanwaltes, jemanden vor dem Ertrinken zu retten. Anders wäre dies u.U. bei einem medizinischen Nothelfer zu beurteilen.

hemmer-Methode: Merken Sie sich das Stichwort der professionellen GoA. Auch wenn diese Problematik eigentlich zu der hier interessierenden Garantiehaftung gehört, soll sie hier zumindest im Zusammenhang mit angesprochen werden. Achtung: Falls in Ihrem Bundesland erlaubt, kommentieren Sie sich § 1835 III bei § 683 an den Rand. Keinesfalls sollten Sie sich die Vorschrift bei § 670 kommentieren, da die Vorschrift unmittelbar dem Auftragsrecht untersteht, welches indes unentgeltlich ist und bleibt, auch wenn der Auftragnehmer professionell hilft!

---

207 Zum Begriff des Nothelfers vgl. OLG München, Life and Law 2006, 579 ff. Insbesondere bei Ärzten, die nicht im Bereich der Notfallmedizin tätig sind, ist dies problematisch.

§ 4 VERSCHULDENSABHÄNGIGE MÄNGELHAFTUNG

sonstige Gewährleistung

Für die nächste und weitaus größere Gruppe von Schadensersatzansprüchen ist im Gegensatz zur Garantiehaftung *Voraussetzung*, dass den Schuldner ein *Verschulden* trifft.

227

Hier soll nur die vertragliche Haftung behandelt werden. Für die gesetzliche Schadensersatzhaftung sei auf die Skripten Hemmer/Wüst Deliktsrecht I und II verwiesen. Die sekundären Schadensersatzansprüche, bei denen keine Garantiehaftung besteht, sind demgegenüber vielfältiger und über das ganze BGB verteilt.

A. Sachmängelhaftung im Kaufrecht[208]

Das Sachmängelrecht folgt im Wesentlichen den Regeln des allgemeinen Schuldrechts. Ausgangspunkt sind insoweit die §§ 433 I 2, 434. Danach ist der Verkäufer verpflichtet, die Sache frei von Sachmängeln zu verschaffen. Ist die Sache mangelhaft, so stehen dem Käufer die in § 437 genannten Rechte zu, wobei § 437 BGB die Rechte nur benennt, selbst aber keine Anspruchsgrundlage darstellt.

228

Vorrang der Nacherfüllung

Grundsätzlich kann der Käufer bei Lieferung einer mangelhaften Sache zunächst nur Nacherfüllung verlangen, §§ 437 Nr. 1, 439 I. Das ergibt sich aus §§ 323 I, 281 I, welche zunächst eine Fristsetzung zur Nacherfüllung verlangen. Bei diesem Anspruch handelt es sich um den fortbestehenden Primäranspruch aus § 433 I 2 in Gestalt eines Sekundäranspruchs, was letztlich hauptsächlich Konsequenzen im Bereich der Verjährung zeitigt.

229

Schadensersatz nach allgemeinem Schuldrecht

Für Schadensersatzansprüche des Käufers verweist § 437 Nr. 3 auf die Vorschriften des allgemeinen Schuldrechts. Bei Lieferung einer mangelhaften Sache kommen Schadensersatzansprüche aus den §§ 437 Nr.3, 280, 281, 283, 311a II in Betracht. Es handelt sich hierbei um sekundäre Schadensersatzansprüche, da sie einen gestörten primären Erfüllungsanspruch voraussetzen.

230

I. Überblick

Das kaufrechtliche Mängelrecht stellt mehrere verschiedene Anspruchsgrundlagen auf Schadensersatz zur Verfügung. Welche Anspruchsgrundlage im Einzelfall einschlägig ist, hängt in erster Linie davon ab,

231

⇨ ob der Schadensersatzanspruch auf Ersatz statt (§§ 281, 283, 311a II) oder neben der Leistung (280 I) abzielt,

⇨ wenn statt der Leistung: ob der Mangel behebbar (§ 281) ist oder die Beseitigung des Mangels unmöglich ist (§§ 283, 311a II) und

⇨ wenn die Beseitigung unmöglich ist, ob der Mangel schon im Zeitpunkt des Vertragsschlusses nicht mehr behebbar war (§ 311a II) oder die Unbehebbarkeit nachträglich eingetreten ist (§ 283).

Insbesondere Mangelfolgeschäden §§ 437 Nr. 3, 280 I

Handelt es sich um Schadensersatz neben der Leistung, so sind die §§ 437 Nr. 3, 280 I die richtige Anspruchsgrundlage. Dies gilt insbesondere für den Ersatz von Mangelfolgeschäden.

---

[208] Vgl. dazu ausführlich und zur kompletten Mängelhaftung abgesehen vom Schadensersatz das Skript Hemmer/Wüst/Tyroller, Schuldrecht II.

Ersatz statt der Leistung kann nur unter den Voraussetzungen der §§ 437 Nr. 3 i.V.m. § 311a II bzw. der §§ 280 I, III, 281, 283 verlangt werden.

Die Abgrenzung erfolgt nach h.M. danach, ob – beurteilt aus dem Zeitpunkt des Eintritts des Schadens heraus – eine in der Zukunft fiktiv erfolgende Nacherfüllung den Schaden noch beseitigen kann. Wenn das der Fall ist, macht es grundsätzlich Sinn, zunächst noch eine Frist zu setzen. Der Schaden ist noch nicht endgültig eingetreten und kann nur statt der Leistung verlangt werden. Ist der Schaden bei dieser Betrachtung aber nicht mehr behebbar, würde es insoweit keinen Sinn mehr ergeben, eine entsprechende Frist zu setzen.[209]

Bei behebbaren Mängeln
§§ 437 Nr. 3, 280 I, III, 281

Wenn es sich um einen behebbaren Mangel handelt, wird der Schaden über die §§ 437 Nr. 3, 280 I, III, 281 ersetzt. Erst hieraus ergibt sich der o.g. Vorrang der Nacherfüllung. Bevor eine Frist zur Nacherfüllung nicht gesetzt wird (wenn nicht die Fristsetzung entbehrlich ist, §§ 281 II, 440), kann Schadensersatz nicht verlangt werden.

Bei unbehebbaren Mängeln

Bei unbehebbaren Mängeln kommt es darauf an, ob der Mangel bereits bei Vertragsschluss unbehebbar war oder erst später unbehebbar geworden ist:

Bei Vertragsschluss unbehebbar
§§ 437 Nr. 3, 311a III

⇨ War der Mangel bereits im Zeitpunkt des Vertragsschlusses vorhanden, wird Schadensersatz statt der Leistung über die §§ 437 Nr. 3, 311a II gewährt, wenn auch die Unbehebbarkeit von Anfang an bestand.

Nachträgliche Unbehebbarkeit
§§ 437 Nr. 3, 280 I, III, 283

⇨ Entsteht die Unbehebbarkeit des Mangels nach Vertragsschluss, müssen die Voraussetzungen der §§ 437 Nr. 3, 280 I, III, 283 erfüllt sein.

Übersicht zu den Schadensersatzansprüchen im Kaufrecht:

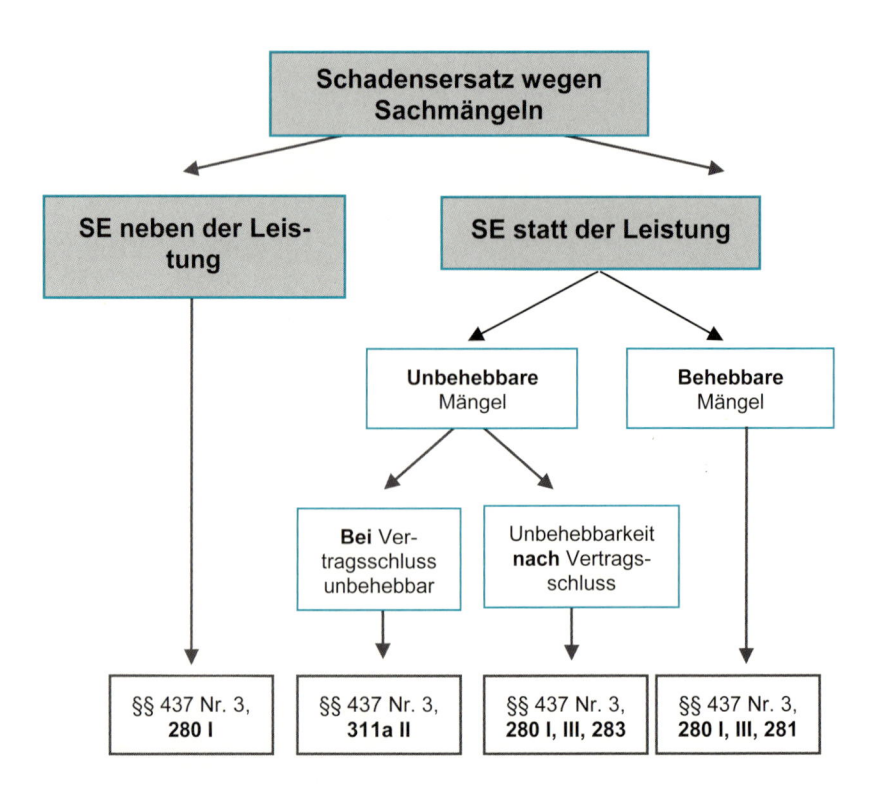

```
                    Schadensersatz wegen
                        Sachmängeln
                    /                  \
        SE neben der Leistung      SE statt der Leistung
               |                    /              \
               |              Unbehebbare      Behebbare
               |                Mängel           Mängel
               |                /      \            |
               |         Bei Ver-   Unbehebbarkeit  |
               |         tragsschluss  nach Vertrags- |
               |         unbehebbar    schluss        |
               ↓              ↓            ↓          ↓
         §§ 437 Nr. 3,  §§ 437 Nr. 3, §§ 437 Nr. 3, §§ 437 Nr. 3,
            280 I          311a II      280 I, III, 283  280 I, III, 281
```

---

[209] Die Details dieser Abgrenzung sind freilich umstritten, vgl. dazu ausführlich Hemmer/Wüst, Das Neueste aus dem Schuldrecht, Fall 1, sowie OLG Hamm, Life and Law 2007, 1 ff.

§ 4 VERSCHULDENSABHÄNGIGE MÄNGELHAFTUNG

II. §§ 437 Nr. 3, 280 I, III, 281

Bei behebbaren Mängeln
§ 281

Schadensersatz statt der Leistung, kann bei behebbaren Mängeln unter den Voraussetzungen der §§ 437 Nr. 3, 280 I, III, 281 verlangt werden. Zu ersetzen ist der Nichterfüllungsschaden. Der Anspruch ist somit auf das positive Interesse gerichtet. Über § 284 können aber auch Teile des negativen Interesses ersatzfähig sein.[210]

1. Haftungsgrund

Haftungsgrund ist die Lieferung einer mangelhaften Sache. Hierin liegt eine Nichterfüllung der Pflicht des Verkäufers zur Verschaffung einer sachmangelfreien Sache nach § 433 I 2.

hemmer-Methode: Die bereits früher vertretene Erfüllungstheorie ist durch die Schuldrechtsreform Gesetz geworden. Es gehört nach § 433 I 2 zur Leistungspflicht des Verkäufers, eine mangelfreie Sache zu liefern. Durch die Verpflichtung zur mangelfreien Lieferung wird das Mängelrecht in das allgemeine Schuldrecht integriert. In den Mängelrechtsklausuren werden sich deshalb vermehrt Probleme des allgemeinen Schuldrechts finden.

Folge der Lieferung einer mangelhaften Sache ist zunächst nur der Nacherfüllungsanspruch aus den §§ 437 Nr. 1, 439. Der Nacherfüllungsanspruch hat Vorrang vor den Sekundäransprüchen auf Schadensersatz. Der Käufer hat gemäß § 281 die Möglichkeit, durch Fristsetzung den Nacherfüllungsanspruch in einen Schadensersatzanspruch überzuführen. Danach kann er Schadensersatz für diese Äquivalenzstörung verlangen, wenn der Schuldner nicht innerhalb der gesetzten angemessenen Frist leistet.

2. Voraussetzungen

Die wichtigsten Voraussetzungen im Überblick:

1. Wirksamer **Kaufvertrag** (§ 433)
2. Bestehender **Nacherfüllungsanspruch** (§ 439)
   a. Vorliegen eines Sachmangels (§ 434)
   b. Im Zeitpunkt des Gefahrübergangs (beachte § 476 BGB)
   c. Kein Ausschluss der Mängelhaftung
   d. Keine Unmöglichkeit der Nacherfüllung nach § 275
   e. Durchsetzbarkeit (z.B. § 438; § 320)
3. **Fristsetzung oder Entbehrlichkeit** der Fristsetzung (§ 281 II, 440)
4. Erfolgloser **Fristablauf**
5. **Vertretenmüssen** des Verkäufers (§ 280 I 2)
6. Rechtsfolge: Schadensersatz statt der Leistung

hemmer-Methode: Verstehen Sie die Übersicht nicht als zwingend. Lernen Sie es dementsprechend nicht auswendig. Versuchen Sie lieber, sich die Voraussetzungen anhand des Gesetzes zu verdeutlichen. Dann sind Sie in der Lage, in der Klausur – soweit angezeigt – auch einmal einen anderen Aufbau zu wählen. So könnte man z.B. den Punkt 2) „Bestehen eines Nacherfüllungsanspruchs" auch inzident bei 3. „Fristsetzung zur (möglichen!) Nacherfüllung" prüfen.

---

[210] S. o. Rn 45 ff.

Die Voraussetzungen im Einzelnen:

Die Voraussetzungen dieses Anspruchs ergeben sich aus dem Gesetz: Damit Mängelrechte in Betracht kommen, muss die gelieferte Sache im Zeitpunkt des Gefahrübergangs mangelhaft sein. Bei behebbaren Mängeln ist der Nacherfüllungsanspruch nach den §§ 437 Nr. 1, 439 vorrangig vor dem Schadensersatzanspruch. Dem Verkäufer muss die Möglichkeit zur Nacherfüllung gegeben werden. Deshalb wird in § 281 die grundsätzliche Notwendigkeit der Fristsetzung angeordnet.

236

a) Sachmangel

Vorliegen eines Sachmangels

Die Sache muss einen Mangel aufweisen. Der Begriff des Sachmangels ist in § 434 näher definiert. Die Sache ist mangelhaft, wenn die Ist-Beschaffenheit für den Käufer nachteilig von der Soll-Beschaffenheit abweicht. In § 434 ist geregelt, wie die Soll-Beschaffenheit zu bestimmen ist.

237

aa) Beschaffenheitsvereinbarung

Vorrangig: Vereinbarung zwischen den Vertragsparteien

Gemäß § 434 I 1 ist eine Sache frei von Sachmängeln, wenn sie die vereinbarte Beschaffenheit aufweist. Maßgebend für das Vorliegen eines Mangels ist daher in erster Linie die Vereinbarung der Parteien.

238

hemmer-Methode: Das Gesetz folgt damit dem subjektiven Fehlerbegriff. Wann eine vertragsgemäße Erfüllung vorliegt, hängt in erster Linie davon ab, was die Parteien hinsichtlich der Beschaffenheit der Kaufsache vereinbart haben.

Definition Beschaffenheit

Der Begriff der Beschaffenheit ist im Gesetz nicht näher definiert. Unter Beschaffenheit sind alle Merkmale zu verstehen, die für den Käufer aus bestimmten Gründen von Bedeutung sind. Die Beschaffenheit ist daher der tatsächliche Zustand der Sache. Hierunter fallen zunächst alle körperlichen Merkmale der Sache. Unter die Beschaffenheit sind aber auch alle tatsächlichen, rechtlichen oder wirtschaftlichen Beziehungen der Sache zur Umwelt, sofern sie der Sache auf Dauer anhaften, zu verstehen. Beschaffenheitsmerkmale sind daher alle wertbildenden Faktoren, nicht jedoch der Wert der Sache selbst.

239

Die vereinbarte Beschaffenheit ist durch Auslegung des Kaufvertrages nach den §§ 133, 157 zu ermitteln. Die Anforderungen an die Kaufsache müssen sich daher ausdrücklich oder konkludent aus dem Kaufvertrag ergeben.

240

Für die Beschaffenheitsvereinbarung Form des Kaufvertrages notwendig

Bei formbedürftigen Kaufverträgen erstreckt sich die Form des Kaufvertrages auch auf die Beschaffenheitsvereinbarung. Beim Grundstückskauf unterliegt auch die Vereinbarung über die Beschaffenheit der Form des § 311b I 1. Wird die Form hinsichtlich der Beschaffenheitsvereinbarung nicht eingehalten, so ist diese nach § 125 S. 1 nichtig. Aufgrund der Auslegungsregel des § 139 ist dann regelmäßig der gesamte Kaufvertrag nichtig. Der Formmangel wird aber nach § 311b I 2 geheilt, wenn Auflassung und Eintragung im Grundbuch erfolgt sind.

241

> **Bsp.:** Anfang 2007 verkauft V durch formwirksamen Vertrag Ackerland an Bauer K. V erklärt dem K gegenüber mündlich, dass der Boden von bester Qualität sei und keine Schadstoffe enthalte.

§ 4 VERSCHULDENSABHÄNGIGE MÄNGELHAFTUNG

K findet, nachdem er als Eigentümer des Bodens im Grundbuch eingetragen ist, heraus, dass dieser mit Schwermetallen verseucht ist. Er verlangt von V Schadensersatz. V entgegnet, die Beschaffenheitsvereinbarung sei nicht Vertragsinhalt geworden.

Lösung: Ein Anspruch des K könnte sich aus den §§ 437 Nr. 3, 280 I, III, 311a II[211] ergeben. Dazu müsste eine wirksam im Kaufvertrag vereinbarte Beschaffenheit fehlen. Da jedoch auch Nebenabreden eines Grundstückskaufvertrages gemäß § 311b I 1 formbedürftig sind, ist die bloß mündlich erfolgte Zusicherung unwirksam.

Die Beschaffenheitsvereinbarung könnte aber durch Eintragung des K im Grundbuch gemäß § 311b I 2 wirksam geworden sein. Da § 311b I 2 die Formunwirksamkeit des gesamten Vertrages heilen würde, muss dies erst recht für eine zunächst formunwirksam getroffene Beschaffenheitsvereinbarung eines formwirksamen Kaufvertrages gelten. Folglich ist die Beschaffenheitsvereinbarung mit Eintragung des K im Grundbuch ex nunc wirksam geworden.

Da das Grundstück nicht die vereinbarte Beschaffenheit aufweist, kommt ein Anspruch auf Schadensersatz statt der Leistung in Betracht, sofern die übrigen Voraussetzungen gegeben sind.

Examensrelevant ist auch die Beschaffenheitsvereinbarung durch Vertreter. Liegt eine wirksame Vollmacht vor, so erfolgt die Zurechung der Beschaffenheitsvereinbarung des Vertreters über § 164. Der Käufer hat damit die gleichen Rechte, die er hätte, wenn der Vertretene die Willenserklärung selbst abgegeben hätte.

Bsp.: M kauft bei L Tomaten, um sie mit Gewinn zu verkaufen. Von der Angestellten A lässt er sich erklären, dass diese aus Deutschland sind, denn M will auf keinen Fall holländische Tomaten. Da die Tomaten gleichwohl aus Holland sind, gibt er die Tomaten zurück und verlangt den durch die Nichterfüllung des Vertrages entstandenen Schaden.

Lösung: Ein Anspruch auf Schadensersatz könnte sich aus den §§ 437 Nr. 3, 281 I ergeben. Ein wirksamer Kaufvertrag über die Tomaten liegt vor. Den Tomaten müsste ein vereinbartes Beschaffenheitsmerkmal fehlen. Das Herkunftsland ist bei Lebensmitteln wertbildender Faktor und somit ein Beschaffenheitsmerkmal. L müsste mit M vereinbart haben, dass das Herkunftsland der Tomaten Deutschland ist. Dies wäre nur dann gegeben, wenn A den L wirksam gemäß § 164 vertreten hätte. Eine Vertretungsmacht der A ergibt als Ladenangestellte aus § 56 HGB; der Verkauf von Tomaten in einem Lebensmittelladen ist als gewöhnliches Geschäft anzusehen. Die Willenserklärung der A ist L somit nach § 164 zuzurechnen. M kann Schadensersatz verlangen.

hemmer-Methode: Zurechnungsfragen sind beliebte Fallkonstellationen für Klausuren. Hier kann der Bearbeiter durch sauberes Arbeiten zeigen, dass er die Verknüpfung von Vertretungs- und Mängelrecht verstanden hat. Die Beschaffenheitsvereinbarung durch einen Vertreter erfolgt nach § 164, während das Verschulden des Vertreters nach § 278 zugerechnet wird.

Fehlt es hingegen an einer wirksamen Vollmacht oder hat der Vertreter sein Vertretungsrecht *bewusst* überschritten, so kommt eine Haftung nach § 179 in Betracht.

Sonderproblem: Schriftformklausel

Ein Sonderproblem in diesem Fall stellt dabei die Schriftformklausel für den Vertreter dar.

Bsp.: Autohändler A hat in seinen AGB eine Klausel, nach der Beschaffenheitsvereinbarungen der Schriftform bedürfen.

1. Frage: Wie ist es, wenn A selbst beim Verkauf von Kfz mündliche Beschaffenheitsvereinbarungen erteilt?

---

[211] Für den Ersatz nach § 311a II gilt nichts anderes als für § 281 BGB.

2. Frage: *Wie ist es, wenn der Prokurist P mündliche Zusagen erteilt?*

Beim Unternehmer selbst: Vorrang der Individualabrede

Lösung: In der ersten Variante gilt der Vorrang der Individualabrede (§ 305b), mit der Folge, dass nach h.M. die Schriftformklausel bedeutungslos ist und deshalb das mündlich Erklärte gilt. Dies ergibt sich aus dem Rangverhältnis von Individualabsprachen und AGB. Im übrigen kann ein gewillkürter Formzwang jederzeit einvernehmlich formlos wieder aufgehoben werden. Dies gilt selbst dann, wenn die Parteien nicht an die Schriftformklausel gedacht haben.

hemmer-Methode: Etwas anderes gilt nur dann, wenn der Vertrag auch für die Aufhebung der Formabrede ausdrücklich Formzwang vorsieht[212] (sog. doppelte Schriftformklausel). In einem solchen Fall kann auch der Vertragspartner nicht von der Wirksamkeit der mündlichen Erklärung ausgehen.

In der zweiten Variante, dem Handeln des Prokuristen als Vertreter des A nach § 48 ff. HGB, könnte dagegen eine Beschränkung der Vertretungsmacht vorliegen. Diese würde nicht gegen § 307 verstoßen. Die Beschränkung ist allerdings gegenstandslos, wenn für den Vertreter eine gesetzliche Vertretungsmacht besteht oder ein Rechtsscheinstatbestand vorliegt. So ist z.B. die Vertretungsmacht der Organe von juristischen Personen (OHG-Gesellschafter, Geschäftsführer einer GmbH) grundsätzlich unbeschränkt. Gemäß § 50 I HGB ist eine Prokura in ihrem Inhalt nicht beschränkbar. Steht dem Vertreter insoweit Vertretungsmacht zu, so wird eine mündliche Beschaffenheitsvereinbarung auch entgegen der Klausel wirksam Vertragsinhalt.

**hemmer-Methode: Die Problematik der Schriftformklausel als mögliche Beschränkung der Vertretungsmacht muss bekannt sein! Wichtig ist gerade bei diesem Punkt das Regel-Ausnahme-Prinzip: Die Beschränkung gilt gerade nicht für die gesetzliche unbeschränkbare Vollmacht und für Rechtsscheinvollmachten.
Kommen Sie aber zum Ergebnis, dass die Beschränkung der Vertretungsmacht wirksam war, so scheidet eine vertragliche Bindung des angeblich Vertretenen aus. In Betracht kommen allenfalls Ansprüche aus § 179 gegen den Vertreter.**

bb) § 434 I 2 Nr. 1

Häufig wird bei Geschäften des täglichen Lebens keine Beschaffenheitsvereinbarung getroffen. Den Parteien ist nämlich der Mangel der Sache nicht bekannt und sie rechnen mit diesem nicht.

Eignung für die nach dem Vertrag vorausgesetzten Verwendung

Wenn sich keine vereinbarte Beschaffenheit feststellen lässt, ist gemäß § 434 I 2 Nr. 1 entscheidend, ob sich die Sache für die nach dem Vertrag vorausgesetzte Verwendung eignet.

Willensübereinstimmung zwischen den Parteien notwendig

Die einseitige Absicht des Käufers, die Sache zu einem bestimmten Zweck zu verwenden, genügt hierfür nicht. Maßgebend ist, dass der Verwendungszweck von Käufer und Verkäufer einverständlich vorausgesetzt wird. Die geplante Verwendung der Sache muss dem Verkäufer zur Kenntnis gebracht worden sein und dieser muss dieser Verwendung zugestimmt haben. Es muss deshalb über eine bestimmte Verwendung eine Willensübereinstimmung bestehen.

Ob dies der Fall ist, ist durch Auslegung des Verhaltens des Verkäufers nach den §§ 133, 157 zu ermitteln. Hierbei ist entscheidend, wie der Käufer dieses Verhalten verstehen durfte. Der Verkäufer muss der geplanten Verwendung ausdrücklich oder stillschweigend zustimmen.

---

[212] BAG NJW 2003, 3725.

Oft sprechen die Vertragspartner vor dem Vertragsschluss über die geplante Verwendung der Kaufsache, Wenn der Vertrag dann ohne Eingehen auf den vorher besprochenen Zweck geschlossen wird, lässt sich aus dem Verhalten der Parteien schließen, dass sie diesen Zweck vorausgesetzt haben.

Ebenso liegt ein vertraglich vorausgesetzter Verwendungszweck vor, wenn der Verkäufer bei Vertragsschluss erkennen kann, dass der Käufer die Sache für eine bestimmte Verwendung kauft, und der Kaufvertrag dann ohne Erklärung des Verkäufers hierzu abgeschlossen wird. Der Verwendungszweck wird dann konkludent vorausgesetzt.

> *Bsp.: Schrotthändler Schrotty kauft ein Auto zum Verschrotten. Die fehlende Fahrbereitschaft und Blechschäden mindern die Tauglichkeit des Fahrzeugs nicht.*

cc) § 434 I 2 Nr. 2

Hilfsweise: Objektive Umstände

Wenn weder ein Beschaffenheitsvereinbarung vorliegt noch sich ein vertraglich vorausgesetzter Zweck ermitteln lässt, bestimmt sich die Mangelhaftigkeit nach § 434 I 2 Nr. 2. Die Sache ist danach mangelhaft, wenn sie sich nicht für die gewöhnliche Verwendung eignet. Mangels einer Vereinbarung ist auf objektive Umstände abzustellen.

Die gewöhnliche Verwendung der Sache ergibt sich aus der Art der Sache und den Verkehrskreisen, denen der Käufer angehört.[213]

> *Bsp.: Üblicherweise dient ein Auto dazu, dass man mit diesem durch die Gegend fahren kann. Ein nicht fahrtüchtiges Fahrzeug ist deshalb mangelhaft.*

Darüber hinaus muss die Sache eine Beschaffenheit aufweisen, die bei Sachen gleicher Art üblich ist und die Käufer nach der Art der Sache erwarten kann.

Vergleichsmaßstab sind Sachen gleicher Art. Für die gleiche Art kommt es darauf an, dass die Sachen den gleichen Qualitätsstandard aufweisen. Indizien hierfür sind insbesondere Herstellungsmaterial, Funktionsweise und Alter der Sache.

> *Bsp.: Ein gebrauchtes Auto muss daher nicht die Eigenschaften aufweisen, die ein Neuwagen besitzt. Neuwagen und Gebrauchtwagen gehören nicht der gleichen Art an. Vergleichsmaßstab sind Gebrauchtwagen der gleichen Fahrzeugklasse und des gleichen Alters.*

Maßstab: Verständiger Durchschnittskäufer

Entscheidend ist aber auch die Frage, ob der Käufer diese Beschaffenheit nach der Art der Sache erwarten kann. Maßgebend hierfür sind nicht die subjektiven Vorstellungen des Käufers, die im Einzelfall völlig überzogen sein können. Es ist vielmehr auf die Erwartungen eines verständigen Durchschnittskäufers abzustellen.

> *Bsp.: Autohändler V verkauft einen Gebrauchtwagen an K. Beide Vertragspartner wissen nicht, dass dieses Fahrzeug einen schweren Unfall mit Rahmenschäden hatte. Der Schaden wurde vor Vertragsschluss vollständig und fachmännisch behoben. Ist das Fahrzeug mangelhaft?*

Merkantiler Minderwert als Sachmangel

> Lösung: Das Fahrzeug ist mangelhaft, wenn die Ist-Beschaffenheit von der Soll-Beschaffenheit abweicht. Eine Beschaffenheitsvereinbarung nach § 434 I 1 oder ein vertraglich vorausgesetzter Verwendungszweck nach § 434 I 2 Nr. 1 ist nicht ersichtlich. Der Gebrauchtwagen könnte aber mangelhaft im Sinne von § 434 I 2 Nr. 2 sein. Das Fahrzeug ist für den üblichen Zweck, das Fahren, geeignet. Jedoch könnte dem Fahrzeug eine Beschaffenheit fehlen, die Sachen gleicher Art aufweisen und die der Käufer von der Sache erwarten kann.

---

[213] PALANDT, § 434, Rn. 27.

Zur Beschaffenheit gehören auch tatsächliche und wirtschaftliche Beziehungen der Sache zur Umwelt, sofern sie der Sache dauernd anhaften und in der Sache selbst ihren Ursprung haben. Gegenüber Fahrzeugen, die einen schweren Unfall hatten, wird im Rechtsverkehr ein Misstrauen hinsichtlich der Vollständigkeit der Reparatur entgegengebracht, die sich in einem niedrigeren Wert niederschlägt, sog. merkantiler Minderwert. Ein Käufer kann deshalb von einem Gebrauchtwagen erwarten, dass er keinen schweren Unfall hatte. Das Auto ist mangelhaft.

hemmer-Methode: Der Wortlaut des § 434 gibt die Prüfungsreihenfolge in der Klausur vor. Beginnen Sie mit § 434 I 1! Wenn sich eine vereinbarte Beschaffenheit nicht feststellen lässt, ist zunächst § 434 I 2 Nr. 1 zu prüfen. Wenn auch kein vertraglich vorausgesetzter Zweck vorliegt, bestimmt sich die Mangelhaftigkeit der Sache nach § 434 I 2 Nr. 2. Nur an dieser Stelle sind dann auch Angaben des Herstellers maßgeblich.
Oft bereitet die Abgrenzung zwischen § 434 I 1, 434 I 2 Nr. 1 und § 434 I 2 Nr. 2 erhebliche Schwierigkeiten, da sich eine Beschaffenheitsvereinbarung und ein vertraglich vorausgesetzter Verwendungszweck auch durch schlüssiges Verhalten ergeben können. Die Abgrenzung kann dann regelmäßig offen gelassen werden, da sich der Mangel jedenfalls aus § 434 I 2 Nr. 2 ergibt.
Stellen Sie aber auch in diesem Fall das Stufenverhältnis von § 434 I 1, § 434 I2 Nr.1 und § 434 I 2 Nr. 2 klar.

dd) § 434 I 3

Beschaffenheit wird auch durch öffentliche Äußerungen beeinflusst

Über § 434 I 3 wird (nur!) der Anwendungsbereich des § 434 I 2 Nr. 2 erweitert. Ein Sachmangel liegt deshalb auch vor, wenn der Sache Eigenschaften fehlen, die der Käufer nach öffentlichen Äußerungen des Verkäufers, des Hersteller oder seiner Gehilfen erwarten kann.

Die Erweiterung des Sachmangelbegriffs rechtfertigt sich vor allem daraus, dass die Kaufentscheidung regelmäßig durch Aussagen des Herstellers beeinflusst wird. Der Käufer kann die angepriesenen Eigenschaften auch erwarten. Es erscheint deshalb gerecht, dem Verkäufer, der von den Vorteilen der Aussagen des Herstellers profitiert, auch die Nachteile aufzuerlegen.

Definition: öffentliche Äußerungen

Öffentliche Äußerungen sind solche Äußerungen, die an einen unbestimmten Personenkreis gerichtet sind und von diesem auch wahrnehmbar sind. Hierunter fallen insbesondere Äußerungen in Massendrucksachen und im Internet.[214]

Als Regelbeispiele nennt § 434 I 3 Äußerungen in der Werbung und in der Kennzeichnung des Produkts.

Bezug auf konkrete Beschaffenheitsangaben notwendig

Die Äußerungen des Herstellers müssen sich auf konkrete Beschaffenheitsmerkmale beziehen. Allgemeine, reißerische Werbeaussagen genügen hierfür nicht. Denn solche Äußerungen sind nicht geeignet, eine Erwartung bei einem verständigen Käufer hervorzurufen („Red bull verleiht Flügel").

Die Äußerungen müssen vom Verkäufer, vom Hersteller oder seinen Gehilfen stammen. Bei Angaben des Verkäufers wird bereits oftmals eine Beschaffenheitsvereinbarung im Sinne von § 434 I 1 vorliegen. Diese ist vorrangig zu prüfen. Für den Begriff des Herstellers verweist § 434 I 3 auf die §§ 4 I, II ProdhaftG. Hersteller ist daher auch, wer sich durch Anbringen seines Namens oder seiner Marke als Hersteller ausgibt, § 4 I ProdhaftG, und der Importeur der Kaufsache, § 4 II ProdhaftG.

---

214 PALANDT, § 434, Rn. 34.

Unter § 434 I 3 fallen auch Äußerungen von Gehilfen des Herstellers. Der Begriff des Gehilfen ist ähnlich wie der des Erfüllungsgehilfen in § 278 auszulegen. Gehilfe ist, wer mit Wissen und Wollen der Herstellers öffentliche Äußerungen abgibt. Dies sind zum Beispiel vom Hersteller beauftragte Werbeagenturen.

Äußerungen von Gehilfen des Verkäufers werden diesem über § 278 zugerechnet.

Ein Sachmangel nach § 434 I 3 liegt aber dann nicht vor, wenn einer der in § 434 I 3 a. E. genannten Ausschlusstatbestände eingreift. Die Beweislast für die Ausschlusstatbestände liegt beim Verkäufer („es sei denn").

Ausnahme: fehlende Kenntnis des Verkäufers

So greift § 434 I 3 nicht ein, wenn der Verkäufer die Äußerung des Herstellers nicht kannte und auch nicht kennen musste. Kennmüssen liegt vor, wenn der Verkäufer die Aussage aufgrund von Fahrlässigkeit nicht kannte, vgl. die Legaldefinition in § 122 II.

Ausnahme: Berichtigung der Aussage

Ferner ist eine Anwendung des § 434 I 3 ausgeschlossen, wenn die Äußerung im Zeitpunkt des Vertragsschlusses in gleicher Weise berichtigt war. Die Gleichwertigkeit der Berichtigung hängt deshalb von der Art der Äußerung ab. Die Berichtigung der Aussage muss mit dem gleichen Wirkungsgrad erfolgen, wie die ursprüngliche unrichtige Äußerung. Aussagen des Herstellers kann der Verkäufer deshalb nicht widerrufen, da Äußerungen des Herstellers ein größeres Vertrauen im Rechtsverkehr entgegengebracht wird, als Äußerungen des Verkäufers. Die Berichtigung durch den Verkäufer wäre deshalb nicht gleichwertig.

Ausnahme: Fehlende Beeinflussungsmöglichkeit

§ 434 I 3 ist außerdem nicht einschlägig, wenn die Äußerung die Kaufentscheidung nicht beeinflussen konnte.

Für eine öffentliche Äußerung hat der Verkäufer nicht einzustehen, wenn ein Einfluss auf die konkrete Kaufentscheidung ausgeschlossen ist. Dies bestimmt sich nach dem inneren Willensbildungsvorgang beim Käufer. Ausreichend ist es hierbei nicht, dass die öffentliche Äußerung die Kaufentscheidung tatsächlich nicht beeinflusst hat. Fehlende Kausalität entlastet gerade nicht. Eine Beeinflussung muss generell ausgeschlossen sein.[215]

ee) § 434 II 1

Sachmängelgewährleistung auch bei Montagefehlern

Gemäß § 434 II 1 liegt auch dann ein Sachmangel vor, wenn nicht die Sache selbst, sondern die Montage der Sache mangelhaft durchgeführt wird. Auch in diesem Fall stehen dem Käufer die in § 437 genannten Rechte zu.

§ 434 II 1 betrifft die Montage durch den Verkäufer. Dies setzt voraus, dass die Montage vom Verkäufer vertraglich geschuldet ist. Es muss daher eine Vereinbarung hinsichtlich der Montageleistung vorliegen. Ob sich eine Verpflichtung zur Montage aus dem Kaufvertrag ergibt, ist durch Auslegung nach den §§ 133, 157 zu ermitteln. Eine Verpflichtung zur Montage kann sich auch aus schlüssigem Verhalten ergeben.

Die Montage muss nicht durch den Verkäufer selbst erfolgen. Ausreichend ist, dass ein Erfüllungsgehilfe des Verkäufers die Sache montiert. Für den Begriff des Erfüllungsgehilfen gilt das gleiche wie bei § 278. Erfüllungsgehilfe ist, wer mit Wissen und Wollen des Verkäufers bei der Montage tätig wird.

---

215 Vertiefend dazu Hemmer/Wüst, Schuldrecht II, Rn. 117.

Unter Montage sind alle Handlungen zu verstehen, die notwendig sind, um die Sache in einen für den vertraglich vorausgesetzten Gebrauch geeigneten Zustand zu versetzen, insbesondere der Zusammenbau von Einzelteilen, Anschluss, Aufstellung und Einbau am vereinbarten Ort.[216]

Die Montage muss *unsachgemäß* durchgeführt worden sein. Dies ist der Fall, wenn die gekaufte Sache durch die Montage mangelhaft wird oder die Montage selbst fehlerhaft ist. Unter anderem ist die Montage fehlerhaft, wenn die (einwandfreie) Sache aufgrund der Montage nicht nutzbar ist oder anerkannte Regeln der Technik bei der Montage nicht beachtet wurden.

Nicht entscheidend ist, ob den Verkäufer an der unsachgemäßen Montage ein Verschulden trifft. Auch eine nicht zu vertretende unsachgemäße Montage genügt.

ff) § 434 II 2 „IKEA-Klausel"

Sachmängelhaftung bei mangelhafter Montageanleitung

Eine Sache weist gemäß § 434 II 2 auch dann einen Sachmangel auf, wenn die beigefügte Montageanleitung mangelhaft ist.

Eine Sache ist dann zur Montage bestimmt, wenn es zur Herbeiführung eines gebrauchsfähigen Zustandes notwendig ist, die Sache zusammenzubauen, einzubauen oder anzuschließen.

Wer die Montage vorzunehmen hat, ist nicht entscheidend. Die Montage muss nicht durch den Käufer erfolgen; sie kann auch durch den Verkäufer und seine Hilfspersonen geschehen.

Die Mangelhaftigkeit der Montageanleitung ergibt sich aus dem Verständnis und Erwartungshorizont des Käufers. Maßgebend ist, wie ein verständiger Käufer die Anleitung verstehen musste und durfte. Eine Montageanleitung ist mangelhaft, wenn sie missverständlich abgefasst oder unvollständig ist. Auch eine in einer fremden Sprache abgefasste Montageanleitung ist mangelhaft, da sie unverständlich ist.

Ausnahme: fehlerfreie Montage

Ein Sachmangel ist jedoch ausgeschlossen, wenn trotz mangelhafter Anleitung die Sache fehlerfrei montiert wurde. Denn in diesem Fall würde eine Nacherfüllung durch Lieferung einer mangelfreien Montageanleitung keinen Sinn mehr ergeben. Die Interessen des Käufers sind hierdurch nicht gefährdet, da sich die Kaufsache in einem vertragsgemäßen Zustand befindet.

gg) § 434 III 1.Alt. Lieferung eines Aliuds

Lieferung eines Aliuds steht Sachmangel gleich

Einem Sachmangel steht gemäß § 434 III 1.Alt. die Lieferung eines Aliuds gleich. Ein Aliud liegt vor, wenn eine andere als die vertraglich geschuldete Sache geliefert wird. Zweck der Vorschrift ist es, Abgrenzungsprobleme zwischen einer mangelhaften Sache („peius") und einer anderen Sache („aliud") zu vermeiden.

Beim Stückkauf stellen sich bei der Feststellung der Lieferung eines Aliuds kaum Probleme. Es wird eine bestimmte Sache geschuldet. Wird eine andere Sache geliefert, liegt ein aliud vor.

Es ist aber umstritten, ob die Lieferung eines Aliuds beim Stückkauf unter § 434 III 1.Alt. fällt und damit dem Gewährleistungsrecht unterliegt. Eine Ansicht verneint die Anwendbarkeit des § 434 III 1.Alt. auf die Lieferung einer anderen Sache beim Stückkauf.

---

216 PALANDT, § 434, Rn. 42.

Da die Abgrenzung zwischen Peius und Aliud beim Stückkauf keine Schwierigkeit aufwirft, gebiete der Gesetzeszweck keine Anwendung. Die herrschende Meinung bejaht unter Hinweis auf den uneingeschränkten Wortlaut des § 434 III 1.Alt. die Geltung auf für den Stückkauf.[217] Dies jedenfalls dann, wenn die Lieferung in der Absicht erfolgte, den zugrunde liegenden Vertrag erfüllen zu wollen.

hemmer-Methode: Da auch die §§ 434, 437 auf das allgemeine Schuldrecht verweisen, hat der Meinungsstreit nur im Hinblick auf die Verjährung Bedeutung: Bei Anwendung des § 434 III beträgt die Verjährungsfrist nach § 438 I, II regelmäßig zwei Jahre ab Ablieferung, bei Nichtanwendung drei Jahre, § 195. Wenn sich keine Probleme im Zusammenhang mit der Verjährung stellen, kann der Streit nur kurz angedeutet werden. Es genügt, klarzustellen, dass das allgemeine Schuldrecht direkt oder jedenfalls über § 437 Anwendung findet. In jedem Fall besteht ein Anspruch auf Lieferung des geschuldeten Gegenstandes.

Abgrenzung Aliud-Peius

Beim Gattungskauf kann die Abgrenzung zwischen Peius und Aliud erhebliche Schwierigkeiten bereiten. Da keine konkrete Sache geschuldet ist, kann die Abgrenzung zwischen mangelhafter und anderer Sache nicht so einfach erfolgen. Mangel und Aliud gehen nahezu ineinander über. Die Abgrenzung erfolgt nach dem Willen der Vertragsparteien. Eine Gattung bilden alle Gegenstände die durch gemeinschaftliche Merkmale (z.B. Typ, Sorte, unter Umständen Qualität) gekennzeichnet sind und sich dadurch von Gegenständen anderer Art abheben.[218] Die Abgrenzung ist schwierig, da das Vorliegen eines Aliuds davon abhängt, wie eng oder wie weit die Gattung gefasst wird. Je weiter die Gattung gefasst wird, desto häufiger liegt ein Peius vor. Je enger die Gattung ist, desto eher liegt ein Aliud vor.

Durch § 434 III wird die Abgrenzung bedeutungslos. Sowohl bei einem Peius (§ 434 I) als auch bei einem Aliud (§ 434 III) bestimmen sich die Rechte des Käufers nach § 437. Die Abgrenzung kann daher meistens offen gelassen werden.

**hemmer-Methode: Für die Klausur bedeutet dies folgendes: Stellen Sie zunächst die Abgrenzungsprobleme zwischen Aliud und Peius dar. Deuten Sie dann an, welches Ergebnis Sie bei der Abgrenzungsfrage favorisieren. Zeigen sie zuletzt, dass die Abgrenzungsfrage im Hinblick auf die gleichen Rechtsfolgen offengelassen werden kann.
Im Zusammenhang mit dieser Thematik hat sich eine Folgeproblematik ergeben, die z.T. im Examen bereits abgeprüft wurde und mit der in der Folge verstärkt zu rechnen ist. Kann der Verkäufer ein höherwertiges aliud kondizieren?. Vergleichen Sie zu dieser Frage unbedingt Life and Law 2005, 268 ff.**

hh) § 434 III 2.Alt. Zuwenig-Lieferung

Zuwenig-Lieferung

Auch die Lieferung einer Mindermenge kann nach § 434 III 2.Alt. einem Sachmangel gleichstehen.

Eine Zuwenig-Lieferung liegt vor, wenn die Leistung sich aus der Sicht der Käufers als Versuch der vollständigen Erfüllung der Leistungspflicht des Verkäufers aus § 433 I 1 darstellt. Stellt sich die Lieferung aus dem objektiven Empfängerhorizont des Käufers als Teilleistung dar, so liegt keine Zuwenig-Lieferung im Sinne des § 434 III 2.Alt. dar. Wenn der Käufer eine Teilleistung akzeptiert, wozu er nach § 266 nicht verpflichtet ist, ist er insoweit nicht schutzwürdig. Ebenso wenig ist § 434 III 2.Alt. erfüllt, wenn sich aus den Umständen ergibt, dass der Verkäufer eine andere Verpflichtung als die Leistungspflicht aus dem Kaufvertrag erfüllen will.

---

217 Vgl. ausführlich D'Alquen, Life&Law 2003, 54 ff.
218 Palandt, § 243, Rn. 2.

> **hemmer-Methode:** § 434 III 2.Alt. steht im Spannungsfeld zwischen Schlechtleistung und Nichterfüllung. Von Nichterfüllung ist immer dann auszugehen, wenn der Verkäufer nicht in der Absicht geliefert hat, die gesamte Leistung zu erbringen. Dann behält der Käufer seinen originären Erfüllungsanspruch. Damit der Verkäufer hier nicht missbräuchlich handeln kann, sollte der Käufer – sofern nicht anders vereinbart – die Annahme der Teilleistung nach § 266 BGB ablehnen.

Exkurs: Mängel beim echten Sukzessivlieferungsvertrag[219]

Besonderheiten bei den dem Käufer zur Verfügung stehenden Rechtsbehelfen bestehen beim sog. echten Sukzessivlieferungsvertrag. Hier erbringt der Verkäufer die Leistungen in mehreren Raten, also in Teilleistungen. Ist dann eine der Teilleistungen mangelhaft, stellt sich die Frage, ob der Käufer auch Rechte bezogen auf die noch ausstehenden Raten geltend machen kann.

> *Bsp.:* A bestellt bei B 1000 Stk. Brote a 1000g. Diese sind zu liefern in gleichbleibenden Raten zu je 200 Stück. Nachdem die ersten beiden Raten problemlos geliefert wurden, stellt A bei der dritten Lieferung eine Gewichtsabweichung je Brot von 200g nach unten fest. Nach Fristsetzung liefert B Ersatz, wobei die Ersatzlieferung wiederum lediglich 800g je Brot aufweist. Rechte des A?

Bezogen auf die mangelhafte Teilleistung können die Mängelrechte nach § 437 BGB ausgeübt werden. A kann daher Nachlieferung verlangen. Da er dies bereits verbunden mit einer Fristsetzung getan hat und die Fristsetzung ohne Erbringung des geschuldeten Erfolgs verstrichen ist, § 433 I S.2 BGB, kann er wegen dieser dritten Rate Schadensersatz nach §§ 437 Nr.3, 280 I, III, 281 BGB verlangen.

> **hemmer-Methode:** Achtung: dies ist nicht etwa ein Fall des § 440 BGB. Es geht hier nicht darum, ob die Nachlieferung fehlgeschlagen ist. Das wäre erst nach dem zweiten erfolglosen Versuch der Fall. Das Fehlschlagen wird nur relevant für die Frage der Entbehrlichkeit der Fristsetzung. Hat der Gläubiger aber eine Frist gesetzt, kommt es auf § 440 BGB nicht mehr an. Erbringt der Schuldner innerhalb der Frist die Leistung nicht, kann ohne weiteres Nacherfüllungsverlangen Schadensersatz verlangt werden.

Hinsichtlich der ausstehenden Raten ist das Leistungsinteresse des A indes nicht ohne Weiteres entfallen. Denn diese Raten sind ja durchaus wie geplant mangelfrei erbringbar, § 281 I S.2 BGB. § 437 BGB scheidet daher aus, solange nicht auch die Folgeraten mangelhaft erbracht werden.

Daher kommen allenfalls Rechtsbehelfe nach den allgemeinen Vorschriften in Betracht. Hier passen wiederum § 281 BGB nicht, denn eine Nichtleistung bezüglich der 4. und 5. Rate liegt nicht vor. Man könnte daher allenfalls an § 282 BGB denken. Das setzt zunächst eine Pflichtverletzung i.S.d. § 241 II BGB voraus.

Hier kann man sich auf den Standpunkt stellen, dass B mit der erneuten Schlechtlieferung im Rahmen der dritten Rate neben einer Leistungspflichtverletzung auch eine Pflichtverletzung i.S.d. § 241 II BGB begangen hat. Denn es hätte ihm oblegen, nach der ersten Schlechtleistung die Ursache für den Mangel zu erforschen, um beim Vertragspartner nicht das Vertrauen in eine zumindest zukünftig reibungslose Abwicklung des Rechtsvertrages zu zerstören. Das hat B hier nicht getan.

B muss das Festhalten am Vertrag zudem unzumutbar sein. Davon kann man auch hier nicht ohne Weiteres ausgehen. Es wäre nach h.M. zumindest eine Fristsetzung mit der Bestimmung erforderlich, die Leistung im Übrigen nicht mehr anzunehmen, wenn der Mangel nicht innerhalb der Frist erkannt und abgestellt werde.[220]

---

219 Zur Abgrenzung zwischen Teilleistung, teilweiser Unmöglichkeit und teilweiser Schlechtleistung vgl. Life and Law 2004, 6 ff.

220 BGH NJW-RR 1995, 243.; Palandt v. § 311, Rn. 33 subsumiert diesen Fall unter § 281 BGB, wohl deshalb, weil eine Fristsetzung erforderlich ist. Dabei wird aber übersehen, dass der BGH nach altem Recht nicht über § 326 BGB a.F. gegangen ist, sonder ausnahmsweise ein (Rücktritts- und) Schadensersatzrecht aus pVV gewährt hat. Genau dieser Fall ist aber in § 282 nun kodifiziert worden.

hemmer-Methode: Daneben besteht ein Rücktrittsrecht aus § 324 BGB. Beim sog. unechten Sukzessivlieferungsvertrag (Dauerlieferungsvertrag) tritt an die Stelle dieses Rücktrittsrechts das Recht zur Kündigung nach § 314 BGB. Hinsichtlich der Schadensersatzproblematik ergibt sich kein wesentlicher Unterschied zur oben geschilderten Rechtslage.

Exkurs Ende

b) Im Zeitpunkt des Gefahrübergangs

Sachmangel muss im Zeitpunkt des Gefahrübergangs vorhanden sein

Der Sachmangel muss im maßgeblichen Zeitpunkt vorhanden gewesen sein. Nach diesem Zeitpunkt eingetretene Mängel sind unbeachtlich.

276

Im Falle des § 434 I ist der entscheidende Zeitpunkt der Gefahrübergang. Gefahrübergang meint den Übergang der Preisgefahr auf den Käufer. Der Zeitpunkt des Gefahrübergangs bestimmt sich nach den §§ 446, 447.

aa) § 446 S. 1

Übergabe der Kaufsache notwendig

Gemäß § 446 geht die Preisgefahr mit der Übergabe der Sache auf den Käufer über. Übergabe meint grundsätzlich die Verschaffung des unmittelbaren Besitzes. Verschlechtert sich die Sache nach der Übergabe, so stehen dem Käufer keine Mängelrechte zu.

277

bb) § 446 S. 3

Gefahrübergang bei Annahmeverzug

Nach § 446 S. 3 trägt der Käufer auch dann die Preisgefahr, wenn er sich im Annahmeverzug befindet. Die Voraussetzungen des Annahmeverzugs ergeben sich aus den § 293 ff. Annahmeverzug setzt ein ordnungsgemäßes Angebot der Leistung voraus. Wenn die Sache bereits beim Angebot mangelhaft war, kann der Käufer die Annahme der Sache verweigern, ohne in Annahmeverzug zu geraten, § 320, da die mangelfreie Leistung zu den Pflichten des Verkäufers gehört. Wegen der Mangelhaftigkeit der Sache liegt dann kein ordnungsgemäßes Angebot vor.

278

hemmer-Methode: § 446 S.3 BGB wurde im Rahmen der Schuldrechtsreform in das BGB eingefügt. Bereits vor der Einführung entsprach es h.M., den Gefahrübergang aus Wertungsgründen auf den Zeitpunkt des Eintritts des Annahmeverzugs vorzuverlegen. Da der Verkäufer sogar im Fall der Unmöglichkeit während des Annahmeverzugs seines Anspruch auf den Kaufpreis behält, § 326 II BGB, muss dies erst recht gelten, wenn die Sache nur mangelhaft ist.

Problem: Beschädigung nach Gefahrübergang gem. § 446 S.3 BGB

Ein interessantes Zusatzproblem kann sich im Fall des § 446 S.3 BGB ergeben, wenn der Verkäufer während des Annahmeverzugs die Sache grob fahrlässig beschädigt. Die Einrede des nichterfüllten Vertrages steht dem Käufer dann nicht zu, denn im Zeitpunkt des Gefahrübergangs war die Sache mangelfrei. Daher sind die Mängelrechte nicht gegeben. Allerdings könnte man dem Käufer einen Anspruch aus § 280 I BGB geben (§ 300 I hilft dem Schuldner bei grober Fahrlässigkeit nicht), wobei dann der Umstand, dass der Käufer im Annahmeverzug ist, beim Mitverschulden zu berücksichtigen wäre. Dies deshalb, weil der Fall der *Zerstörung* im Annahmeverzug als Fall der von beiden Seiten zu vertretenden Unmöglichkeit behandelt wird. Bei der bloßen Beschädigung kann dann aber nichts anderes gelten.

cc) § 447

Beim Versendungskauf Gefahrübergang bereits bei Übergabe an die Transportperson

Beim Versendungskauf bestimmt sich der Zeitpunkt des Gefahrübergangs nach § 447. Danach geht die Preisgefahr mit der Übergabe der Sache an die Transportperson auf den Käufer über. Der Verkäufer schuldet nur die ordnungsgemäße Absendung.

Bei § 447 muss die Verpflichtung des Verkäufers eine Schickschuld sein. Bei einer Bringschuld geht die Gefahr nicht bereits mit der Übergabe an die Transportperson, sondern gemäß § 446 S. 1 erst mit der Übergabe an den Käufer auf diesen über.

Die Anwendung des § 447 I 1 setzt voraus, dass die Versendung *„auf Verlangen des Käufers"* erfolgt. § 447 I 1 greift daher nicht ein, wenn der Verkäufer die Sache ohne Einverständnis des Käufers versendet.

Ob § 447 I auch beim Transport durch Angestellte des Verkäufers gilt, ist umstritten. Eine Ansicht hält § 447 für unanwendbar, da die Sache die Sphäre des Verkäufers noch nicht verlassen hat. Für die Gefahren seines Geschäftsbereichs sei der Verkäufer aber immer verantwortlich. Die herrschende Meinung betont hingegen, dass der Verkäufer den Transport nicht schuldet, sondern nur die ordnungsgemäße Absendung. Es wäre deshalb unbillig, den Verkäufer mit dem Risiko des Untergangs oder der Verschlechterung der Sache zu belasten.

hemmer-Methode: Denken Sie im Zusammenhang mit § 447 BGB immer auch an die Drittschadensliquidation. Wenn der Käufer trotz Beschädigung der Sache den vollen Kaufpreis zahlen muss, stellt dies insoweit einen Schaden für ihn dar. Der Verkäufer hingegen hat keinen Schaden erlitten, jedoch einen Anspruch gegen den Transporteur wegen der Beschädigung. Der Käufer kann daher Abtretung dieses Anspruchs analog § 285 verlangen, um so seinen Schaden beim Transporteur liquidieren zu können. Achtung: in den Fällen der §§ 407 ff. HGB ergibt sich ein Anspruch gegen den Frachtführer bereits aus dem Gesetz, § 421 HGB (nach h.M. gesetzlich geregelter Fall der Drittschadensliquidation). Beachten Sie ferner, dass § 447 nach § 474 II auf den Verbrauchsgüterkauf keine Anwendung findet. Ein Verbrauchsgüterkauf ist ein Kaufvertrag über eine bewegliche Sache zwischen einem Unternehmer (§ 14) und einem Verbraucher (§ 13). Wegen § 474 II bleibt es hier bei der allgemeinen Regel des § 446. Die Preisgefahr geht erst mit der Erlangung des unmittelbaren Besitzes auf den Käufer über. Auch auf dem Transport eingetretene Mängel lösen daher die Haftung des Verkäufers aus.

dd) Beweislastumkehr nach § 476 BGB

Zeigt sich der Mangel innerhalb der ersten 6 Monate seit Übergabe der Sache, trägt grundsätzlich der Verkäufer die Beweispflicht dafür, dass der Mangel erst nach Gefahrübergang aufgetreten ist, § 476 BGB.

Entgegen den allgemeinen Grundsätzen des § 363 BGB muss der *Verkäufer* also beweisen, dass der Sachmangel bei Gefahrübergang *nicht vorlag*, wenn ein Sachmangel innerhalb der ersten sechs Monate ab Gefahrübergang auftritt.

§ 476 BGB spricht insofern eine gesetzliche Vermutung für das Vorliegen des Sachmangels bereits im Zeitpunkt des Gefahrübergangs aus. Den Käufer trifft aber weiterhin die Beweislast, dass ein Mangel *überhaupt* vorliegt.

§ 4 VERSCHULDENSABHÄNGIGE MÄNGELHAFTUNG

Bsp.: A kauft bei Fahrradhändler F ein neues Mountainbike der Marke Beiki. Nachdem A schon mehrere Fahrten, unter anderem auch im Gelände, unternommen hatte, bricht die vordere Gabel.

Da das Fahrrad nicht mehr zu reparieren ist, verlangt A daraufhin von F ein anderes Mountainbike der Marke Beiki.

Ein solcher Anspruch besteht nach §§ 437 Nr. 1, 439 I BGB, wenn das Fahrrad zum Zeitpunkt des Gefahrübergangs mangelhaft nach § 434 BGB war.

Der Gabelbruch selbst trat eindeutig erst nach dem Gefahrübergang ein. Für einen Sachmangel nach § 434 BGB genügt aber, wenn im Zeitpunkt des Gefahrübergangs eine Schadensanlage vorhanden ist, welche sich erst später zeigt[221].

Für A ist es jedoch problematisch zu beweisen, dass die Ursache des Gabelbruchs schon bei Gefahrübergang vorhanden war und nicht auf seine Geländefahrten zurückzuführen ist.

Fraglich ist also, wen die Beweislast trifft. Im allgemeinen Kaufrecht muss der Käufer das Vorliegen des Mangels bei Gefahrübergang beweisen.

Es liegt hier allerdings ein Verbrauchsgüterkauf i.S.d. § 474 I BGB vor, da A als Verbraucher (§ 13 BGB) und F als Unternehmer (§ 14 BGB) handelten.

Gemäß § 476 BGB ist somit die gesetzliche Vermutung anzuwenden, dass die Ursache des Sachmangels schon im Zeitpunkt der Übergabe vorhanden war. Die Schadensanlage für einen Gabelbruch ist nicht ein derartiger Mangel, dass die Vermutung des § 476 BGB nicht eingreifen würde. Hierfür ist kein Grund ersichtlich; vielmehr ist hier zu vermuten, dass die Schadensanlage bereits bei Gefahrübergang vorlag.

Anderer Ansicht ist der BGH.[222] Das Vorliegen eines Grundmangels als Ursache für den aufgetretenen Mangel sei von der Vermutung des § 476 BGB nicht erfasst. Es handele sich um eine in rein zeitlicher Hinsicht wirkende Vermutung. Erst wenn der Verbraucher das Vorliegen des Grundmangels nachgewiesen habe, könne zu seinen Gunsten vermutet werden, dass dieser Grundmangel schon bei Gefahrübergang vorhanden war.

Dieser Ansatz ist wenig überzeugend. Allein der Wortlaut erstreckt die Vermutung auf das Vorliegen des Grundmangels („bei Gefahrübergang mangelhaft"). Nach der Lesart des BGH ist dem Verbraucher mit der Vorschrift auch nicht geholfen. Wenn durch den Käufer der Nachweis erbracht werden muss, dass Ursache beispielsweise ein Materialfehler ist, hat er mit der zeitlichen Komponente auch kein Problem mehr. Materialfehler stammen aus dem Herstellungsprozess und liegen daher logischerweise schon bei Gefahrübergang vor.

Somit trifft nach überzeugender Auslegung des § 476 BGB den F die Beweislast. Kann er nicht beweisen, dass die Schadensanlage für den Gabelbruch erst nach Gefahrübergang aufgetreten ist, so muss er diesem ein anderes Mountainbike liefern.

hemmer-Methode: Der BGH hat seine Rechtspr. schon wiederholt bestätigt. Er lässt sich nicht von den Gegenargumenten umstimmen.
Begrenzt man die Reichweite der Vermutungswirkung des § 476 BGB wie der BGH, besteht jedoch kaum ein Unterschied zum allgemeinen Kaufrecht. Die besonderen Regeln des Verbrauchsgüterkaufs sollen aber gerade den Verbraucher gegenüber dem allgemeinen Kaufrecht privilegieren[223].
Dieses Problem wird ein „Klassiker" im Verbrauchsgüterkauf werden und hat höchste Examensrelevanz!

---

221   Vgl. PALANDT, 61. Auflage, PALANDT, § 434, Rn. 8.
222   BGH Life and Law 2004, 645 ff.
223   Lesen Sie dazu auch die ablehnende Anmerkung von FEST, Life & Law 2004, 684 ff.; im Übrigen hat der BGH (hier überzeugend) zu der Frage Stellung genommen, ob § 476 BGB Anwendung findet, wenn die Sache durch Dritte eingebaut wird, Life and Law 2005, 88 ff.; vgl. auch Tyroller, Der Verbrauchsgüterkauf in der Rechtsprechung, Life and Law 2006, 573 ff.

Ausnahmen: Art der Sache

Etwas anderes gilt dann, wenn die Beweislastumkehr mit der **Art der verkauften Sache** nicht vereinbar ist. Daran könnte man insbesondere bei gebrauchten Sachen denken, da bei diesen häufig Verschleißerscheinungen auftreten, die einen Rückschluss auf das Vorliegen des Mangels bei Gefahrübergang nicht zulassen.[224]

Zu der Frage, ob und wie weit die Vermutungsregelung beim **Gebrauchtwagenkauf** anwendbar ist, existiert schon eine Reihe obergerichtlicher Entscheidungen[225]. Auch der BGH hat entschieden. Ein genereller Ausschluss bei gebrauchten Sachen kommt danach nicht in Betracht. Das widerspricht bereits dem Wortlaut er Vorschrift.[226]

Dabei ist jedoch zu berücksichtigen, dass die Ausnahme des § 476 2. HS nicht von Amts wegen geprüft wird. Der Verkäufer muss insoweit vortragen. Ergebnis ist dann, dass die Beweislastumkehr nicht greift, wenn es ihm nicht gelingt, die Vermutung des § 476 BGB zu widerlegen.

Art des Mangels

Gleiches gilt für die Ausnahme, dass die Vermutung mit der **Art des Mangels** nicht vereinbar ist.[227]

Dies ist bei äußeren Mängeln der Fall, die auch einem fachunkundigen Käufer bei Besichtigung der Sache bei Übergabe sofort aufgefallen wären, z.B. Beulen.[228]

c) kein Ausschluss der Mängelhaftung

Die Mängelgewährleistung darf nicht ausgeschlossen sein. Ein Ausschluss kann sich aus dem Gesetz oder aus rechtsgeschäftlicher Vereinbarung ergeben.

282

aa) § 442

Die Sachmängelrechte sind gemäß § 442 ausgeschlossen, wenn der Käufer den Mangel bei Vertragsschluss kennt oder dieser ihm infolge grober Fahrlässigkeit unbekannt geblieben ist. Bei grober Fahrlässigkeit gilt der Ausschluss aber nicht uneingeschränkt. Die Mängelrechte bleiben bestehen, wenn der Verkäufer eine Garantie für die Beschaffenheit der Sache abgegeben[229] oder einen Mangel arglistig verschwiegen hat.

283

Verschweigen setzt Auskunftspflicht voraus (§ 242)

Der Verkäufer verschweigt einen Mangel, wenn er ihn trotz Kenntnis entgegen einer ihn treffenden Auskunftspflicht nicht offenbart. Voraussetzung für das Verschweigen ist somit das Bestehen einer solchen Auskunftspflicht; ob dies so ist, richtet sich nach Treu und Glauben (§ 242). In jedem Fall besteht dann eine Auskunftspflicht, wenn der Käufer gezielte Fragen stellt. Dem Verschweigen von Mängeln steht das Vortäuschen der Mängelfreiheit gleich.

284

Für Arglist bed. Vorsatz ausr.

Arglistig handelt der Verkäufer, wenn er einen Mangel verschweigt, obwohl er diesen kennt oder mit dessen Vorhandensein rechnet, und wenn er weiß oder damit rechnet, dass der Käufer diesen Mangel nicht kennt und bei Kenntnis des Mangels den Kauf voraussichtlich nicht oder nur zu einem geringeren Preis tätigen würde.

285

---

224 Dabei könnte man indes davon ausgehen, dass normale Verschleißerscheinungen schon gar keinen Mangel darstellen, mithin das Mängelrecht gar nicht einschlägig ist und die Frage der Beweislastumkehr gar nicht diskutiert werden muss, vgl. REINKING, ZGS 2003, 105.

225 OLG Köln, ZGS 2004, 40 f. kommentiert von WIETOSKA, ZGS 2004, 8 ff.; OLG Celle, NJW 2004, 3566 f.; LG Hanau, NJW-RR 2003, 1561; ablehnend bei einem Verschleißmangel OLG Bremen, ZGS 2004, 394 f. und KG Berlin in ZGS 2005, 76 ff.

226 BGH Life and Law 2006, 6 ff.

227 Dies ist insbesondere beim Tierkauf problematisch: vgl. GRAF V. WESTPHALEN in ZGS 2004, 341 ff.; zum Ausschluss der Beweislastumkehr beim Pferdekauf wegen der Unvereinbarkeit mit der Art des Mangels vgl. auch Amtsgericht Aurich in ZGS 2005, 40 ff.

228 BGH Life and Law 2006, 6 ff.

229 Dazu ausführlich oben Rn. 147 ff.

§ 4 VERSCHULDENSABHÄNGIGE MÄNGELHAFTUNG

Es genügt somit bedingter Vorsatz.[230] Fahrlässiges Verschweigen ist nicht ausreichend. Der Verkäufer braucht aber keine schädigende Absicht zu verfolgen oder den Willen eigener Bereicherung besitzen; insoweit sind die Anforderungen gering.

Bsp.: A verkauft B unter Ausschluss der Mängelhaftung ein Hausgrundstück. Der A hatte dabei zuvor einen Trocken in einen Wohnraum umgebaut, ohne sich dafür eine Baugenehmigung eingeholt zu haben. A wusste, dass eine Baugenehmigung notwendig gewesen wäre. B erkennt dies aufgrund grober Fahrlässigkeit nicht.

Als B nur 10 Jahre später für die Beseitigung in Anspruch genommen wird, verlangt er die Kosten in Höhe von € 20.000,-- von A ersetzt. B meint, der A hätte ihm, dem B, auch ohne Aufforderung über diese Umstände Auskunft geben müssen.

286

Lösung: Ein Anspruch des B könnte sich vorliegend aus den §§ 437 Nr. 3, 311a II ergeben.

Ein Kaufvertrag wurde geschlossen. Das Fehlen der Baugenehmigung stellt auch einen Mangel im Sinne von § 434 dar[231]. Der Mangel war von Anfang an nicht behebbar. Es handelt sich um eine Schadensposition statt der Leistung. Bei einer fiktiv gedachten Genehmigungsfähigkeit und Einholung der Genehmigung wären die entsprechenden Kosten nicht angefallen.

hemmer-Methode: In einer Klausur müsste die Frage, ob die Sachmängelhaftung überhaupt anwendbar ist, bzw. ob das Fehlen einer Baugenehmigung nicht einen Rechtsmangel darstellt, wesentlich ausführlicher dargestellt werden. Ein Rechtsmangel wäre nur dann anzunehmen, wenn der Kaufgegenstand mit dem Recht eines Dritten belastet ist (vgl. § 435). Dies ist bei Fehlen der erforderlichen Baugenehmigung nicht der Fall.

Der Anspruch könnte aber am vereinbarten Haftungsausschluss scheitern. Ein Haftungsausschluss wäre aber gemäß § 444 unwirksam, wenn A den Mangel arglistig verschwiegen hätte. Ein Verschweigen setzt eine Auskunftspflicht des A über diesen Mangel voraus. Eine solche Auskunftspflicht ist hier nach Treu und Glauben auch anzunehmen, da der Umstand der Baurechtswidrigkeit ein für B erheblicher Umstand gewesen ist.

Das Wissen um das Fehlen der Baugenehmigung kann zwar grundsätzlich nicht ohne weiteres unterstellt werden, doch besitzt A diese Kenntnis laut Sachverhalt. Fraglich ist aber im vorliegenden Fall, ob der A deshalb auch Kenntnis vom Vorliegen eines Sachmangels im Sinne von § 434 und somit die erforderliche Arglist hatte. Bedingter Vorsatz wäre diesbezüglich ausreichend. Da dem Laien die juristischen Feinheiten des Fehlerbegriffs in der Regel unbekannt sind, genügt es zur Bejahung der Arglist, wenn der Verkäufer die tatsächlichen Umstände kennt, die letztlich zur Bejahung eines Sachmangels führen. Ausreichend muss deshalb bereits die Kenntnis vom Fehlen der Baugenehmigung sein. A hat somit bedingt vorsätzlich einen Mangel verschwiegen, der Haftungsausschluss ist gemäß § 444 unwirksam.

Die Mängelrechte könnten gemäß § 442 I S. 2 ausgeschlossen sein, da B den Mangel aufgrund von grober Fahrlässigkeit nicht erkannte. Jedoch greift der Ausschluss nach § 442 I S. 2 dann nicht ein, wenn der Verkäufer einen Mangel arglistig verschwiegen hat.

Die Verjährung des Anspruchs richtet sich wegen des arglistigen Verschweigens des Mangels nach den §§ 438 III 1, 195, 199. Da B erst durch die Beseitigungsanordnung von dem Mangel erfahren hat, war der Anspruch noch nicht verjährt.

---

230 Knöpfle, JuS 1992, S. 373.
231 Dies sogar dann, wenn die Baugenehmigung noch nachgeholt werden kann, vgl. KNÖPFLE a.a.O.

> **hemmer-Methode:** Problematisch ist der Anknüpfungspunkt der Arglist bei „Behauptungen ins Blaue hinein": Oft macht sich der Verkäufer über das Vorliegen eines Mangels keine Gedanken. Dies stellt einen typischen Grenzfall für das Vorliegen von Arglist dar. Anknüpfungspunkt für die Arglist muss dann aber die Kenntnis des Verkäufers von der eigenen Unkenntnis bzgl. der Beschaffenheit der Kaufsache sein. Lernen am Grenzfall bedeutet Schulung der eigenen Kritikfähigkeit. Dies ist, was auch der Klausurenersteller von Ihnen verlangt.

Beweislast

Zur Geltendmachung des Anspruchs hat der Käufer zu beweisen, dass der Verkäufer einen Mangel arglistig verschwiegen hat. Nicht notwendig ist die Darlegung des Käufers, dass dieses Verschweigen zu einem Irrtum geführt hat oder dass die arglistige Täuschung für seinen Kaufentschluss kausal gewesen ist.[232] Insoweit bestehen also Unterschiede zur Beweislast bei der Anfechtung nach § 123. Dies folgt aus der besonderen Ausgestaltung des Mängelrechts, das insbesondere durch die Ausschlussvorschrift des § 442 die (widerlegliche) gesetzliche Kausalitätsvermutung der Täuschung für den Vertragsschluss enthält.

bb) § 377 II HGB

Handelsrechtliche Rügeobliegenheit

Mängelrechte bestehen nicht (mehr), wenn der Käufer seiner Rügeobliegenheit nach § 377 II HGB[233] nicht nachgekommen ist. Bei einem beiderseitigen Handelskauf trifft den Käufer die Obliegenheit, die Sache zu untersuchen und etwaige erkennbare Mängel unverzüglich dem Verkäufer anzuzeigen. Unterlässt der Käufer die Untersuchung oder die Anzeige, gilt die Ware als genehmigt, d.h. es wird so getan, als habe der Verkäufer mangelfrei geliefert.

cc) Rechtsgeschäftlicher Haftungsausschluss

Rechtsgeschäftlicher Haftungsausschluss

Zu denken ist ferner an einen rechtsgeschäftlichen Haftungsausschluss. Die Sachmängelhaftung ist grundsätzlich dispositiv, wie sich aus der Vorschrift des § 444 ergibt. Ein Haftungsausschluss ist daher grundsätzlich möglich.

Dieser bezieht sich auf alle Mängel, die bei Vertragsschluss vorhanden sind und nach der Parteiintention vom Ausschluss erfasst sein sollen.[234] Nicht erfasst werden Mängel, die nach Vertragsschluss, aber vor Gefahrübergang entstanden sind.[235] Nach BGH entspricht es Sinn und Zweck eines Haftungsausschlusses, den Verkäufer vor der Haftung für solche Mängel zu bewahren, die er nicht kennt, die aber bei Vertragsschluss schon vorhanden sind. Sollen auch derartige Mängel erfasst sein, muss darauf ausdrücklich hingewiesen werden.

Gemäß § 444 ist ein Haftungsausschluss aber unwirksam, **soweit**[236] der Verkäufer einen Mangel arglistig verschwiegen hat oder eine Garantie für die Beschaffenheit der Kaufsache[237] übernommen hat.

---

232 BGH WM 1989, 1736.
233 Vgl. hierzu ausführlich HEMMER/WÜST, Handelsrecht Rn. 330 ff.
234 Ein Haftungsausschluss bezieht sich nach Ansicht des BGH nicht auf Beschaffenheitsvereinbarungen i.S.d. § 434 I S.1 BGB. Es sei widersinnig, erst eine Vereinbarung zu treffen, die dann aber doch bedeutungslos sein soll, weil bei einer Abweichung nicht gehaftet würde, Life and Law 2007, 225 ff.
235 BGH NJW 2003, 1316 = ZGS 2003, 83.
236 Bitte beachten Sie hier die 2004 in Kraft getretene Gesetzesänderung. Vormals hieß es „wenn". Diese Änderung betrifft auch die Parallelvorschrift im Werkvertragsrecht, § 639 BGB.
237 Vgl. dazu Rn. 151.

§ 4 VERSCHULDENSABHÄNGIGE MÄNGELHAFTUNG

Sonderregelung beim Verbrauchsgüterkauf

Beim Verbrauchsgüterkauf sind die Mängelrechte gemäß § 475 I 2 zwingend. Bei einem Kaufvertrag zwischen einem Unternehmer (§ 14) und einem Verbraucher (§ 13) kann von den Mängelrechten nicht abgewichen werden. Bei gebrauchten Sachen ist eine Verjährungsverkürzung auf ein Jahr möglich, § 475 I S.2 BGB. Gemäß § 475 III kann jedoch der Schadensersatzanspruch beschränkt oder ausgeschlossen werden. Es müssen dann aber die Beschränkungen der §§ 276 III, 307 ff. beachtet werden.

In diesem Kontext muss aber auf § 309 Nr.7 geachtet werden.[238]

d) Keine Unmöglichkeit der Nacherfüllung

Abgrenzung zu § 311a II 1 und §§ 280 I, III, 283

Die §§ 437 Nr. 3, 280 I, III, 281 sind nur dann die richtige Anspruchsgrundlage, wenn die Nacherfüllung nicht gem. § 275 unmöglich ist. Bei Unmöglichkeit beider Arten der Nacherfüllung sind die §§ 437 Nr. 3, 311a II bzw. §§ 437 Nr. 3, 280 I, III, 283 einschlägig. Die §§ 437 Nr. 3, 280 I, III, 281 gelten nur für *behebbare* Mängel. Unmöglichkeit der Nacherfüllung meint, dass beide Arten der Nacherfüllung, also Nachbesserung und Nachlieferung unmöglich sind. Ist nur eine Art unmöglich, so beschränkt sich der Nacherfüllungsanspruch entsprechend § 439 III 3 auf die andere Art der Nacherfüllung.

Exkurs: Ausübung des Wahlrechts nach § 439 I

Wahlrecht zwischen Nachbesserung und Nachlieferung

Gemäß § 439 I steht dem Käufer ein Wahlrecht hinsichtlich der Nacherfüllung zu. Der Käufer kann zwischen Nacherfüllung durch Beseitigung des Mangels, § 439 I 1.Alt. und Nacherfüllung durch Nachlieferung einer mangelfreien Sache wählen.

Nachbesserung bedeutet, dass der Verkäufer den Mangel an der gelieferten Sache beseitigen muss. Nachlieferung einer mangelfreien Sache liegt vor, wenn der Verkäufer eine andere Sache als Ersatz für die mangelhafte Sache liefert. Die mangelhafte Sache kann er dann nach den §§ 439 IV, 346 zurückverlangen. Ob die Nachlieferungsalternative auch beim Stückkauf in Betracht kommt, ist umstritten. Man könnte sich hier auf den Standpunkt stellen, dass es die verkaufte Sache eben nur einmal gibt, und diese daher in einer mangelfreien Ausführung nicht geliefert werden kann. Gleichwohl ist nach überwiegender Ansicht eine Nachlieferung möglich, wenn es sich um Sachen handelt, die einer vertretbaren Sache wirtschaftlich entsprechen und das Leistungsinteresse des Käufers zufrieden stellen.[239]

Ausübung des Wahlrechts notwendig

Ein Schadensersatzanspruch ist grundsätzlich nur denkbar, wenn der Käufer sein Wahlrecht ausgeübt hat. Denn nur dann weiß der Verkäufer, was er tun muss. Ausnahmsweise ist die Ausübung des Wahlrechts nicht erforderlich, wenn der Verkäufer beide Arten der Nacherfüllung ernsthaft und endgültig verweigert. Denn es wäre eine sinnlose Förmelei, vom Käufer noch die Ausübung des Wahlrechts zu verlangen. Auch ein Verzicht auf das Wahlrecht durch den Käufer ist denkbar.

Ausübung erfolgt durch einseitige Willenserklärung

Die Ausübung des Wahlrechts erfolgt analog § 263 I durch einseitige, empfangsbedürftige Willenserklärung gegenüber dem Verkäufer. Mit der Ausübung des Wahlrechts erlischt dieses. Der Käufer kann daher von der Nachbesserung grundsätzlich nicht mehr zur Nacherfüllung wechseln oder umgekehrt.[240]

---

238 BGH Life and Law 2007, 147 ff.
239 PALANDT, § 439, Rn. 15; LG Ellwangen, NJW 2003, 517 f. so im Ergebnis jetzt auch der BGH, Life and Law 2006, 725 ff.; bei gebrauchten Sachen wird eine Nachlieferung aber in aller Regel von vorneherein ausscheiden.
240 PALANDT, § 439, Rn. 6.

Bei Unmöglichkeit einer Art der Nacherfüllung: Beschränkung auf die andere Art

Ist eine Art der Nacherfüllung unmöglich im Sinne von § 275, so beschränkt sich der Nacherfüllungsanspruch analog § 439 III 3 auf die andere Art. Ein Wahlrecht besteht in diesem Fall nicht.

Verweigerungsrecht des Verkäufers

Der Verkäufer kann die vom Käufer gewählte Art der Nacherfüllung nach § 439 III 1 verweigern, wenn sie nur mit unverhältnismäßigen Kosten möglich ist. Wenn der Verkäufer die Nacherfüllung nach § 439 III 1 verweigert, beschränkt sich der Nacherfüllungsanspruch auf die andere Art der Nacherfüllung.

Dem Verkäufer steht die Möglichkeit zu, auch die andere Art der Nacherfüllung nach § 439 III 1 zu verweigern. Wenn der Verkäufer beide Arten der Nacherfüllung verweigert, steht dem Käufer zwar kein Nacherfüllungsanspruch zu, da beide Arten nach § 439 ausgeschlossen sind. Anspruchsgrundlage bleibt aber auch dann § 281. Dies ergibt sich aus § 440. Das Nichtbestehen des Anspruchs ändert daher nichts an der Anspruchsgrundlage des § 281, denn die Fälle des § 439 III sind keine Fälle der Unmöglichkeit.

Ob ein Verweigerungsrecht nach § 439 III 1 vorliegt, ist durch eine Interessenabwägung zu ermitteln. § 439 III 2 nennt hierzu die zu berücksichtigenden Gesichtspunkte.

hemmer-Methode: Zwischen § 275 II, 439 III 1 und der ernsthaften und endgültigen Erfüllungsverweigerung nach § 281 II können sich Abgrenzungsprobleme stellen:
§ 275 II soll die faktische Unmöglichkeit regeln. § 275 II ist daher nur in absoluten Extremfällen anzuwenden. Im Zweifel ist daher von § 439 III auszugehen.
§ 439 III 1 stellt insoweit deutlich geringere Anforderungen auf. Das Verweigerungsrecht besteht schon dann, wenn die Kosten unverhältnismäßig sind.
Ein ernsthafte und endgültige Erfüllungsverweigerung liegt vor, wenn der Käufer grundlos, also dann, wenn die Voraussetzungen der § 275 II bzw. § 439 III 1 nicht vorliegen, die Nacherfüllung endgültig verweigert.

e) Verjährung

Gemäß § 214 I kann der Verkäufer die Nacherfüllung verweigern, wenn der Anspruch auf Nacherfüllung verjährt ist. Die Verjährung des Nacherfüllungsanspruchs ist in § 438 geregelt.[241]

3. Fristsetzung oder Entbehrlichkeit der Fristsetzung

Fristsetzung notwendig

Gemäß § 281 I 1 muss der Käufer dem Verkäufer für die von ihm gewählte Art der Nacherfüllung eine Frist setzen. Da dem Verkäufer ein Nacherfüllungsrecht zusteht, muss ihm eine letzte Chance zur Leistung gegeben werden.

a) Fristsetzung

Fristsetzung ist rechtsgeschäftsähnliche Handlung

Bei der Fristsetzung handelt es sich um eine rechtsgeschäftsähnliche Handlung. Die §§ 104 ff. finden entsprechende Anwendung. Ein Minderjähriger kann wirksam eine Frist setzen, da die Fristsetzung ihm nur einen rechtlichen Vorteil im Sinne von § 107 bringt: Er kann die Nacherfüllung nach Fristablauf ablehnen und Schadensersatz verlangen. Die Fristsetzung durch einen Geschäftsunfähigen ist unwirksam, §§ 104, 105.

---

241 Vgl. hierzu HEMMER/WÜST, Schuldrecht II, Rn. 178 ff.

Ob eine Fristsetzung vorliegt, ist durch Auslegung gemäß den §§ 133, 157 zu ermitteln. Die Erklärung des Käufers muss eine bestimmte und eindeutige Aufforderung zur Leistung enthalten.[242] Dem Verkäufer muss erkennbar sein, dass eine Nichtleistung Folgen haben wird.

Angemessenheit der gesetzten Frist

300 Die Frist muss angemessen lang sein. Setzt der Käufer dem Verkäufer eine zu kurze Frist, so ist die Fristsetzung nicht unwirksam. Es wird eine angemessene Frist in Lauf gesetzt. Eine Aufforderung zur sofortigen Leistung setzt jedoch keine Frist in Lauf. Die Angemessenheit der Frist beurteilt sich nach den Umständen des Einzelfalls. Gesichtspunkte können beispielsweise die Art der Kaufsache und des Mangels, der Aufwand für die Beschaffung eines Ersatzteils oder einer Ersatzsache oder der Aufwand für die Nacherfüllung sein.

b) § 281 II

Entbehrlichkeit

301 In den Fällen des § 281 II ist die Fristsetzung entbehrlich. Die Entbehrlichkeit folgt aus der Sinnlosigkeit der Fristsetzung. Wenn die Fristsetzung eine leere Förmelei wäre, kann sie vom Käufer nicht verlangt werden.

(1) § 281 II 1.Alt.

Entbehrlichkeit bei ernsthafter und endgültiger Erfüllungsverweigerung

302 Gemäß § 281 II 1.Alt. ist die Fristsetzung entbehrlich, wenn der Verkäufer die Nacherfüllung ernsthaft und endgültig verweigert. An eine Erfüllungsverweigerung sind strenge Anforderungen zu stellen. Die Weigerung des Verkäufers muss als sein „letztes" Wort aufzufassen sein. Der Verkäufer muss zu erkennen geben, dass er zur Nacherfüllung unter keinen Umständen bereit ist.

(2) § 281 II 2.Alt.

303 Nach § 281 II 2.Alt. ist die Fristsetzung entbehrlich, wenn besondere Umstände vorliegen, die unter Abwägung der beiderseitigen Interessen eine sofortige Geltendmachung des Schadensersatzes rechtfertigen. Bei § 281 II 2.Alt. handelt es sich um eine Generalklausel für die Entbehrlichkeit einer Fristsetzung. Da die Fristsetzung der Regelfall und die Entbehrlichkeit der Fristsetzung die Ausnahme ist, ist § 281 II 2.Alt. sehr eng auszulegen.

Zu denken ist hier beispielsweise an just-in-time-Verträge. Bei diesen Verträgen ist der Käufer auf eine rechtzeitige, ordnungsgemäße Leistung angewiesen, da andernfalls die eigene Produktion zum Stillstand kommt. Eine Nacherfüllung hilft hier regelmäßig nicht weiter, da der Schaden schon vorher entsteht.

c) § 440

Sonderregelung in § 440

304 Eine kaufrechtliche Sonderregelung für die Entbehrlichkeit der Fristsetzung enthält § 440 S. 1. § 440 S. 1 enthält drei Alternativen: Die Fristsetzung ist entbehrlich, wenn der Verkäufer beide Arten der Nacherfüllung verweigert (nach § 439 III BGB!), wenn die Nacherfüllung fehlgeschlagen ist oder wenn die Nacherfüllung dem Käufer unzumutbar wäre.

---

242 PALANDT, § 281, Rn. 9.

(1) § 440 S. 1 1.Alt.

Entbehrlichkeit der Nachfristsetzung, wenn der Verkäufer beide Arten der Nacherfüllung verweigert

Gemäß § 440 S. 1 1.Alt. ist die Fristsetzung entbehrlich, wenn der Verkäufer beide Arten der Nacherfüllung nach § 439 III 1 berechtigt verweigert. Da der Käufer in diesem Fall keine Nacherfüllung verlangen kann, wäre eine Fristsetzung sinnlos.

Von § 440 S.1 1.Alt. ist die ernsthafte und endgültige Erfüllungsverweigerung abzugrenzen. Wenn der Verkäufer die Nacherfüllung verweigert, ohne dass die Voraussetzungen des § 439 vorliegen, folgt die Entbehrlichkeit der Nachfristsetzung aus § 281 II. § 440 S. 1 ist nur dann einschlägig, wenn die Voraussetzungen des § 439 III 1 vorliegen, die Nacherfüllung also mit unverhältnismäßigen Kosten verbunden ist.

hemmer-Methode: Achtung: Unterscheiden Sie dann wiederum den Fall des § 440 S.1 1.Alt. von dem Leistungsverweigerungsrecht des § 275 II, das ebenfalls eine Fristsetzung entbehrlich macht, da § 275 zur Unmöglichkeit führt. Dann aber ist die richtige Anspruchsgrundlage nicht § 281, sondern § 283 BGB! Die Anforderungen an § 275 II BGB sind höher als die, die an § 439 III BGB zu knüpfen sind.

(2) § 440 S. 1 2.Alt.

Entbehrlichkeit bei Fehlschlagen der Nacherfüllung

Gemäß § 440 S.1 2.Alt entfällt das Erfordernis der Fristsetzung, wenn die Nachbesserung fehlgeschlagen ist. Fehlschlagen meint, dass dem Verkäufer die Nacherfüllung trotz Versuches nicht gelingt. Gemäß § 440 S. 2 gilt die Nacherfüllung nach dem zweiten erfolglosen Versuch als fehlgeschlagen.

Bei der Nacherfüllung durch Nachlieferung einer mangelfreien Sache nach § 439 I 2.Alt. liegt ein Fehlschlagen vor, wenn die neu gelieferte Sache den gleichen Mangel oder einen anderen, neuen Mangel aufweist.[243]

Eine Nachbesserung ist erfolglos, wenn der Mangel dadurch nicht beseitigt wird oder aufgrund der Nachbesserung ein neuer Mangel entsteht.

Grundsätzlich gilt die Nacherfüllung gemäß § 440 S. 2 als fehlgeschlagen, wenn der zweite Nachbesserungsversuch gescheitert ist. Ausnahmsweise muss der Käufer weitere Nacherfüllungsversuche zulassen, wenn sich dies aus der Art der Sache oder des Mangels oder aus den Umständen ergibt. Hieran ist zum Beispiel zu denken, wenn Kaufgegenstand eine komplizierte Maschine ist, die anderweitig nur schwer oder gar nicht zu verkaufen ist.

d) Entbehrlichkeit kraft Vereinbarung

Verzicht auf Fristsetzung durch Vereinbarung möglich

Eine Entbehrlichkeit kann sich auch aus einer Vereinbarung zwischen den Vertragsparteien ergeben. Da § 281 dispositiv ist, können die Vertragsparteien auf das Erfordernis der Fristsetzung verzichten. Gemäß § 309 Nr. 4 ist aber eine Abbedingung durch AGB des Verkäufers zumindest gegenüber einem Nichtunternehmer ausgeschlossen.

4. Erfolgloser Fristablauf

Sofern eine Fristsetzung erforderlich ist, muss die gesetzte Frist erfolglos verstrichen sein.

---

[243] PALANDT, § 440, Rn. 7.

Entscheidend ist die Vornahme der Nacherfüllungs*handlung* des Verkäufers. Der Erfolg kann bei rechtzeitiger Vornahme der Handlung auch nach Fristablauf eintreten. Die Frist ist gleichwohl gewahrt.

> *Bsp.: Am letzten Tag der Frist schickt der Verkäufer die nachzuliefernde Sache an den Käufer ab. Der Käufer erhält die Sache aber erst nach Fristablauf. In diesem Fall erfolgt die Nachfristsetzung rechtzeitig, der Käufer kann keinen Schadensersatz nach § 281 verlangen.*

Eine rechtzeitige Nacherfüllung setzt aber auch voraus, dass der Käufer eine mangelfreie Sache erhält. Ist die nachgelieferte Sache mangelhaft oder wird durch die Nachbesserung der Mangel nicht beseitigt oder entsteht dadurch ein neuer Mangel, so war die Nachfristsetzung erfolglos.

5. Vertretenmüssen

Vertretenmüssen des Verkäufers

Gemäß § 280 I 2 setzt der Schadensersatzanspruch ein Vertretenmüssen des Verkäufers hinsichtlich der Pflichtverletzung voraus. Das würde bei der Pflichtverletzung der Schlechtleistung bedeuten, dass der Verkäufer es zu vertreten haben müsste, dass er eine mangelhafte Sache geliefert hat. Dies wäre indes zu kurz gedacht. Denn ein Schadensersatzanspruch entsteht erst dann, wenn innerhalb der gesetzten Frist zur Nacherfüllung diese nicht erfolgt.

Bezugspunkt?

Als Bezugspunkt des Vertretenmüssens kommt daher sowohl die Pflichtverletzung der ursprünglichen mangelhaften Leistung (§ 433 I S.2 BGB) als auch der nicht oder nicht ordnungsgemäß erbrachten Nacherfüllung (§§ 437 Nr. 1, 439 I BGB) in Betracht.

e.A. nicht erbrachte Nacherfüllung

(1) Nach Ansicht von LORENZ[244] ist ausschließlich an die zweite Pflichtverletzung, also die nicht oder nicht ordnungsgemäß durchgeführte Nacherfüllung, anzuknüpfen.

Hierfür spricht, dass § 281 I 1 BGB eine fällige Leistungspflicht verlangt. Mit der mangelhaften Leistung wird der ursprüngliche Erfüllungsanspruch aus § 433 I BGB durch den Nacherfüllungsanspruch abgelöst, so dass fortan nur dieser fällig i.S.v. § 281 I 1 BGB ist.

(2) Dagegen spricht aber, dass die Nacherfüllungschance nur eine „zweite" Chance für den Verkäufer ist, die Folgen seiner ersten zu vertretenden Pflichtverletzung teilweise wieder zu beseitigen. Nutzt er diese nicht, aus welchen Gründen auch immer, so ist er eben zum Schadensersatz statt der Leistung verpflichtet.

a.A. auch Vertretenmüssen des Mangels ausreichend

Eine bedeutende Ansicht schlägt daher eine alternative Lösung vor. Der V muss **_entweder_** die mangelhafte Lieferung **_oder_** die Nichtnacherfüllung zu vertreten haben[245].

Es ist nicht einzusehen, warum die Relevanz der „ersten" Pflichtverletzung (Lieferung der mangelhaften Sache, § 433 I S.2 BGB) entfallen sollte, wenn später mit der Nichtnacherfüllung innerhalb der gesetzten angemessenen Frist eine zweite Pflichtverletzung hinzutritt.

Problematisch ist dies nämlich deswegen, weil durchaus Fälle denkbar sind, bezüglich derer das Vertretenmüssen der ersten Pflichtverletzung einfach zu bejahen ist, das Vertretenmüssen der zweiten Pflichtverletzung aber schwer oder gar nicht zu begründen ist.

---

244 So LORENZ, NJW 2002, 2497 [2503]; KÖHLER/LORENZ, PdW SchuldR II, Fall 45.
245 So REINICKE/TIEDTKE, Kaufrecht, Rn. 540 f.; BAMBERGER/ROTH/*FAUST*, § 437, Rn. 67; SCHWAB/WITT ab 2. Auflage, Examenswissen zum neuen Schuldrecht, S. 199 ff.; U. HUBER, Festschrift für Schlechtriem, S. 527 ff. (530). unter Hinweis auf die Parallele zum alten Werkvertragsrecht.

Zum endgültigen Ausfall der fraglichen Leistung wäre es außerdem auch nicht gekommen, wenn V gleich mangelfrei geliefert hätte. Nur wenn er beide Pflichtverletzungen nicht zu vertreten hat, könne er sich entlasten.

Hierfür spricht weiter, dass § 281 I 1 BGB selbst kein Erfordernis des Vertretenmüssen aufstellt, sondern nur die nach § 280 III BGB zusätzliche Voraussetzung eines erfolglosen Fristablaufs.

Demzufolge hat der erfolglose Fristablauf den Charakter einer „objektiven Bedingung" für das Schadensersatzverlangen.

Nach überzeugender Ansicht kann daher wahlweise an jede der beiden Pflichtverletzungen angeknüpft werden.

hemmer-Methode: Freilich gilt etwas anderes für den Ersatz von Begleitschäden, die allein durch die Lieferung der mangelhaften Sache entstanden sind. Diese werden über §§ 437 Nr.3, 280 I BGB ersetzt und zwar nur dann, wenn der Schuldner die Schlechtleistung zu vertreten hat. Solche Begleitschäden können rein logisch nicht Folge der Verletzung der Nacherfüllungspflicht sein, auf die sich die im Rahmen des § 281 das Vertretenmüssen beziehen muss.

Zu vertreten hat der Schuldner Vorsatz und Fahrlässigkeit. Daneben haftet er für das Verschulden seiner Erfüllungsgehilfen. Dabei ist zu beachten, dass der Hersteller kein Erfüllungsgehilfe des Verkäufers ist. Der Verkäufer schuldet nämlich nur die Übereignung der Sache, nicht aber deren Herstellung. Schuldhafte Konstruktions- und Fabrikationsfehler sind dem Verkäufer deshalb nicht zuzurechnen.

Daraus folgt, dass Verkäufer sich bei der Mangelhaftigkeit neuer Sachen in der Regel werden exkulpieren können, § 280 I S.2 BGB.

Beschaffenheitsgarantie

Ein Vertretenmüssen des Verkäufers ist auch dann anzunehmen, wenn dieser eine Garantie für die Beschaffenheit[246] übernommen hat.

6. Rechtsfolge:

Rechtsfolge: Schadensersatz statt der Leistung

Wenn die Voraussetzungen des § 281 erfüllt sind, kann der Käufer Schadensersatz statt der Leistung verlangen. Hinsichtlich der Ermittlung hat der Käufer grundsätzlich die Wahl zwischen kleinem und großem Schadensersatz.

a) Kleiner Schadensersatz

Kleiner Schadensersatz

Beim kleinen Schadensersatz behält der Käufer die mangelhafte Sache. Der Schaden liegt in der Differenz zwischen dem Wert, den eine mangelfreie Sache haben würde, und dem Wert der mangelhaften Sache. Alternativ kann der Käufer die zur Beseitigung des Mangels erforderlichen Kosten verlangen. Zusätzlich kann der Verkäufer Ersatz des entgangenen Gewinns verlangen.

> *Bsp.: A kauft beim Autohändler V ein gebrauchtes Auto für € 5.000,--. Nach Übergabe stellt A fest, dass der Motor defekt ist. V weigert sich trotz Fristsetzung, einen anderen Motor einzubauen. A, der das Auto im funktionstüchtigen Zustand sicher an C verkauft hätte, entgehen dadurch € 500,-- Gewinn. Dennoch will A das Auto behalten. Er verlangt von V Schadensersatz in Höhe der Kosten für einen Ersatzmotor (€ 2.000,--) und den entgangen Gewinn (€ 500,--).*

---

246 Vgl. dazu oben Rn. 151 ff.

§ 4 VERSCHULDENSABHÄNGIGE MÄNGELHAFTUNG

Ein Anspruch des A könnte sich aus den §§ 437 Nr. 3, 280 I, III, 281 ergeben. Ein wirksamer Kaufvertrag liegt vor. Das Auto ist wegen des defekten Motors mangelhaft. Eine erfolglose Fristsetzung ist gegeben. Da A das Auto behalten will, kann er Schadensersatz im Umfang des kleinen Schadensersatzanspruchs geltend machen. A hat daher einen Anspruch auf Ersatz der zur Beseitigung des Mangels erforderlichen Kosten (€ 2.000,--) und des entgangenen Gewinns (€ 500,--).

b) Großer Schadensersatz

Großer Schadensersatz

Will der Käufer die mangelhafte Sache aber nicht behalten, weil er kein Interesse[247] mehr an ihr hat, so kann er die Sache zurückgeben und Schadensersatz wegen Nichterfüllung des gesamten Vertrages verlangen, sogenannter großer Schadensersatz. Zusätzlich können hier u. a. der entgangener Gewinn, Nutzungsausfall und Gutachterkosten verlangt werden.

Der Mindestschaden und damit stets zu leisten, ist dabei der Kaufpreis. Damit erfolgt in diesem Fall eine Rückgängigmachung des Kaufvertrages (Rückgabe der Kaufsache, Rückzahlung des Kaufpreises) im Wege der Schadensabwicklung.

Gemäß § 281 V kann der Verkäufer die mangelhafte Sache zurückfordern. Der Käufer muss für gezogene Nutzungen Ersatz leisten.

c) Wahlrecht

Wahlrecht zwischen kleinen und großen Schadensersatz

Grundsätzlich hat der Käufer die Wahl zwischen kleinem und großem Schadensersatz. Dieses Wahlrecht wird jedoch durch § 281 I 3 eingeschränkt. Der Käufer kann großen Schadensersatz nicht verlangen, wenn die Pflichtverletzung unerheblich ist. Die Unerheblichkeit ist durch eine Interessenabwägung zu ermitteln. Zu berücksichtigen sind vor allem die von dem Mangel ausgehenden funktionellen und ästhetischen Beeinträchtigungen.

Verschweigt der Verkäufer einen Mangel arglistig, begründet dies nach der Rechtsprechung des BGH in aller Regel allein die Erheblichkeit.[248]

Bei Beschaffenheitsgarantie stets erhebliche Pflichtverletzung

Wenn der Verkäufer eine Garantie für die Beschaffenheit übernommen hat, so ist das Fehlen dieser Beschaffenheit immer erheblich. Bei der Übernahme einer Garantie für die Beschaffenheit ist der große Schadensersatz daher immer möglich.

III. §§ 437 Nr. 3, 311a II

Bei anfänglicher Unmöglichkeit: § 311a II 1

Während sich die Haftung des Verkäufers bei behebbaren Sachmängeln nach § 281 richtet, bestimmt sich der Schadensersatzanspruch des Käufers bei unbehebbaren Mängeln nach den §§ 437 Nr. 3, 311a II oder §§ 437 Nr. 3, 280 I, III, 283. Die §§ 437 Nr. 3, 311a II sind die richtige Anspruchsgrundlage, wenn die Nacherfüllung bereits im Zeitpunkt des Vertragsschlusses unmöglich war.

---

247   Ein Nachweis des Käufers am fehlenden Interesse ist nicht notwendig.
248   BGH Life and Law 2006, 439 ff. Die Erheblichkeit wurde vom BGH verneint für den Fall, dass der Spritverbrauch bei einem KFZ.

Die Voraussetzungen dieser Anspruchsgrundlage sind:

Prüfungsschema:

> 1. Wirksamer **Kaufvertrag**, §§ 433, 311a II
> 2. Wegen Unmöglichkeit ausgeschlossener Nacherfüllungsanspruch
>   a) **Sachmangel**, § 434
>   b) Im Zeitpunkt des Gefahrübergangs
>   c) Kein Ausschluss der Mängelrechte
>   d) **Unmöglichkeit der Nacherfüllung**
> 3. **Anfängliche** Unmöglichkeit
> 4. **keine Kenntnis oder grobfahrlässige Unkenntnis**
> 5. Rechtsfolge: Schadensersatz statt der Leistung

1. Wirksamer Kaufvertrag

Bei der Wirksamkeit des Kaufvertrages § 311a I zitieren!

Der Anspruch setzt einen wirksamen Kaufvertrag voraus. Bei einem Anspruch aus § 311a II muss hier § 311a I zitiert werden: Der Kaufvertrag ist grds. wirksam, obwohl die mangelfreie Leistung von Anfang an nicht erbringbar ist.

Zu denken ist aber auch an die allgemeinen Unwirksamkeitsgründe wie die fehlende Geschäftsfähigkeit, §§ 105, 107, 108, Formnichtigkeit, §§ 125, 311b I und Anfechtung, §§ 142 I, 119 ff., wobei § 119 II BGB neben den Mängelrechten nicht anwendbar ist. Dies gilt nach h.M. zumindest ab dem Zeitpunkt des Gefahrübergangs.

2. Sachmangel im Zeitpunkt des Gefahrübergangs, kein Ausschluss der Mängelrechte

Auch ein Anspruch aus den §§ 437 Nr. 3, 311a II setzt einen Sachmangel im Zeitpunkt des Gefahrübergangs voraus. Ferner darf die Sachmängelhaftung nicht ausgeschlossen sein. Bezüglich dieser Voraussetzungen wird auf die obigen Ausführungen, Rn. 247 ff. verwiesen. Abweichungen bestehen gegenüber dem Anspruch aus den §§ 437 Nr. 3, 311a II hier nicht.

3. Unmöglichkeit der Nacherfüllung

Unmöglichkeit der Nacherfüllung heißt, dass beide Arten der Nachnicht erbringbar sind.

Die Nacherfüllung muss aufgrund von Unmöglichkeit ausgeschlossen sein. § 311a II gilt nur für unbehebbare Sachmängel. Unmöglichkeit der Nacherfüllung bedeutet, dass beide Arten der Nacherfüllung nicht erbringbar sind. Ist nur eine Art der Nacherfüllung unmöglich, so bleiben die §§ 437 Nr. 3, 280 I, III, 281 die richtige Anspruchsgrundlage. Es liegt auch dann keine Unmöglichkeit vor, wenn der Verkäufer die Nacherfüllung nach § 439 III verweigert.

> *Bsp.:* K kauft bei V einen Gebrauchtwagen. Nach Vertragsschluss stellt sich heraus, dass der Wagen bereits einen schweren Unfall hatte. Der entstandene Schaden wurde vor Vertragsschluss vollständig behoben.
>
> Lösung: Ein Fahrzeug, das einen schweren Unfall hatte, besitzt einen geringeren Wiederverkaufswert. Dieser merkantile Minderwert stellt einen Sachmangel dar. Da dieser Mangel von Niemandem beseitigt werden kann, liegt Unmöglichkeit der Nachbesserung vor. Auch eine Nachlieferung scheidet zumindest bei gebrauchten Sachen aus.[249]

---

249 BGH Life and Law 2006, 725 ff.

§ 4 VERSCHULDENSABHÄNGIGE MÄNGELHAFTUNG

4. Anfängliche Unmöglichkeit

Bei § 311a II anfängliche Unmöglichkeit erforderlich

Die Nacherfüllung muss von Anfang an unmöglich sein. Es kommt also nicht darauf an, wann der Mangel entstanden ist, sondern allein darauf, wann die Unbehebbarkeit eingetreten ist.

hemmer-Methode: Das wird zwar häufig identisch sein, ist aber nicht zwingend so: besteht der Mangel bereits anfänglich, wird er aber erst nachträglich unbehebbar, sind die §§ 437 Nr.3, 283 richtige Anspruchsgrundlage und nicht §§ 437 Nr.3, 311a II BGB.

Nachträgliche Unmöglichkeit fällt unter die §§ 437 Nr. 3, 280 I, III, 283. Maßgeblicher Zeitpunkt für die Abgrenzung zwischen anfänglicher und nachträglicher Unmöglichkeit der Behebung des Mangels ist der Vertragsschluss.

Auch bei einem unter einer aufschiebenden Bedingung abgeschlossenen Kaufvertrag ist der entscheidende Zeitpunkt der des Vertragsschlusses und nicht erst der Zeitpunkt des Bedingungseintritts.

5. Kenntnis oder zu vertretende Unkenntnis

Kenntnis oder grobfahrlässige Unkenntnis notwendig

Der Verkäufer haftet gemäß § 311a II 2 nur dann, wenn er das Leistungshindernis kannte oder aus von ihm zu vertretenden Umständen nicht kannte. Bei der Haftung aus § 311a II 1 handelt es sich um eine Verschuldenshaftung und um keine allgemeine Garantiehaftung. Ein Schadensersatzanspruch besteht nur dann, wenn ein Vertretenmüssen des Verkäufers vorliegt.

hemmer-Methode: Der Gesetzgeber wählt hier eine andere Diktion. Er spricht nicht von Vertretenmüssen. Das liegt daran, dass sich ein Vertretenmüssen nur auf Pflichtverletzungen beziehen kann. Leistungspflichten (darum geht es bei Unmöglichkeit) entstehen aber erst mit Vertragsschluss; im Zeitpunkt des Eintritts des Leistungshindernisses besteht daher noch gar keine Leistungspflicht, die schuldhaft verletzt werden könnte.

Der Verkäufer muss nicht die Herbeiführung des Mangels zu vertreten haben. Bezugspunkt für das Vertretenmüssen ist vielmehr die Kenntnis von der Unmöglichkeit der Nacherfüllung. Es besteht nur dann ein Anspruch aus den §§ 437 Nr. 3, 311a II, wenn der Verkäufer wusste oder in zu vertretender Weise nicht wusste, dass ein unbehebbarer Mangel vorliegt. Die Haftung des Schuldners beruht also auf einer Fehleinschätzung seiner Leistungsfähigkeit. Also haftet er, wenn er den Mangel und seine Nichtbehebbarkeit kannte oder kennen musste.

Bsp.: X kauft beim Händler H ein gebrauchtes 15 Jahre altes Wohnmobil; dieses wird gegen Bezahlung dem X übergeben. H weiß bei Vertragsschluss, dass der Unterboden des Wohnmobils durchgerostet ist und hofft, dass X dies nicht bemerken wird. Jedenfalls geht er davon aus, dass dieser Mangel ohne weiteres behoben werden kann. Dies ist jedoch nicht der Fall. X verlangt von H Schadensersatz nach §§ 437 Nr. 3 Alt. 1, 311a II BGB.

1. Zwischen X und H besteht unproblematisch ein wirksamer Kaufvertrag; die Wirksamkeit des Vertrages wird nicht durch eine eventuelle anfängliche Unmöglichkeit der Nacherfüllung berührt, § 311a I BGB. Auch ist das gelieferte Wohnmobil mangelhaft i.S.d. § 434 BGB.

2. Da der Mangel nicht behoben werden kann, ist die vom Verkäufer grundsätzlich geschuldete Nacherfüllung anfänglich unmöglich i.S.d. § 275 I BGB. Da es sich um eine nicht austauschbare Stückschuld handelt, kommt Nachlieferung i.S.d. § 439 I Alt. 2 BGB nicht in Betracht (vgl. dazu ausführlich nochmals Rn. 162).

3. Allerdings setzt § 311a II 2 BGB die Kenntnis bzw. das Kennenmüssen des Verkäufers voraus. Dieses ergibt sich vorliegend nicht allein aus der Kenntnis des Verkäufers von der Existenz des Sachmangels; Bezugspunkt ist vielmehr die Unmöglichkeit der Nacherfüllung. Diesbezüglich muss der Verkäufer bei Vertragsschluss Kenntnis bzw. zu vertretende Unkenntnis haben.

H ging davon aus, dass der Mangel behoben werden könnte, er hatte also keine positive Kenntnis von der Unmöglichkeit der Nacherfüllung. Jedoch ist ihm hinsichtlich seiner Unkenntnis Fahrlässigkeit i.S.d. § 276 I 1 BGB vorzuwerfen, weshalb er diese i.S.d. § 311a II 2 BGB zu vertreten hat: Weiß ein gewerbsmäßiger Verkäufer von der Existenz eines Mangels, so ist ihm – jedenfalls bei einem schwerwiegenden Mangel wie hier – zuzumuten, sich über dessen Behebbarkeit zu informieren. Tut er dies nicht und ist der Mangel tatsächlich unbehebbar, so ist fahrlässige Unkenntnis des Verkäufers hinsichtlich der Unmöglichkeit der Nacherfüllung anzunehmen.

Also hat H dem X nach §§ 437 Nr. 3 Alt. 1, 311a II BGB Schadensersatz statt der Leistung zu leisten.

Das fehlende Vertretenmüssen hat der Verkäufer nach dem Wortlaut des § 311a II 2 zu beweisen. An das Fehlen des Verschuldens sind sehr strenge Anforderungen zu stellen. Dem Verkäufer obliegt nämlich die vorvertragliche Verpflichtung, sich über die eigene Leistungsfähigkeit zu vergewissern. Deshalb wird die Unkenntnis meistens zumindest auf Fahrlässigkeit beruhen.

Übernahme einer Garantie denkbar

Möglich ist auch die Übernahme einer Garantie. Mit der Übernahme einer Garantie für die Beschaffenheit der Kaufsache erklärt der Verkäufer auch, dass er seine Unkenntnis von der Unmöglichkeit der Mangelbeseitigung verschuldensunabhängig zu vertreten habe. — 324

6. Rechtsfolge: Schadensersatz statt der Leistung

Wenn die Voraussetzung der §§ 437 Nr. 3, 311a II 1 vorliegen, kann der Käufer Schadensersatz statt der Leistung verlangen. Die Ermittlung des Schadens wurde bereits oben, Rn. 324 ff., ausführlich dargestellt. Bei § 311a II 1 bestehen insoweit keine Besonderheiten. — 325

IV. §§ 437 Nr. 3, 280 I, III, 283

Schadensersatz bei unbehebbaren Mängeln, die nach Vertragsschluss eingetreten sind.

Der Schadensersatzanspruch des Käufers bei nachträglicher Unmöglichkeit der Nacherfüllung ergibt sich aus den §§ 280 I, III, 283. Nachträgliche Unmöglichkeit bedeutet, dass die Unmöglichkeit erst nach Abschluss des Vertrages eingetreten ist. — 326

Der Anspruch aus den §§ 437 Nr. 3, 280 I, III, 283 hat folgende Voraussetzungen:

Voraussetzungen

1. Wirksamer **Kaufvertrag**
2. Wegen Unmöglichkeit ausgeschlossener Nacherfüllungsanspruch
    a) **Sachmangel**
    b) Im Zeitpunkt des Gefahrübergangs
    c) kein Ausschluss der Gewährleistung
    d) **Unmöglichkeit der Nacherfüllung**, § 275
3. **Nachträgliche** Unmöglichkeit
4. **Vertretenmüssen** des Verkäufers, § 280 I 2
5. Rechtsfolge: Schadensersatz statt der Leistung

— 327

§ 4 VERSCHULDENSABHÄNGIGE MÄNGELHAFTUNG

Wie der Anspruch aus den § 311a II 1 setzt der Anspruch aus den §§ 437 Nr. 3, 280 I, III, 283 voraus, dass der Nacherfüllungsanspruch aufgrund von Unmöglichkeit ausgeschlossen ist. Es gelten insoweit die Ausführungen oben, Rn. 343. Es muss sich jedoch um nachträgliche Unmöglichkeit handeln, d.h. die Unmöglichkeit der Nacherfüllung muss nach Vertragsschluss eingetreten sein.

Verschulden bzgl. Unmöglichkeit notwendig

Der Verkäufer haftet wegen § 280 I 2 nur, wenn er die Unmöglichkeit der Nacherfüllung zu vertreten hat. Bei § 283 bezieht sich das Vertretenmüssen auf die Pflichtverletzung, also die Herbeiführung der Unmöglichkeit der Leistung. Im Gegensatz hierzu bezieht sich bei § 311a II 1 die Unmöglichkeit auf die Kenntnis vom Leistungshindernis.

Auch § 283 ist auf Schadensersatz statt der Leistung gerichtet, vgl. bereits oben, Rn. 324 ff.

V. §§ 437 Nr. 3, 280 I

Während für den Ersatz statt der Leistung drei verschiedene Anspruchsgrundlagen zur Verfügung stehen, richtet sich der Ersatz neben der Leistung einheitlich nach den §§ 437 Nr. 3, 280 I. Es ist hier nicht zwischen behebbaren und unbehebbaren, anfänglichen oder erst nachträglich eingetretenen Mängeln zu differenzieren.

Die Voraussetzungen des Anspruchs aus §§ 437 Nr. 3, 280 I sind:

> 1. Wirksamer **Kaufvertrag**
> 2. **Pflichtverletzung: Lieferung einer mangelhaften Sache**
> 3. Kein Ausschluss der Mängelrechte
> 4. **Vertretenmüssen** des Verkäufers
> 5. Rechtsfolge: Ersatz des sog. Begleitschadens

1. Pflichtverletzung

Pflichtverletzung = Lieferung einer mangelhaften Sache

Die Pflichtverletzung liegt in der Lieferung einer mangelhaften Sache. An dieser Stelle ist daher inzident das Vorliegen eines Sachmangels im Sinne von § 434 zu prüfen.[250] Wenn die dem Käufer übergebene Sache einen Sachmangel aufweist, liegt eine Pflichtverletzung vor.

Abgrenzung zu sonstigen Nebenpflichten

Abzugrenzen ist die Verletzung der Pflicht zur Verschaffung einer mangelfreien Sache von der Verletzung einer sonstigen Nebenpflicht. Wenn der Verkäufer eine Nebenpflicht im Sinne von § 241 II verletzt, besteht zwar ebenfalls ein Anspruch aus § 280 I. Die Verjährung würde aber nach § 195 drei Jahre und nicht wie in § 438 zwei Jahre betragen.

z.B. Superbenzinfall

Bsp.:[251] Automobilvertragshändler T bestellt bei Brennstoffhändler B 50.000 l Superbenzin und 50.000 l Normalbenzin für die erste Füllung einer neu eingerichteten Tankanlage. Der unachtsame Fahrer F, der den Treibstoff am liefert, füllt dabei das Normalbenzin anstatt in den Tank für Normalbenzin in jenen für Superbenzin und umgekehrt.

In der Folgezeit tanken verschiedene Fahrzeuge des T und Kundenfahrzeuge den falschen Treibstoff (Super statt Normalbenzin etc.).

---

250 Vgl. hierzu ausführlich Rn. 237 ff.
251 Ähnlich BGH WM 1989, 911.

Dabei entstehen an mehreren der Fahrzeuge Motorschäden. T verlangt am 01.04.03 von B Schadensersatz (zu prüfen sind nur vertragliche oder vertragsähnliche Ansprüche).

Ein Anspruch des T gegen B könnte sich aus den §§ 280 I, 241 II i.V.m. dem Kaufvertrag ergeben. Ein wirksamer Kaufvertrag wurde auch geschlossen. Ein Schuldverhältnis besteht mithin.

§ 280 I, 241 II ist subsidiär zu spezielleren Regelungen. Solche Vorschriften könnten hier die kaufrechtlichen Mängelvorschriften darstellen. Es kommt nämlich ein Anspruch aus den §§ 437 Nr. 3, 280 I in Betracht. Denn Ersatz von Mangelfolgeschäden richtet sich nach den §§ 437 Nr. 3, 280 I. Das falsche Einfüllen könnte hier aufgrund des Umstands, dass von außen nicht zu erkennen ist, um welchen Kraftstoff es sich handelt, zu einem Sachmangel geführt haben. Der Kraftstoff war nämlich letztendlich für die bestimmungsgemäße Verwendung ungeeignet.

hemmer-Methode: Klausurtechnik! Beginnen Sie die Prüfung direkt mit dem Anspruch aus § 280 I und prüfen Sie die §§ 434 ff. dann im Rahmen der Subsidiarität. § 280 I ist hier im Ergebnis einschlägig, so dass Sie nur dann Wiederholungen vermeiden, wenn Ansprüche aus den §§ 434 ff. nicht zuerst isoliert vorweg und dann noch einmal bei der Subsidiarität geprüft werden.

Andererseits bestand die maßgebliche Verpflichtung des B in der Lieferung von mangelfreiem Super- und Normalbenzin. Der gelieferte Kraftstoff selbst war aber nicht mangelhaft im Sinne von § 434. Eine mangelhafte Kaufsache liegt nicht vor, denn Super- und Normalbenzin waren als solches bestellt und mangelfrei. Die ordnungsgemäße Durchführung des Tankvorgangs ist vielmehr eine Nebenpflicht. Ihre Verletzung ist ein nachträgliches Fehlverhalten, welches nicht unter die gesetzliche Mängelhaftung auf Schadensersatz (§§ 437 Nr. 3, 280 I) fällt.[252] Der Anwendungsbereich der § 280 I, 241 II ist damit eröffnet. Eine Nebenpflichtverletzung im Sinne von § 241 II liegt damit vor.

hemmer-Methode: Eine andere Ansicht wäre hier sicherlich vertretbar. Man könnte bei der Pflicht zur Befüllung auch von einer Neben*leistungs*pflicht sprechen. Das sind die Pflichten, die der Vorbereitung, Durchführung und Sicherung der Hauptleistung zu dienen bestimmt sind. Insoweit könnte man von einer Schlechterfüllung dieser Verpflichtung ausgehen und damit doch wiederum §§ 437 Nr.3, 280 I BGB anwenden.

Das Verschulden des F als Erfüllungsgehilfe ist dem B auch nach § 278 zuzurechnen. Die Nebenpflichtverletzung erfolgte damit gemäß § 280 I 2 auch schuldhaft.

T kann von B aus den §§ 280 I, 241 II Schadensersatz im Umfang des negativen Interesses (Vertrauensschaden) verlangen.[253] Die Schäden, nämlich die Motorschäden an den eigenen Fahrzeugen und eventuelle Ersatzansprüche der Kunden gegen T wegen des falschen Treibstoffs, sind auch adäquat kausal entstanden. Ein Anspruch aus den §§ 280 I, 241 II besteht demnach.

hemmer-Methode: Bedeutung hat die Abgrenzung zwischen den §§ 280 I, 241 II und den §§ 437 Nr. 3, 280 I bei der Frage der Verjährung. Der Schadensersatzanspruch wegen Nebenpflichtverletzung aus den §§ 280 I, 241 II verjährt gemäß § 195 in drei Jahren. Die Verjährung des Schadensersatzanspruchs aus §§ 437 Nr.3, 280 I BGB verjährt jedoch in zwei Jahren. Wegen der unterschiedlichen Verjährungsdauer kann die Abgrenzung zwischen Nebenpflichtverletzung und Verletzung der Pflicht zur mangelfreien Leistung fallentscheidend sein.

---

252 PALANDT, § 280, Rn.22.

253 Zum negativen Interesse oben Rn. 50 ff.

2. Vertretenmüssen

Gemäß § 280 I 2 setzt der Schadensersatzanspruch voraus, dass der Verkäufer die Pflichtverletzung zu vertreten hat. Für das Vertretenmüssen gelten die allgemeinen Vorschriften. Bei der Übernahme einer Garantie für die Beschaffenheit ist fraglich, ob diese sich auch auf Mangelfolgeschäden erstreckt. Dieses Problem wurde jedoch oben Rn. 150 schon ausführlich erörtert.

3. Umfang des Schadensersatzes

Ersatz der Mangelfolgeschäden

Wenn die oben genannten Voraussetzungen vorliegen, kann der Käufer Schadensersatz verlangen. Über die §§ 437 Nr. 3, 280 I werden nur sogenannte Begleitschäden ersetzt. Aus § 280 III ergibt sich, dass Schadensersatz statt der Leistung nur unter den Voraussetzungen der §§ 281-283, 311a II 1 verlangt werden kann. Über § 280 I wird nur das Integritätsinteresse geschützt. Dem Käufer werden Schäden, die er aufgrund des Mangels an seinen sonstigen Rechtsgütern erleidet, ersetzt. Das Äquivalenzinteresse wird hingegen über die §§ 437 Nr. 3, 280 I, III, 281, 283 und § 311a II 1 geschützt.

Wird der Käufer durch die mangelhafte Sache an seinem Körper, Gesundheit, Eigentum verletzt, so liegt ein Mangelfolgeschaden vor. Anspruchsgrundlage sind die § 437 Nr. 3, 280 I. Eine Nachfristsetzung nach § 281 würde hier auch keinen Sinn ergeben, da die Beseitigung des Mangels den Schaden nicht entfallen lässt.

> *Bsp.: Bauer B kauft bei Futtermittelhersteller F 500 kg Mastfutter für seine Tiere. Durch den Verzehr des Futters sterben insgesamt 15 Tiere. Bei einer Untersuchung des Futters stellt sich schließlich heraus, dass dieses schon bei Lieferung mit Bakterien vergiftet war.*
>
> Der *Mangelschaden* besteht hier nur in dem vergifteten Futter selbst. Insoweit greifen die §§ 437 Nr. 3, 280 I, III, 281 ein. Hinsichtlich des Schadens an den Tieren, also an anderen Rechtsgütern als der verkauften Sache, hat der Käufer jedoch keinen Mangel-, sondern einen *Mangelfolgeschaden* erlitten.

Problem: Weiterfressende Mängel

Ein Sonderproblem stellt sich beim Schadensersatz wegen weiterfressender Mängel. Ein weiterfressender Mangel liegt vor, wenn die Sache aufgrund eines Sachmangels weiter verschlechtert oder gar zerstört wird. Hier ist umstritten, ob ein Schadensersatzanspruch aus den §§ 437 Nr. 3, 280 I wegen des an der mangelhaften Sache entstandenen weiterfressenden Schadens in Betracht. Ersetzt wird aber über § 280 I nur das Integritätsinteresse, nicht das Äquivalenzinteresse. Der Schaden kann daher nur darin liegen, dass bisher mangelfreie Teile der Sache durch den Mangel in Mitleidenschaft gezogen werden.

> *Bsp.: K kauft ein Auto von V. Aufgrund einer fehlerhaften Konstruktion bewegt sich der Gashebel nach Loslassen nicht mehr in seine Ausgangsstellung zurück. K verursacht einen Unfall, der auf das Klemmen des Gaszuges zurückzuführen ist. Das Auto erleidet dadurch einen Totalschaden.*
>
> Lösung: Als Anspruchsgrundlage kommen die §§ 437 Nr. 3, 280 I in Betracht. Der fehlerhafte Gaszug stellt einen Sachmangel dar. Das sonst einwandfreie Fahrzeug wurde durch diesen Mangel zerstört. Problematisch ist aber die Frage, ob dieser Schaden über § 280 I ersetzt wird. In Betracht kommt auch ein Anspruch auf Schadensersatz statt der Leistung aus §§ 437 Nr.3, 283 BGB. Über § 283 („statt der Leistung") wird das Äquivalenzinteresse geschützt. Fraglich ist, ob die Zerstörung des Wagens das Äquivalenzinteresse betrifft.

Die Frage wird danach beantwortet, ob der Schaden durch eine fiktiv gedachte Nacherfüllung beseitigt werden könnte. Dann kommt § 283 BGB in Betracht. Die Nacherfüllung bezieht sich auf den Mangel bei Gefahrübergang. Daher könnte man argumentieren, dass der Schaden am PKW nicht von der Nacherfüllung erfasst ist und somit auch bei fiktiver Nacherfüllung nicht beseitigt würde. Demnach käme nur § 280 I BGB in Betracht.

Diese Sichtweise trifft indes nicht zu, denn im Rahmen der Nacherfüllung hat der Käufer auch die Möglichkeit, Nachlieferung zu verlangen. Diese bezieht sich aber nicht nur auf den Gaszug, sondern auf den Kaufgegenstand und das ist nicht der Gaszug, sondern das Auto.

Daher ist anerkannt, dass sich die Ersatzfähigkeit solcher Schäden erst unter den Voraussetzungen des Schadensersatzes statt der Leistung ergibt und nicht bereits über § 280 I BGB ersetzt wird.

hemmer-Methode: Neben dem vertraglichen Schadensersatzanspruch aus den §§ 437 Nr. 3, 283 kommt auch ein deliktischer Schadensersatzanspruch aus § 823 I in Betracht.[254] Die Verjährung dieses deliktischen Schadensersatzanspruchs richtet sich nach § 195. Der Anspruch aus den §§ 437 Nr. 3, 283 verjährt jedoch in zwei Jahren ab Übergabe.[255] Wegen der unterschiedlichen Verjährungsfrist kann der Anspruch aus § 823 I eigenständige Bedeutung haben.

Kausalität und Zurechnung notwendig

Auch die allgemeinen Grundsätze des Schadensersatzrechts müssen geprüft werden: Insbesondere muss der Schaden adäquat kausal und zurechenbar (Adäquanz, Schutzzweck der Norm) auf der Lieferung einer mangelhaften Sache beruhen.

hemmer-Methode: Im Kaufrecht stehen verschiedene Anspruchsgrundlagen für den durch die Lieferung einer mangelhaften Sache entstandenen Schaden zur Verfügung. Die Abgrenzung dieser verschiedenen Anspruchsgrundlagen stellt ein examenstypisches Problemfeld dar. Punkten Sie durch eine saubere Differenzierung zwischen den einzelnen Anspruchsgrundlagen und guter Argumentation.

B. Sachmängelhaftung im Werkvertragsrecht

Werkvertragsrecht ist dem Kaufvertragsrecht ähnlich!

Das Sachmängelrecht beim Werkvertrag ist dem des Kaufrechts sehr ähnlich. Auch hier wird auf die Vorschriften des allgemeinen Schuldrechts verwiesen, §§ 634 Nr. 3, 4.

Bei einem Sachmangel ist das vorrangige Recht des Bestellers der Nacherfüllungsanspruch gemäß den §§ 634 Nr. 1, 635. Der Besteller kann bei einem Sachmangel grundsätzlich nur Nacherfüllung verlangen. Der Vorrang des Nacherfüllungsanspruchs ergibt sich zwar nicht unmittelbar aus dem Gesetz. Jedoch setzen Selbstvornahme, Rücktritt, Minderung und Schadensersatz grundsätzlich eine Fristsetzung bezüglich des Nacherfüllungsanspruchs voraus.

Nacherfüllungsanspruch ist Modifikation des Erfüllungsanspruchs

Bei dem Nacherfüllungsanspruch handelt es sich um eine Modifikation des Erfüllungsanspruchs aus § 633 I. Gemäß 633 I ist der Werkunternehmer verpflichtet, das Werk frei von Sachmängeln zu verschaffen. Verletzt der Werkunternehmer diese Pflicht, so steht dem Besteller gemäß den §§ 634 Nr. 1, 634 ein Nacherfüllungsanspruch zu.

Problem: Wahl der richtigen Anspruchsgrundlage

Schadensersatz kann der Besteller gemäß § 634 Nr. 4 nur unter den Voraussetzungen der §§ 311a II 1 und §§ 280 I, III, 281, 283 verlangen.

---

254 Str., vgl. Hemmer/Wüst Deliktsrecht Rn 34 ff. und Life and Law 2005, 164 f. (background).

255 nach a.A. sollen Ansprüche aus § 280 I BGB wegen Verletzung des Integritätsinteresses der Regelverjährung, §§ 195, 199 BGB, unterliegen, Wagner, JZ 2002, 475, 478 ff.; diese Ansicht ist aber mit dem Gesetzeswortlaut und dem Gesetzgeberwillen kaum in Einklang zu bringen.

§ 4 VERSCHULDENSABHÄNGIGE MÄNGELHAFTUNG

Wie im Kaufrecht stehen für den Schadensersatzanspruch des Bestellers verschiedene Anspruchsgrundlagen zur Verfügung. Für die Abgrenzung der verschiedenen Anspruchsgrundlagen ist entscheidend, ob

⇨ Ersatz des Schadens statt der Leistung oder des Schadens neben der Leistung begehrt wird,

⇨ Wenn statt der Leistung, ob es sich um einen behebbaren oder einen unbehebbaren Mangel handelt.

⇨ Wenn unbehebbar: es ist weiterhin danach zu differenzieren, ob die Herstellung eines mangelfreien Werkes von Anfang an unmöglich war oder erst nach Vertragsschluss unmöglich wurde.

Der Ersatz des Mangelfolgeschadens erfolgt über die §§ 634 Nr. 4, 280 I. Bezüglich des Ersatzes statt der Leistung ist wie folgt zu differenzieren: Bei behebbaren Sachmängeln sind die §§ 634 Nr. 4, 280 I, III, 281 die richtige Anspruchsgrundlage. War die Herstellung eines mangelfreien Werks schon bei Vertragsschluss unmöglich, so sind die §§ 634 Nr. 4, 311a II 1 einschlägig. Wird die Herstellung eines mangelfreien Werks nach Vertragsschluss unmöglich, so bestimmt sich der Schadensersatz nach den §§ 634 Nr. 4, 280 I, III, 283.

Übersicht zu den Anspruchsgrundlagen beim Werkvertrag

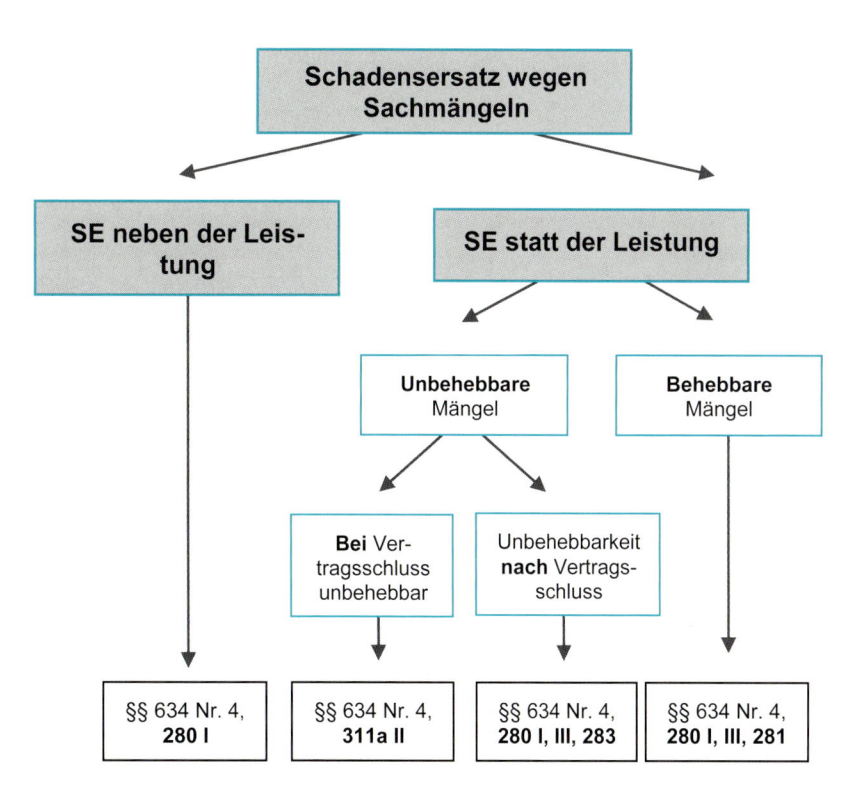

341

```
                    Schadensersatz wegen
                         Sachmängeln
                    ↙              ↘
      SE neben der Leis-        SE statt der Leistung
           tung                    ↙          ↘
                            Unbehebbare    Behebbare
                              Mängel         Mängel
                            ↙      ↘
                      Bei Ver-    Unbehebbarkeit
                      tragsschluss nach Vertrags-
                      unbehebbar   schluss
           ↓              ↓            ↓            ↓
       §§ 634 Nr. 4,  §§ 634 Nr. 4, §§ 634 Nr. 4, §§ 634 Nr. 4,
         280 I        311a II      280 I, III, 283  280 I, III, 281
```

I. §§ 634 Nr. 4, 280 I, III, 281

Bei behebbaren Sachmängeln sind die §§ 634 Nr. 4, 280 I, III, 281 die richtige Anspruchsgrundlage. Bevor der Besteller Schadensersatz verlangen kann, muss er grundsätzlich eine Nachfrist setzen. Durch das Erfordernis der Nachfristsetzung wird dem Werkunternehmer ein Nachbesserungsrecht eingeräumt.

342

1. Haftungsgrund

Haftungsgrund ist die Nichterfüllung der Pflicht des Werkunternehmers aus § 633 I. Gemäß § 633 I ist der Werkunternehmer verpflichtet, das Werk frei von Sachmängeln herzustellen. Verletzt der Werkunternehmer diese Pflicht in zu vertretender Weise, so kommt nach Fristsetzung ein Schadensersatzanspruch in Betracht. Haftungsgrund ist letztendlich die vom Werkunternehmer zu vertretende Mangelhaftigkeit des Werks.

343

2. Voraussetzungen

Die Voraussetzungen entsprechen weitgehend denen des kaufrechtlichen Anspruchs.

344

---

1. Wirksamer **Werkvertrag** (§ 631)
2. Bestehender Nacherfüllungsanspruch (§§ 634 Nr. 1, 635)
   a) **Sachmangel** (§ 633 II)
   b) **Abnahme** (§ 640)
   c) kein Haftungsausschluss (§§ 639, 640 II)
   d) keine Unmöglichkeit der Nacherfüllung
3. **Fristsetzung oder Entbehrlichkeit** (§§ 281 I, II)
4. Erfolgloser **Fristablauf**
5. **Vertretenmüssen** des Werkunternehmers (§ 280 I 2)
6. Rechtsfolge: Schadenersatz statt der Leistung

---

a) Wirksamer Werkvertrag

Voraussetzung ist WerkV; Probl. Abgrenzung zu DienstV ⇨ Erfolgs- und Zeitbestimmtheit

Zuerst ist zu prüfen, ob überhaupt ein Werkvertrag geschlossen wurde. Ist dies nicht der Fall, kommen werkvertragliche Mängelrechte gar nicht in Betracht. Schwierig ist dabei oft die Feststellung, ob ein Werk- oder ein Dienstvertrag geschlossen wurde. Wesentliche Unterscheidungskriterien für die Abgrenzung sind die *Zeitbestimmtheit* beim Dienstvertrag und die *Erfolgsbestimmtheit* für den Werkvertrag. Beim Dienstvertrag (§ 611) stellt damit (im Rahmen eines Dauerschuldverhältnisses) das bloße Wirken die Arbeits- bzw. Vertragsleistung dar. Dagegen ist beim Werkvertrag (§ 631) das Herbeiführen des vereinbarten, gegenständlich erfassbaren Arbeitsergebnisses geschuldet.

345

bei Standardsoftware ist regelm. Kaufvertrag anzunehmen

Schwierigkeiten bereitet auch die Frage, ob es sich bei Software um einen Kauf- oder Werkvertrag handelt. Richtigerweise ist hier in jedem Fall individuell zu prüfen, welche Vertragsart zutreffend ist.

Jedenfalls ist dann, wenn es sich um Standardsoftware handelt, regelmäßig von einem Kaufvertrag auszugehen.[256] Dies ist auch dann der Fall, wenn gleichzeitig eine Vereinbarung über die Installation der Standardsoftware getroffen wird. Auch dann liegt ein Kaufvertrag (mit Nebenpflichtvereinbarung) und kein Werkvertrag vor.[257]

bei individueller Software dagegen regelm. WerkV

Wird indessen eine individuell auf den jeweiligen Benutzer abgestimmte Software hergestellt und installiert, so ist diesbezüglich die Annahme von Werkvertragsrecht sachgerechter.[258]

Dies gilt auch vor dem Hintergrund der Änderung des § 651 BGB. Danach fällt die Herstellung beweglicher Sachen unter das Kaufvertragsrecht. Denn Software ist keine Sache, auch wenn sie in einer Sache verkörpert ist. Der Schwerpunkt liegt in der geistigen Leistung.[259]

hemmer-Methode: Achten Sie genau auf das Abgrenzungskriterium. Liegt der Schwerpunkt in der *Überlassung* einer bereits vorgefertigten Software, ist Kaufrecht einschlägig. Geht es aber um die *Herstellung* einer auf die individuellen Bedürfnisse des Bestellers ausgerichteten Software, bewegt man sich im Werkvertragsrecht. U.U. kann aber auch ein Werklieferungsvertrag gemäß § 651 vorliegen, insbesondere wenn es um die Anpassung von bereits vorgefertigten Rahmenprogrammen geht.

b) Sachmangel

Definition Sachmangel

Das Vorliegen eines Sachmangels bestimmt sich ähnlich wie beim Kaufvertrag.[260] Ein Sachmangel liegt vor, wenn die Istbeschaffenheit des Werks von der Sollbeschaffenheit für den Käufer nachteilig abweicht.

Vorrangig vertragliche Vereinbarung maßgebend

Gemäß § 633 II 1 bestimmt sich die Sollbeschaffenheit des Werkes vorrangig nach der vertraglichen Vereinbarung. Die Ausführungen zur Beschaffenheitsvereinbarung gelten insoweit entsprechend.[261]

Bsp.: B lässt in seinem Haus nachträglich Wärmedämmfenster einbauen. Er bringt bei den Vertragsverhandlungen gegenüber dem Handwerker H, der diese einbauen soll, zum Ausdruck, dass die Fenster einen bestimmten Wärmedämmwert nicht überschreiten dürfen. H meint daraufhin, dass dies schon in Ordnung gehen werde.

Lösung: Hier stellt die Erklärung des H, „dies ginge schon in Ordnung", eine Beschaffenheitsvereinbarung i. S. v. § 633 II 1 dar. Denn damit hat H zum Ausdruck gebracht, die von ihm herzustellenden Fenster wiesen einen bestimmten Wärmedämmwert auf. Dies reicht für eine Beschaffenheitsvereinbarung aus.

Subsidiär: Eignung zum vertraglich vorausgesetzten Gebrauch

Wurde keine bestimmte Beschaffenheit vereinbart, so kommt es gemäß § 633 II 2 Nr. 1 darauf an, ob sich das Werk für den vertraglich vorausgesetzten Zweck eignet.

Höchst Subsidiär: objektive Gesichtspunkte

Wurde auch keine bestimmte Verwendung des Werks vorausgesetzt, so ist gemäß § 633 II 2 Nr. 2 die Eignung zum gewöhnlichen Verwendungszweck entscheidend. Ferner muss das Werk eine Beschaffenheit aufweisen, die bei Werken der gleichen Art üblich ist und die der Besteller nach der Art des Werkes erwarten kann.

---

256 PALANDT, § 433, Rn. 9.
257 PALANDT a.a.O.; a.A. MEDICUS, der darauf abstellt, dass der Einbau dann, wenn ihn ein anderer getätigt hätte, in jedem Fall als Werkvertrag zu behandeln wäre, JuS 1992, S. 273 ff.
258 PALANDT, vor § 631, Rn. 22 mit weiteren Beispielen.
259 PALANDT, § 651, Rn. 5.
260 Siehe oben Rn. 237 ff.
261 Siehe oben Rn. 237 ff.

Auch die Herstellung eines anderen Werks oder der Herstellung des Werks in zu geringer Menge, wird gemäß § 633 II 3 wie ein Sachmangel behandelt.

> **hemmer-Methode:** Wie Sie sehen, wird das Vorliegen eines Sachmangels weitgehend wie im Kaufrecht bestimmt. Sie können daher das dort Gelernte auch im Werkvertragsrecht anwenden. Beachten Sie aber die Unterschiede: § 434 I 3 hat im Werkvertragsrecht keine Entsprechung. Hierfür besteht auch kein Bedürfnis: Eigene Äußerungen des Werkunternehmers stellen bereits eine Beschaffenheitsvereinbarung dar. Einen weiteren Hersteller gibt es nicht.

c) Abnahme

Abnahme notwendig

Voraussetzung für das Eingreifen der Sachmängelhaftung ist die Abnahme des Werkes gemäß § 640. Vor der Abnahme des Werkes steht dem Besteller der primäre Erfüllungsanspruch aus § 631 zu. Bedeutung hat dies insbesondere für die Frage der Verjährung: Der primäre Erfüllungsanspruch verjährt nach § 195 in drei Jahren, für den Nacherfüllungsanspruch gilt die Verjährung des § 634a.

Definition Abnahme

Abnahme bedeutet die körperliche Entgegennahme des Werkes verbunden mit der Anerkennung als im Wesentlichen vertragsgemäße Leistung. An die Stelle der Abnahme tritt gemäß § 646 die Vollendung des Werkes, wenn die Abnahme aufgrund der Beschaffenheit des Werkes ausgeschlossen ist.

d) Kein Ausschluss der Mängelrechte

Die Sachmängelhaftung darf nicht ausgeschlossen sein. Der Ausschluss kann auf Gesetz oder auf einer Vereinbarung zwischen den Parteien beruhen.

aa) § 640 II

Bei Abnahme in Kenntnis des Mangels kann dennoch Schadensersatz verlangt werden

Gemäß § 640 II sind die Sachmängelrechte teilweise ausgeschlossen, wenn der Besteller das Werk in Kenntnis des Mangels abnimmt, ohne sich seine Rechte wegen des Mangels vorzubehalten. Dieser Ausschluss gilt aber nach dem eindeutigen Wortlaut des Gesetzes nicht für den Anspruch auf Schadensersatz nach § 634 Nr. 4. Der Besteller kann deshalb in diesem Fall Schadensersatz verlangen.[262]

bb) Rechtsgeschäftlicher Haftungsausschluss

Rechtsgeschäftlicher Haftungsausschluss denkbar

Möglich ist auch ein rechtsgeschäftlicher Haftungsausschluss. Besteller und Werkunternehmer können durch Vereinbarung die Sachmängelrechte grundsätzlich ausschließen. Gemäß § 639 ist der Ausschluss aber unwirksam, wenn der Werkunternehmer den Mangel arglistig verschwiegen hat oder eine Garantie für die Beschaffenheit des Werkes übernommen hat. Die Ausführungen zum Kaufrecht gelten insoweit entsprechend.

---

262 PALANDT § 640 Rn. 13.

e) keine Unmöglichkeit der Nacherfüllung

Abgrenzung zu anderen Anspruchsgrundlagen: keine Unmöglichkeit der Nacherfüllung

§ 281 ist nur dann die richtige Anspruchsgrundlage, wenn die Nacherfüllung erbringbar ist. Bei unbehebbaren Sachmängeln sind § 311a II 1 bzw. die §§ 280 I, III, 283 die richtige Anspruchsgrundlage. An dieser Stelle ist die Abgrenzung zwischen den verschiedenen Anspruchsgrundlagen vorzunehmen.

353

Unmöglichkeit der Nacherfüllung liegt vor, wenn beide Arten der Nacherfüllung, also Neuherstellung und Nachbesserung, unmöglich sind.

f) Fristsetzung oder Entbehrlichkeit der Fristsetzung

Gemäß § 281 I muss der Besteller dem Werkunternehmer für die Nacherfüllung eine angemessene Frist setzen. Ist die gesetzte Frist zu kurz, so wird eine angemessene Frist in Lauf gesetzt.

354

Ausnahmsweise kann eine Fristsetzung entbehrlich sein. Gemäß § 281 II ist die Setzung einer Frist überflüssig, wenn eine endgültige und ernsthafte Erfüllungsverweigerung vorliegt[263] oder besondere Umstände vorliegen, die unter Abwägung der beiderseitigen Interessen eine sofortige Geltendmachung des Schadensersatzes rechtfertigen. Ferner ist die Fristsetzung gemäß den §§ 635 III, 636 entbehrlich, wenn der Werkunternehmer die Nacherfüllung wegen unverhältnismäßiger Kosten verweigert.

Gemäß § 635 III kann der Werkunternehmer die Nacherfüllung verweigern, wenn sie mit unverhältnismäßigen Kosten verbunden ist. Für die Unverhältnismäßigkeit der Kosten gelten im Wesentlichen die Ausführungen zum Kaufrecht.[264]

355

hemmer-Methode: Beachten Sie, dass beim Werkvertrag das Wahlrecht zwischen Nachbesserung und Neuherstellung dem Werkunternehmer zusteht. Hierin liegt ein wesentlicher Unterschied zum Kaufrecht. Dort hat der Käufer das Wahlrecht. Weil der Besteller im Werkvertragsrecht kein Wahlrecht hat, kann es für den Anspruch nicht auf die Ausübung des Wahlrechts ankommen.

Sofern eine Fristsetzung erforderlich ist, muss diese erfolglos abgelaufen sein.

g) Vertretenmüssen

Werkunternehmer muss die Nichtleistung zu vertreten haben

Der Werkunternehmer muss die Nichtleistung bezüglich des Nacherfüllungsanspruchs zu vertreten haben, § 280 I 2. Aus dem Wortlaut der Bestimmung ergibt sich, dass hierfür der Werkunternehmer die Darlegungs- und Beweislast hat. Für das Vertretenmüssen gelten die allgemeinen Grundsätze.[265]

356

Der Werkunternehmer hat die Pflichtverletzung verschuldensunabhängig zu vertreten, wenn er eine Garantie für die Beschaffenheit des Werkes übernommen hat. Dies wurde bereits oben ausführlich dargestellt.[266]

---

263 Verlangt der Kläger ohne vorherige Fristsetzung Schadensersatz und bestreitet der Beklagte in der Klageerwiderungsschrift kategorisch seine Mängelbeseitigungspflicht, wird die Fristsetzung in diesem Zeitpunkt entbehrlich, BGH Urt.v.5.12.2002 Az.VII ZR 360/1, ZGS 2003, 43 f.
264 Vgl dazu Rn. 294 ff.
265 Vgl dazu Rn. 309 ff.
266 Rn. 151 ff.

3. Rechtsfolge: Schadensersatz statt der Leistung

Rechtsfolge der §§ 280 I, III, 281 ist die Verpflichtung des Werkunternehmers zur Leistung von Schadensersatz statt der Leistung. Für die Ermittlung des Schadens stehen zwei Methoden zur Auswahl: Der kleine und der große Schadensersatz. Dies wurde bereits oben Rn. 314 ff. ausführlich dargestellt.

357

II. §§ 634 Nr. 4, 311a II

§ 311a II 1

Bei unbehebbaren Sachmängeln, die bereits bei Vertragsschluss vorlagen, sind die §§ 634 Nr. 4, 311a II 1 die richtige Anspruchsgrundlage. Die Voraussetzungen dieses Anspruchs sind:

358

Voraussetzungen

> 1. Wirksamer **Werkvertrag** (§ 311a I)
>
> 2. Nacherfüllungsanspruch, der wegen Unmöglichkeit ausgeschlossen ist
>
>   a) **Sachmangel**
>
>   b) bei **Abnahme**
>
>   c) kein Ausschluss der Mängelrechte
>
>   d) Unmöglichkeit der Nacherfüllung
>
> 3. **Anfängliche** Unmöglichkeit
>
> 4. **Kenntnis oder zu vertretende Unkenntnis**, § 311a II 2
>
> 5. Rechtsfolge: Schadensersatz statt der Leistung

§ 311a II 1 ist nur bei anfänglicher Unmöglichkeit die richtige Anspruchsgrundlage

Die Voraussetzungen entsprechen weitgehend denen bei den §§ 634 Nr. 4, 281. Bei § 311a II muss die Beseitigung des Mangels aber unmöglich sein. Damit § 311a II 1 die richtige Anspruchsgrundlage ist, muss die Herstellung eines mangelfreien Werks schon bei Vertragsschluss unmöglich gewesen sein. Für nachträglich eingetretene Unmöglichkeit gelten die §§ 634 Nr. 4, 280 I, III, 283. Der Werkunternehmer muss gemäß § 311a II 2 die Unmöglichkeit der Herstellung eines mangelfreien Werks gekannt haben oder aufgrund von Fahrlässigkeit nicht gekannt haben. Den Werkunternehmer trifft aber eine weitreichende Pflicht, sich über seine eigene Leistungsfähigkeit zu vergewissern. Die Unkenntnis von der Unmöglichkeit beruht regelmäßig auf Fahrlässigkeit.

359

III. §§ 634 Nr. 4, 280 I, III, 283

Wird die Herstellung eines mangelfreien Werkes nach Vertragsschluss unmöglich, so bestimmt sich die Ersatzpflicht nach den §§ 280 I, III, 283. Die Voraussetzungen ergeben sich weitgehend aus dem Gesetz:

360

Voraussetzungen

> 1. Wirksamer **Werkvertrag**
>
> 2. Nacherfüllungsanspruch, der wegen Unmöglichkeit ausgeschlossen ist
>
>   a) **Mangel**
>
>   b) Bei **Abnahme**
>
>   c) Kein Ausschluss der Mängelrechte
>
>   d) **Unmöglichkeit der Nacherfüllung**
>
> 3. **Nachträgliche** Unmöglichkeit

> **4. Vertretenmüssen**, § 280 I 2
>
> **5. Rechtsfolge:** Schadensersatz statt der Leistung

§§ 280 I, III, 283 nur bei nachträglicher Unmöglichkeit

Die Voraussetzungen entsprechen denen des § 311a II 1. Die Nacherfüllung muss unmöglich sein. Diese Unmöglichkeit muss in Abgrenzung zu § 311a II 1 nachträglich eingetreten sein. Der Werkunternehmer muss die Unmöglichkeit der Nacherfüllung zu vertreten haben, § 280 I 2. Wenn diese Voraussetzungen vorliegen, kann der Besteller Ersatz des Mangelschadens verlangen.

361

IV. §§ 634 Nr. 4, 280 I

Der Ersatz des Mangelfolgeschadens wird einheitlich in § 280 I geregelt. Die Voraussetzungen ergeben sich aus dem Gesetz:

362

> **1. Wirksamer Werkvertrag**
>
> **2. Pflichtverletzung: Herstellung eines mangelhaften Werks**
>
> **3. Vertretenmüssen**
>
> **4. Rechtsfolge:** Schadensersatz

Der Anspruch setzt zunächst einen wirksamen Werkvertrag voraus. Die Pflichtverletzung liegt in der Herstellung eines mangelhaften Werks. Hier ist inzident das Vorliegen eines Sachmangels zu prüfen.

363

Wenn diese Voraussetzungen vorliegen, ist der Werkunternehmer zum Schadensersatz verpflichtet. § 280 I erfasst den Mangelfolgeschaden. Mangelfolgeschäden sind Schäden am sonstigen Vermögen des Bestellers.

Bsp.: Unternehmer U lässt sich von Handwerker H eine neue Ölfeuerungsanlage für seine Fabrik einbauen. Kurz nach der Abnahme kommt es bei einer Probefeuerung zu einem Brand, weil H für den Bau des Ofens falsches Material verwendet hat. Für die an der Halle entstandenen Schäden verlangt U Schadensersatz.

364

Ein Anspruch des U kann sich hier aus den §§ 634 Nr. 4, 280 I ergeben. Die Pflichtverletzung liegt in der Herstellung eines mangelhaften Werks. H hat diese Pflichtverletzung auch zu vertreten. U kann daher gemäß den §§ 634 Nr. 4, 280 I die an der Halle entstandenen Schäden ersetzt verlangen.

C. § 536° I 2.Alt.

I. Voraussetzungen

Verschuldenshaftung für Fehler nach Vertragsschluss

§ 536a I 2.Alt. ist im Gegensatz zu § 536a I 1.Alt. *kein* Fall der *Garantiehaftung* für Fehler. Vielmehr wird nach § 536a I 2.Alt. ein *verschuldensabhängiger* Anspruch (§ 276) für solche Fehler gewährt, die erst *nach* Abschluss des Mietvertrags entstehen. Ein Verschulden von Erfüllungsgehilfen ist nach § 278 zuzurechnen.

365

Grund für die im Vergleich zur 1.Alt abgeschwächte Haftung ist der Umstand, dass sich die Sache nach der Überlassung an den Mieter nicht mehr im unmittelbaren Einflussbereich des Vermieters befindet. Daher wäre eine Gefährdungshaftung nicht gerechtfertigt.

II. Umfang

Umfang des Anspruchs geht über positives Interesse

Liegt ein vom Vermieter zu vertretender Mangel vor, so kann der Mieter im Umfange des *positiven* Interesses Schadensersatz verlangen. Darin enthalten ist auch der Anspruch auf Ersatz des Mangelfolgeschadens.[267]

III. Anspruchsausschluss

Ausschluss entsprechend §§ 536b, 536c II möglich

§ 536b gilt grundsätzlich nur für Kenntnis bei Vertragsschluss, ist nicht entsprechend anwendbar, wenn der Mieter trotz nachträglicher Kenntnis den Mietvertrag ohne Widerspruch fortsetzt.[268]

Der Anspruch kann auch gemäß § 536c II beschränkt oder gar völlig ausgeschlossen sein, sofern der Mieter seiner Anzeigepflicht nach § 536c I nicht nachgekommen ist. Zu beachten ist dabei, dass eine Verletzung der Anzeigeobliegenheit auch im Fall der grob fahrlässigen Unkenntnis des Mieters vorliegt.[269]

> **Bsp.:** Mieter M bemerkt einen verdächtig großen Wasserfleck an der Wohnungsdecke. Dennoch fährt er ohne vorherige Mitteilung an seinen Vermieter für eine Woche zum Skilaufen. Als er wieder zurückkehrt, ist sein Perserteppich infolge Wasserschadens völlig ruiniert. M verlangt Schadensersatz. Sein Vermieter lehnt alle Ansprüche gegen sich ab und verlangt im Gegenzug Schadensersatz wegen des beschädigten Parkettbodens.
>
> Ein möglicher Schadensersatzanspruch des M gemäß § 536a I 2.Alt. ist bereits durch § 536c II 2 Nr. 2 ausgeschlossen, da M seiner Verpflichtung zur Anzeige des Wasserschadens an der Decke nicht nachgekommen ist. Dies wäre auch der Fall, wenn M den Fleck an der Decke nicht als Wasserschaden erkannt hätte, da eine derartige Unkenntnis auf grober Fahrlässigkeit beruht. § 536c II 2 Nr. 2 führt hier auch zum völligen Anspruchsausschluss, denn bei rechtzeitiger Kenntnis des V hätte jeder weitere Schaden von ihm verhindert werden können.[270]
>
> Im Gegenzug könnte V den Schaden am Parkett gemäß § 536c II 1 von M ersetzt verlangen. Nach allg. Meinung setzt dieser Anspruch bezüglich der Nichtanzeige ein *Verschulden des Mieters* (§§ 276, 278) voraus.[271] Dieses ist hier gegeben. Somit kann V von M gemäß § 536c II 1 Schadensersatz verlangen. Dieser Anspruch ist darauf gerichtet, für den Vermieter den Zustand herzustellen, der bei rechtzeitiger Anzeige hätte hergestellt werden können.[272]

D. § 651f

§ 651f Verhältnis zu den §§ 631 ff.

Das Reisevertragsrecht ist dem Werkvertragsrecht nachgebildet. Es bestehen deshalb in vieler Hinsicht Ähnlichkeiten. Außerdem wird das Reisevertragsrecht in den Bereichen, in denen es keine eigenen Spezialregelungen enthält, durch das Werkvertragsrecht ergänzt.[273]

Rechtsfolge Schadensersatz über positives Interesse

§ 651f gibt dem *Reisenden* wegen eines Mangels der Reise gegenüber dem *Reiseveranstalter* einen Anspruch auf Schadensersatz wegen Nichterfüllung. Der Anspruch geht folglich auf das *positive* Interesse.

---

267 Siehe zur Begründung oben Rn. 142 ff.

268 PALANDT, § 536b, Rn. 5.; BGH NJW 2005, 1503.; eine analoge Anwendung verbietet sich auch hinsichtlich der Verwirkung des Rechts zur außerordentlichen Kündigung, BGH Life and Law 2007, 161 ff.

269 PALANDT, § 536c, Rn. 7.

270 Dafür ist jedoch der Vermieter beweispflichtig, vgl. BGH, WM 89, 349.

271 PALANDT, § 536c, Rn. 10.

272 Vgl. BGH, NJW 1987, 1072.

273 LARENZ, SchuldR II/1, § 53 V a; grundsätzlich ist nur mit Zurückhaltung auf die Vorschriften des Werkvertrags zurückzugreifen; PALANDT, vor § 651a, Rn. 2; Bedeutung hat dies z.B. für die Abnahme der Reise, es gilt § 646 entsprechend, vgl. PALANDT, § 651a, Rn. 6.

§ 4 VERSCHULDENSABHÄNGIGE MÄNGELHAFTUNG

Erfasst sind nach h.M. aber auch Mangelfolgeschäden, so dass ein Rückgriff auf § 280 I BGB insoweit nicht nötig bzw. nicht zulässig ist.

Als examensrelevante Besonderheit ist insbesondere die gesetzliche Haftung auch für *vertane Urlaubszeit* gemäß § 651f II hervorzuheben. Weiterhin bedeutsam ist die Regelung des § 651g, der eine Ausschlussfrist beinhaltet. Für den Examenskandidaten ist darüber hinaus die Kenntnis des Verhältnisses der §§ 651a ff. zum allgemeinen Schuldrecht und zu den § 305 ff. notwendig.[274]

Letztendlich sollte darauf geachtet werden, dass Fälle aus dem Reisevertragsrecht regelmäßig mit dem Problem des Vertrags zugunsten (bzw. mit Schutzwirkung zugunsten) Dritter kombiniert werden.

I. Haftungsgrund

Haftungsgrund ist verschuldete Mangelhaftigkeit der Reise

Wegen der Anlehnung an das Werkvertragsrecht gelten die Ausführungen zum Haftungsgrund des § 635 auch entsprechend bei § 651f. Dieser ist folglich als echter *Mängelanspruch* zu qualifizieren. Haftungsgrund ist die verschuldete *Mangelhaftigkeit* der Reise.

371

II. Voraussetzungen

Voraussetzungen

Vorliegen der §§ 651a ff.

Ein Anspruch aus § 651f kommt nur dann in Frage, wenn das Reisevertragsrecht der §§ 651a ff. überhaupt Anwendung findet. Folglich muss ein wirksamer *Reisevertrag* im Sinne von § 651a geschlossen sein, und es muss sich der Anspruch gegen einen *Reiseveranstalter* im Sinne von § 651a richten.[275] Schließlich ist, ähnlich wie im Werkvertragsrecht, Voraussetzung, dass der Reisende vom Reiseveranstalter zunächst gemäß § 651c *Abhilfe* verlangt.

372

1. Reisevertrag

Abschluss v. Reisevertrag
⇨ *Abgrenzung z. Reisevermittlung notw.*

Schwierigkeiten können sich bei der Abgrenzung des Reisevertrags zur bloßen *Reisevermittlung* ergeben. Ein *Reisevertrag* ist nur dann anzunehmen, wenn es sich um eine in einer Reise zusammengefasste *Mehrheit* von einzelnen Reiseleistungen handelt, die der Veranstalter innerhalb eines bestimmten Zeitraums in *eigener Verantwortung* erbringt.[276]

373

Gesamtheit von Reiseleistungen in eigener Verantw.

Der Veranstalter darf sich dabei der Hilfe von *Leistungsträgern* bedienen, er muss die Veranstaltungen also nicht in eigener Person erbringen. Wichtig ist vor allem, dass nur dann, wenn eine *Mehrheit* von einzelnen Reiseleistungen angeboten wird, der Vertragspartner als *Reiseveranstalter* anzusehen ist.[277] Bei der Reisevermittlung (z.B. im Reisebüro) ist der Vermittler hingegen nicht selbst Veranstalter.

2. Mangel im Sinne von § 651c

Mangel
⇨ *Fehler und Fehlen zuges. Eigenschaften*

Der Anspruch aus § 651f setzt zunächst die Mangelhaftigkeit der Reise i.S.v. § 651c voraus. Mängel in diesem Sinne sind das *Fehlen von zugesicherten Eigenschaften* und die *Fehlerhaftigkeit* der Reise. Anknüpfungspunkt für die Feststellung, ob ein *Fehler* vorliegt, ist dabei die "Reise", also die Gesamtheit aller Veranstaltungen. Der besondere Zweck oder die besonderen Verhältnisse einer Reise sind dabei zu berücksichtigen.

374

---

274   Auch hier empfiehlt sich das Nachlesen bei PALANDT, vor § 651c.
275   Zum Begriff der Reiseveranstaltung vgl. BGH NJW 1995, 2629.
276   Indiz kann z.B. ein Pauschalpreis sein.
277   Beispiele dafür bei PALANDT, vor § 651a, Rn. 3 f.

An eine Erholungsreise sind deshalb andere Anforderungen als an eine Wüstentour zu stellen. Der Gesetzgeber hat die Diktion hier nicht dem Kaufrecht angepasst, so dass im Reisevertragsrecht nach wie vor von Mangel und zugesicherten Eigenschaften die Rede ist.

Nach ganz h.M. ist eine Reise auch dann fehlerhaft, wenn eine *Einzelleistung* ganz oder teilweise *ausfällt*, also gar nicht erbracht wird.[278]

> *Bsp. 1:* R bucht eine Reise mit Flug, Unterkunft und Verpflegung nach Athen. Dort angekommen muss er feststellen, dass sämtliche Sehenswürdigkeiten wie Akropolis oder Nationalmuseum wegen eines Streiks geschlossen sind. Er fordert deshalb vom Veranstalter Schadensersatz.

375

> Ein Anspruch des R ist hier deshalb ausgeschlossen, da es schon an einem Mangel fehlt. Weder ist ein Fehler von Reiseleistungen gegeben, noch war die Besichtigungsmöglichkeit der Sehenswürdigkeiten zugesichert.[279]

> *Bsp. 2:* R bucht diesmal eine Safari-Reise, um Elefanten zu schießen. R muss - wiederum enttäuscht - feststellen, dass die Elefanten aus dem für die Safari vorgesehenen Gebiet fortgezogen sind. Die Jagd muss deshalb ausfallen. R reklamiert, die Reise sei deshalb mangelhaft.

376

> In diesem Fall hat R Recht, denn in dem Versprechen, eine Safari durchzuführen, liegt die Zusicherung, dass die zu jagenden Tiere auch dort sind, wohin die Reise stattfindet.[280]

Vertretenmüssen bzgl. Organisations- und Ausführungsverschulden

Der Reiseveranstalter muss den Mangel aber auch zu vertreten haben. Verschulden in diesem Sinne kann sowohl *Organisations-*, als auch *Ausführungsverschulden* des Veranstalters selbst sein. Zu beachten ist dabei, dass *nichtverschuldetes* Fehlen zugesicherter Eigenschaften keinen Schadensersatzanspruch begründen kann. Das liegt daran, dass der Begriff der Zusicherung im Reisevertragsrecht grds. keinen Garantiecharakter hat, denn das Fehlen einer zugesicherten Eigenschaft stellt einen Mangel dar, für den der Veranstalter der Reise unter den Voraussetzungen des § 651f haftet, und diese Haftung setzt ein Vertretenmüssen voraus.[281]

377

bzgl. Leistungsträgern gilt § 278

Schwieriger ist es, wenn zweifelhaft ist, ob Dritte als Erfüllungsgehilfen des Veranstalters anzusehen sind. Bei den verschiedenen Leistungsträgern ist dies aber auf jeden Fall anzunehmen. Im Übrigen obliegt es dem Veranstalter zu beweisen, dass weder einen von ihm eingesetzten Leistungsträger noch *dessen* Erfüllungsgehilfen an den aus seinem Gefahrenbereich stammenden schädigenden Umständen ein Verschulden trifft.[282]

378

> *Bsp.:* A hat mit Reiseveranstalter R einen Vertrag über eine Schiffsreise abgeschlossen. Auf dem Schiff bricht ein Brand aus, die Reise muss daraufhin abgebrochen werden. Später stellt sich heraus, dass die genaue Ursache des Brandes zwar nicht zu ermitteln ist, dass der Brand aber auf jeden Fall in den Unterkünften der Schiffsmannschaft ausgebrochen ist.

379

> Hier obliegt es dem Veranstalter zu beweisen, dass die Erfüllungsgehilfen seiner Leistungsträger den Brand nicht schuldhaft verursacht haben.

---

278 MüKo, § 651c, Rn. 22.
279 So auch LG Frankfurt NJW 1983, 235.
280 BGHZ 77, 310; anders Tempel, JuS 1984, 87.
281 A.A. Palandt, § 651c, Rn. 2; der einfach Zusicherung und Garantie i.S.d. § 276 gleichsetzt. Das erscheint aber kaum vertretbar, denn auch nach altem Recht war die Zusicherung in den einzelnen Vertragstypen unterschiedlich definiert. Dass die Zusicherung im Kaufrecht nach altem Recht eine Garantie darstellte, ergab sich aus § 463 S.1 BGB a.F., der bei Fehlen einer zugesicherten Eigenschaft *ohne Weiteres* eine Schadensersatzhaftung normierte. Man sollte unabhängig von diesen unterschiedliche Auffassungen jeweils durch Auslegung den Rechtsbindungswillen des Reiseveranstalters ermitteln. Denn das können auch Begrifflichkeiten nicht ersetzen. Insofern sagt auch Palandt a.a.O. konsequenterweise, dass künftig strenge Anforderungen an eine (als Garantie verstandene) Zusicherung zu stellen sind.
282 Palandt, § 651f, Rn.4.

§ 4 VERSCHULDENSABHÄNGIGE MÄNGELHAFTUNG

hemmer-Methode: Wie weit diese Einstandspflicht des Veranstalters für seine Leistungsträger reicht, hat der BGH zuletzt entschieden in NJW 2000, 1188. Diese lehrreiche Entscheidung sollte sich jeder Examenskandidat einmal durchlesen! Der Fall ist mittlerweile erneut beim BGH gelandet und wurde im Zusammenhang mit den Anforderungen an die Widerlegung der Verschuldensvermutung erneut entschieden.[283]

e.A.: Erweiterte Haftung bzgl. Beherbergung

Die Haftung des Veranstalters für Dritte soll aber nach einer Ansicht noch über die allgemeinen Regeln hinausgehen.[284] Dies soll insbesondere für die Beherbergungsleistung gelten.

380

Bsp.: Der Reisende R kommt am Urlaubsort dadurch zu Schaden, dass in seinem Hotel ein schon vor Vertragsschluss vorhandener Mangel offen zu Tage tritt. Der Reiseveranstalter, beruft sich darauf, dass er den Mangel nicht habe erkennen können und dass auch - was zutrifft - den Hotelbesitzer kein Verschulden am Mangel getroffen habe.

381

Das Kernproblem liegt hier in der Beantwortung der Frage, ob der Reiseveranstalter analog § 536a I 1.Alt. auch ohne Verschulden hinsichtlich des Mangels haften muss. Dies ist allerdings deshalb abzulehnen, weil zwischen Reiseveranstalter und Leistungsträger nach h.M. ein echter Vertrag zugunsten des Reisenden besteht.[285] Dieser Vertrag berechtigt den Reisenden nicht nur zur Geltendmachung der Primärleistung, sondern stellt ihn auch auf Sekundärebene wie den Vertragspartner selbst.

hemmer-Methode: Nicht zu verwechseln ist dieses Problem mit folgender Konstellation: Der Reiseveranstalter erbringt die Reiseleistung selbst, da z.B. das Hotel vor Ort sein eigenes ist. Dann entspricht es der h.M., dass ein Anspruch aus § 536a 1.Alt. BGB auch gegen den Reiseveranstalter gegeben ist. Begründung: der Reisende soll nicht schlechter stehen, als er stehen würde, wenn die Reiseleistungen durch Leistungsträger ausgeführt werden.

382

Abhilfeverlangen notw.

Der Wortlaut des § 651f ist missverständlich. "Unbeschadet der Minderung oder Kündigung" bedeutet *nicht,* dass *Mängelanzeige* und *Abhilfeverlangen* überflüssig sind. Diese Formulierung bezieht sich nur auf den *Umfang* des Anspruchs. Voraussetzung des Anspruchs aus § 651f sind deshalb die Mängelanzeige und das Abhilfeverlangen im Sinne von § 651c.

383

III. Ersatz nutzlos aufgewendeter Urlaubszeit

auch Ersatz f. nutzlos aufgewendete Urlaubszeit bei erheblichem Mangel

Nach § 651f II kann der Reisende auch Ersatz für die *nutzlos aufgewendete Urlaubszeit* verlangen. Dieser Ersatz ist nur in Geld zu leisten. Der Gesetzgeber hat der Geldentschädigung jedoch enge Grenzen gezogen. So muss die Reise *erheblich* beeinträchtigt worden sein. Dies ist dann der Fall, wenn der mit der Reise typischerweise verbundene Zweck nicht erreicht werden kann. Die Höhe der Entschädigung richtet sich nach den Umständen des Einzelfalls, also nach dem Maß der Beeinträchtigung, der Höhe des Reisepreises und dem finanziellen Aufwand, der für einen Ersatzurlaub erforderlich wäre.

384

frühere Rspr.: materieller Schaden aufgr. Kommerzialisierung

Vor Einfügung der § 651a ff., war aufgrund der Regelung des § 253 I *in jedem Fall* einzeln zu untersuchen, ob es sich bei der nutzlos aufgewendeten Urlaubszeit um einen ersatzfähigen *materiellen* Schaden handelt. Ein bloßer *immaterieller* Schaden war nicht ersatzfähig. Dabei war der Anspruch wegen nutzlos aufgewendeten Urlaubs vom BGH und der h.M. teilweise als materieller Schaden anerkannt.

385

---

283 NJW 2005, 418 ff.
284 TEMPEL, JuS 1984, 90.
285 Vgl. PALANDT, § 651a, Rn. 10.

Grund: § 7 BUrlG; Kosten für Ersatzkraft	Für Arbeitnehmer wurde zur Begründung eines *materiellen* Schadens insbesondere der Rechtsgedanke des § 7 IV BUrlG herangezogen, denn danach ist Urlaub *abzugelten,* wenn er wegen Beendigung des Arbeitsverhältnisses nicht gewährt werden kann. Auch bei Selbständigen war ein *materieller* Schaden angenommen worden, weil diese eine Ersatzkraft einstellen oder einen Einnahmeverzicht hinnehmen müssten. Kein Ersatzanspruch wurde aber Studenten und Rentnern gewährt, denn diese würden sich den Urlaub nicht verdienen, er wäre bei ihnen folglich *nicht kommerzialisiert.*[286]	386
wichtig bezüglich Studenten und Rentnern	Mit der Einführung des § 651f II, der nicht zwischen Reisenden verschiedener Berufsgruppen unterscheidet, hat nunmehr jeder Reisende, also auch ein Student oder Rentner, *grundsätzlich* einen Anspruch auf Ersatz der nutzlos aufgewendeten Urlaubszeit.[287]	387

Exkurs

prozessual: Bestimmtheit des Klageantrages	Da für den Umfang der angemessenen Entschädigung § 287 ZPO gilt, muss der Klageantrag seinerseits nicht genau beziffert sein. Es reicht, wenn der Kläger die tatsächlichen Grundlagen für die Bemessung der Entschädigung benennt und ansonsten die genaue Festsetzung in das Ermessen des Gerichts stellt.[288]	389
§ 651f II analog z.B. bei Ferienhausmiete, nicht aber bei Delikt	Während für das Deliktsrecht ganz allgemein eine analoge Anwendung des § 651f abgelehnt wird, ist dies für den Bereich anderweitiger vertraglicher Schadensersatzansprüche, z.B. bei der Ferienhausmiete, umstritten.[289] Insgesamt kann es aber für die Schadensfeststellung keinen Unterschied machen, ob nur *eine* oder *mehrere* Reiseleistungen erbracht werden. Deshalb ist auch bei einem *vertraglichen* Schadensersatzanspruch *außerhalb* des Reisevertragsrechts der Schaden wegen nutzlos aufgewendeter Urlaubszeit ersatzfähig.	390

Exkurs Ende

§ 651f II BGB ist auch dann anwendbar, wenn die Reise überhaupt nicht durchgeführt wird. Kann der Reiseveranstalter infolge einer Überbuchung den Kunden nicht an dem gebuchten Urlaubsort unterbringen und tritt der Kunde deshalb die Reise nicht an, so steht dem Kunden wegen Vereitelung der Reise ein Entschädigungsanspruch nach § 651 f II BGB zu.[290]

IV. Sonderprobleme

1. Haftungsbegrenzung

Haftungsbegrenzung nach § 651h möglich	Regelmäßig wiederkehrendes Problem ist die Frage der *Haftungsbegrenzung,* insbesondere deshalb, weil das Reisevertragsrecht diesbezüglich eine Sondervorschrift enthält (§ 651h). Ein Spannungsverhältnis besteht deshalb hinsichtlich § 309 Nr. 7b, weil nach dieser Vorschrift die Haftung des Veranstalters für grobe Fahrlässigkeit seiner Erfüllungsgehilfen grundsätzlich nicht ausgeschlossen werden kann.	391

---

286 Zum Kommerzialisierungsgedanken vgl. oben Rn. 5.
287 Zum Umfang vgl. PALANDT, § 651f, Rn. 5.
288 Vgl. BGH, NJW 1982, 340.
289 MüKo, § 651f, Rn. 45.
290 NJW 2005, 1047 ff.; Life and Law 2005 (Heft 5).

§ 4 VERSCHULDENSABHÄNGIGE MÄNGELHAFTUNG

kein vollständiger Haftungsausschluss

Nach § 651h ist ein vollständiger Haftungsausschluss jedoch unzulässig.[291] Eine Begrenzung der Haftung ist bei leichter Fahrlässigkeit nur in den Grenzen von Absatz 1 möglich (also maximal auf das Dreifache des Reisepreises begrenzt). Für Vorsatz und grobe Fahrlässigkeit des Veranstalters ist keine Haftungsbegrenzung möglich (Absatz 1, Ziffer 1).

392

kein Ausschluss von Körperschäden

Die Begrenzung ist weiterhin nur zulässig, soweit es *allein* um das Verschulden von Leistungsmittlern geht (Absatz 1, Ziffer 2). Hätten die Leistungsmittler nach den geltenden Vorschriften des eigenen Landes nicht zu haften, so kann sich der Veranstalter darauf berufen (Absatz 2). Ferner kann für Körperschäden keine Haftungsbeschränkung vereinbart werden.

Trifft aber den Veranstalter gleichzeitig *selbst* ein Verschulden (z.B. Organisations- oder Aufsichtsverschulden), so besteht die Haftung unbegrenzt.

keine analoge Anwendung von § 651h

Darüber hinaus kann die Vorschrift nicht analog angewendet werden. Dies gilt besonders für den Fall, dass der Veranstalter selbst gleichzeitig Aufgaben der Leistungsmittler übernimmt.

393

> *Bsp.: Der Reisende R (Wert der Reise 1.000,- €) wird vor Ort in einem Hotel untergebracht, das dem Veranstalter selbst gehört. Dabei kommt der R wegen eines anfänglichen Mangels der Mietsache zu Schaden. Er verlangt 5.000,- € Schadensersatz für die Krankenhauskosten. Der Veranstalter entgegnet zutreffend, dass er den Mangel nicht zu vertreten habe, außerdem sei die Haftung auf das Dreifache begrenzt.*

394

Ansprüche aus § 651f entfallen, da es schon am notwendigen Verschulden fehlt.

insbes. dann nicht, wenn gemischter Vertrag vorliegt

Da im Fall der Veranstalter bzgl. der Unterbringung selbst Leistungsträger war, liegt neben dem Reisevertrag zusätzlich noch ein gemischter Vertrag mit Mietelementen vor.[292] Daher besteht die Garantiehaftung aus § 536a I 1.Alt. Eine Anwendung von § 651h analog kommt aber hier nicht in Betracht. R hat deshalb einen Anspruch in Höhe von 5.000,- €

hemmer-Methode: Gezielte Schwerpunktsetzung bei häufig wiederkehrenden Problemsituationen! Die Haftungsbegrenzung des § 651h ist insbesondere für das Schadensersatzverlangen von großer Bedeutung. Man erwartet von Ihnen, dass Sie diese Ausnahme zu § 309 Nr. 7 b kennen. Wer die Vorschrift dann aber im Examen zum ersten Mal sieht und sich dann erst mit ihr auseinandersetzt, hat kaum mehr Zeit, um sich anderen Problemen zu widmen.

2. Abgrenzung zur Unmöglichkeit

ReiseVR dann lex spec., wenn Mangel nicht allein von Reisendem zu vertreten ist

Nach der Rechtsprechung des BGH und der nunmehr h.M.[293] ist der Anwendungsbereich der Regeln des allgemeinen Schuldrechts gegenüber den Vorschriften des Reisevertrags stark eingeschränkt.

395

Dies gilt insbesondere für den Fall der Störungen, die nicht *allein* in der Person des Reisenden liegen. Für diesen Fall wendet die h.M. die §§ 651c ff. an. Dies soll insbesondere auch dann gelten, wenn schon die erste Reiseleistung entfällt und damit die gesamte Reise nicht stattfinden kann. Dies folgt zutreffend aus dem Wortlaut von §§ 651e I S.2 und 651f II.

---

291 PALANDT, § 651h, Rn. 1.
292 Vgl. PALANDT, vor § 651c, Rn. 10. Wäre ein Dritter Leistungsträger, so bestünde ja auch ein Anspruch aus § 536a I i.V.m. § 328 I (vgl. dazu Rn. 396).
293 PALANDT, vor § 651c, Rn. 9; MEDICUS, Rn. 269.

3. Vertrag zugunsten Dritter

häufig: Kombination mit Vertrag zug. Dritter

Wichtig ist die Kenntnis der Kombination von Reisevertragsrecht mit Verträgen zugunsten oder mit Schutzwirkung zugunsten Dritter.

Bsp.: F bucht für sich, seine nichteheliche Lebensgefährtin L und deren zweijähriges Kind K aus erster Ehe eine Reise nach Italien. Aufgrund eines Mangels der Reise kommen K und L zu Schaden. Können sie Ansprüche geltend machen?

Ansprüche der L sind nur dann möglich, wenn sie Vertragspartner wurde. Eine Stellvertretung durch F kann dem Sachverhalt nicht entnommen werden. Auch scheidet eine analoge Anwendung von § 1357 aus.[294]

Genauso wenig kann eine Genehmigung[295] der L des durch F als falsus procurator abgeschlossenen Geschäfts angenommen werden, da es schon an einem Handeln des F in fremdem Namen fehlt.

Die einzig saubere Lösung kann hier über die Annahme eines echten Vertrags zugunsten Dritter erfolgen.

Ebenso verhält es sich gegenüber K.

Dabei ist zu beachten, dass ein direkter Vertrag durch Vertretung des Kindes schon daran scheitert, dass F nicht Vater ist und damit keine Vertretungsmacht besitzt.

Besteht die Vertretungsmacht dennoch, z.B. weil F der Vater ist, so ist gleichwohl zu prüfen, ob ein echter Vertrag zugunsten Dritter überhaupt anzunehmen ist, da ein eigenes Forderungsrecht des K an dessen Alter scheitern dürfte. Für ihn gelten deshalb insbesondere die Grundsätze des Vertrags mit Schutzwirkung.

> **hemmer-Methode:** Wer die Problematik des Vertrags zugunsten bzw. mit Schutzwirkung zugunsten Dritter im Reisevertrag nicht kennt, versucht regelmäßig, auf andere Art und Weise den Vertrag zustande zu bringen. Diese anderen Lösungswege (z.B. über § 1357) sind dann oftmals verfehlt, was regelmäßig zu einem Verlust wertvoller Punkte führt. Verbinden Sie deshalb in Gedanken das Reisevertragsrecht fest mit dieser Problematik!
> Darüber hinaus sollten Sie bei Klausuren des Reisevertragsrechts damit rechnen, dass von Ihnen Ausführungen zu zahlreichen Spezialproblemen verlangt werden, so z.B. Abgrenzung von allgemeiner Unmöglichkeit zu §§ 651c ff., Vertrag mit Schutzwirkung, Haftungsbegrenzung etc. bis hin zur Ausschlussfrist des § 651g oder höhere Gewalt gemäß § 651j.
> Dies liegt daran, dass sich das Reisevertragsrecht regelmäßig nur mit Problemen z.B. der Stellvertretung oder des Deliktsrechts kombinieren lässt. Um dennoch die für eine anspruchsvolle Examensklausur notwendige Notendifferenzierung zu ermöglichen, wird dann gerne nach dem "wenn schon Reiserecht, dann richtig"-Motto verfahren.
> Klausurtaktisch ist es für Sie dann wichtig, die zur Verfügung stehende Zeit gut einzuteilen und die einzelnen Probleme nur knapp abzuhandeln, um alle angesprochenen Probleme einbauen zu können.

---

[294] Abgesehen davon wäre aufgrund der restriktiven Auslegung dieser Vorschrift eine Verpflichtung der K auch als Ehefrau nicht erfolgt, denn von § 1357 werden nur die Geschäfte zur angemessenen Deckung des Lebensbedarfs erfasst. Davon kann bei einer Reise nicht die Rede sein.

[295] Konkludent durch die Geltendmachung der Schadensersatzansprüche.

§ 5 RECHTSMÄNGELHAFTUNG

Rechtsmängelhaftung im im Kauf-, Werkvertrags- und Mietrecht

Neben der Sachmängelhaftung besteht auch eine Rechtsmängelhaftung. Im Kaufrecht sind dies die §§ 435, 437 ff, im Werkvertragsrecht die §§ 633 III, 634 ff. und im Mietrecht die §§ 536 III, 536a. Der Verkäufer und der Werkunternehmer sind gemäß den §§ 433 I 2, 435 bzw. §§ 633 I, III verpflichtet, die Sache frei von Rechtsmängel zu verschaffen. Im Mietrecht werden Rechtsmängel durch § 536 III den Sachmängeln gleichgestellt, wenn dem Mieter aufgrund des Rechtsmangels der vertragsgemäße Gebrauch der Mietsache entzogen wird.

hemmer-Methode: In diesem Bereich hat der Gesetzgeber gravierende Änderungen vorgenommen. Vor der Schuldrechtsreform waren die Rechtsfolgen für Sach- und Rechtsmängel stark unterschiedlich; dementsprechend wichtig war die Abgrenzung im Einzelfall. Dieses Problem hat sich nun etwas entschärft.

Im Kaufrecht und im Werkvertragsrecht entsprechen die Rechtsfolgen denen bei der Sachmängelhaftung. Der Schadensersatzanspruch folgt im Rahmen des Kaufrechts aus den §§ 437 Nr. 3 i.V.m. § 311a II bzw. §§ 280 I, III, 281, 283. Beim Werkvertrag verweist § 634 Nr. 4 auf das allgemeine Schuldrecht. Im Mietrecht ergibt sich der Schadensersatzanspruch aus § 536a I.

Rechtsmängelhaftung im SchenkungsR

Auch im Recht der Schenkung gibt es eine Haftung für Sach- und Rechtsmängel, vgl. §§ 523, 524. Die Ausführungen zum Kaufrecht gelten sowohl für Sachmängel als auch für Rechtsmängel diesbezüglich entsprechend.

A. Rechtsmängelhaftung im Kaufrecht

Die Rechtsmängelhaftung im Kaufrecht ist der Sachmängelhaftung weitgehend gleichgestellt. Grundsätzlich kann der Käufer nur Nacherfüllung verlangen, §§ 437 Nr. 1, 439. Nur wenn die Voraussetzungen des § 437 Nr. 3 i.V.m. § 311a II bzw. §§ 280 I, III, 281, 283 vorliegen, kommt ein Schadensersatzanspruch in Betracht. Rechtsfolge des Schadensersatzanspruches ist Schadensersatz statt der Leistung.

§ 437 Nr. 3 Verweisung auf die §§ 280, 281, 283, 311a II 1

Ein Schadensersatzanspruch ergibt sich *nicht unmittelbar* aus § 437 Nr. 3, denn dieser verweist lediglich auf die Vorschriften des allgemeinen Schuldrechts. Ein Schadensersatzanspruch des Käufers gegen den Verkäufer kommt demnach nur aus § 437 Nr. 3 i.V.m. § 280 I, III, 281 bzw. § 283 sowie § 311a II in Betracht.

I. Haftungsgrund

Grund für die Haftung des Verkäufers ist die Nichterfüllung der den Verkäufer nach § 433 I 2 treffenden Pflicht zur Verschaffung der Sache frei von Rechtsmängeln. Deshalb soll der Käufer über den Schadensersatz so gestellt werden, wie er stehen würde, wenn der Verkäufer seine Vertragspflichten ordnungsgemäß erfüllt hätte (Haftung auf das positive Interesse).

II. Rechtsmangel

Definition: Rechtsmangel

Gemäß § 435 S. 1 ist die Sache frei von Rechtsmängeln, wenn Dritte in Bezug auf die Sache keine Rechte geltend machen können. Dementsprechend liegt ein Rechtsmangel vor, wenn Dritte gegen den Käufer Rechte geltend machen können. Kennzeichnend für einen Rechtsmangel ist, dass das Eigentum oder der uneingeschränkte Gebrauch der gekauften Sache durch das Recht des Dritten beeinträchtigt werden.[296]

Umstritten ist der Fall, dass die Verpflichtung aus § 433 I 1 zur Verschaffung des Eigentums an der Kaufsache unmöglich ist. Greift in diesem Fall die Rechtsmängelgewährleistung nicht ein, gilt allgemeines Schuldrecht (§§ 311a II 1 bzw. §§ 280, 281, 283) direkt. Sieht man das Eigentum eines Dritten als Rechtsmangel an, richten sich die Ansprüche nach § 437. Bedeutung hat der Unterschied für die Verjährung.[297]

1. Dingliche Rechte

Rechtsmangel kann in einem dinglichen Recht liegen

Bei den geltend gemachten Rechten kann es sich um dingliche Rechte an der gekauften Sache handeln. Als dingliche Rechte kommen insbesondere Nutzungsrechte (Nießbrauch, beschränkte persönliche Dienstbarkeit, Grunddienstbarkeit) und Pfandrechte (Hypothek, Grundschuld, Faustpfandrecht) in Betracht. Auch eine zu Gunsten eines Dritten bestehende Vormerkung stellt einen Rechtsmangel dar.

Dingliche Rechte können teilweise kraft guten Glaubens überwunden werden. Wenn der Käufer im Wege des gutgläubigen Erwerbs unbelastetes Eigentum erworben hat, entfällt ein Rechtsmangel. An Gutglaubensvorschriften sind insbesondere die §§ 892, 936 zu nennen.

> *Bsp. 1:* V verkauft an B ein Grundstück. Zugunsten des Nachbarn C war eine Grunddienstbarkeit eingetragen. B hatte davon keine Kenntnis. B verlangt nun Schadensersatz.
>
> Lösung: Ein Anspruch des B ergibt sich im Beispiel aus den §§ 435, 437 Nr.3, 311a II 1, denn dem Verkäufer ist die rechtsmängelfreie Erfüllung des Vertrages aufgrund der eingetragenen Grunddienstbarkeit nicht möglich.
>
> *Bsp. 2:* V hat ein Grundstück an K verkauft. Zugunsten des K wurde eine Auflassungsvormerkung bestellt. Im Grundbuch wurde bisher nur die Auflassungsvormerkung, nicht aber die Eigentumsübertragung eingetragen. Nunmehr verkauft und übereignet V das Grundstück an D, der von der Vormerkung nichts wusste. Liegt beim Kaufvertrag mit D ein Rechtsmangel vor?
>
> Lösung: Fraglich ist, ob hier ein Rechtsmangel im Sinne von § 435 S. 1 gegeben ist. Zwar hat D grundsätzlich wirksam Eigentum erworben. Dieser Eigentumserwerb ist aber gemäß § 883 II dem K gegenüber unwirksam. Gegenüber dem K ist V deshalb Eigentümer geblieben. K kann von D gemäß § 888 die Zustimmung zur Eintragung des K verlangen. D kann deshalb sein Eigentum am Grundstück wieder verlieren. Bei einer bestehenden Vormerkung handelt es sich somit um einen Rechtsmangel.

hemmer-Methode: Das Zusammenspiel Vormerkung-Rechtsmangel ist eine examenstypische Konstellation, da es wegen der Rückwirkung der Vormerkung auf den Zeitpunkt ihrer Eintragung oft auf saubere Gedankenarbeit ankommt. Lernen Sie deshalb die Rechtsmängelhaftung nie isoliert, sondern stets in ihren Verknüpfungen zu anderen Gebieten des BGB.

---

[296] Palandt, § 435, Rn. 5.
[297] Vgl. die ausführliche Darstellung dieses Streits in Hemmer/Wüst, Schuldrecht II, Rn. 141 ff.

§ 5 RECHTSMÄNGELHAFTUNG

2. Obligatorische Rechte

Auch obligatorische Rechte Dritter können einen Rechtsmangel darstellen. Zwar wirken schuldrechtliche Rechte grundsätzlich nur relativ, d.h. der Käufer ist vor Ansprüchen Dritter geschützt. Im Einzelfall kann aber schuldrechtlichen Ansprüchen dingliche Wirkung zukommen.

Im Mietrecht ist bei unbeweglichen Sachen an § 566 zu denken. Wenn der Vermieter das Grundstück verkauft, geht gemäß § 566 mit der Übereignung das Mietverhältnis auf den Käufer über. Der Mieter kann deshalb dem Käufer gegenüber sein Besitzrecht (§ 986 II) geltend machen. Hierin liegt ein Rechtsmangel.

Examensbedeutung hat die Rechtsmängelhaftung nach § 437 Nr. 3 vornehmlich bei der *Unmöglichkeit* (§§ 283, 311a II). Auf ihre Darstellung soll sich die Rechtsmängelhaftung im Kaufrecht im folgenden konzentrieren.

3. Öffentlichrechtliche Bau- und Nutzungsbeschränkungen

Öffentlichrechtliche Beschränkungen als Rechtsmangel?

Abgrenzungsschwierigkeiten zum Sachmangel können sich insbesondere bei öffentlichrechtlichen Bau- und Nutzungsbeschränkungen ergeben. Die Probleme resultieren daraus, dass sich ein Sachmangel nicht nur aus der physischen Beschaffenheit der Sache, sondern auch aus rechtlichen Beziehungen der Sache zur Umwelt ergeben kann. Ein Sachmangel und kein Rechtsmangel ist insbesondere bei öffentlichrechtlichen Bau- und Nutzungsbeschränkungen anzunehmen.

Als Abgrenzungskriterium hat sich die nicht immer ganz genaue Formel herausgebildet, dass als Sach- und nicht als Rechtsmängel solche Beschränkungen anzusehen sind, die aus Gründen des öffentlichen Wohls bestehen und vom Verkäufer nicht ohne Veränderung der Sache selbst beseitigt werden können.[298] Letztendlich kann im Einzelfall die Abgrenzung offen bleiben, da nach § 437 die gleichen Rechtsfolgen bestehen. Unterschiedlich ist aber nach § 438 die Verjährung.

> *Bsp.:* A verkauft an B ein Mietshaus mit fünf Mietwohnungen. Drei der Wohnungen sind wegen baurechtlicher Beschränkungen nicht zu vermieten.

4. § 435 S. 2

Im Grundbuch eingetragene, aber nicht bestehende Rechte stehen gemäß § 435 S. 2 einem Rechtsmangel gleich. Dies notwendig, weil diese Rechte aufgrund von § 892 im Wege des gutgläubigen Erwerbs wieder zur Entstehung gelangen können.

III. Besonderheiten beim Rechtskauf

Gegenstand eines Kaufvertrages kann auch ein Recht sein. Gemäß § 453 finden die für den Sachkauf geltenden Vorschriften *entsprechende* Anwendung. Auch in diesen Fällen kommt eine Rechtsmängelhaftung in Betracht. Der Verkäufer eines Rechts ist gemäß den §§ 453, 433 I 2 verpflichtet, das verkaufte Recht frei von Rechtsmängeln, und – soweit bei einem Recht denkbar (dazu unten) – frei von Sachmängeln zu verschaffen.

---

298   Vgl. Müko § 434 Rn. 4; Palandt § 435 Rn. 11 ff.

Exkurs: Bestandshaftung beim Rechtskauf

Haftung nur für Verität nicht für Bonität

Bei Forderungen ist fraglich, ob nur für den rechtlichen Bestand des Rechtes (Verität) oder auch für die Güte (Bonität) des verkauften Rechtes gehaftet wird. Der Verkäufer eines Rechts haftet nach Unmöglichkeitsrecht für den Bestand der Forderung. Ist es z.B. von Anfang an unmöglich, die Forderung zu übertragen, kommt eine Haftung nach § 311a II BGB in Betracht. Für die Bonitätshaftung sollte durch die Schuldrechtsreform sachlich nichts geändert werden.[299] Es wäre unverhältnismäßig, dem Verkäufer das weitreichende Risiko fehlender Bonität aufzuerlegen. Denn die Zahlungsfähigkeit des Schuldners hat mit der Beschaffenheit des Rechts nichts zu tun.

408

Bsp.: V verkauft eine ihm zustehende Darlehensforderung gegen D an K. Da D insolvent und zahlungsunfähig ist, hat die Forderung für den K letztendlich keinen Wert. Er verlangt deshalb von V Schadensersatz.

Hier besteht die verkaufte Forderung tatsächlich. Dass sie aufgrund der Insolvenz des D letztlich nicht realisierbar ist, begründet keine Verkäuferhaftung. Der Verkäufer haftet i. R. d. § 453 nur für den Bestand (Verität), nicht aber für den Wert (die Bonität) der verkauften Forderung.

aber Ungenauigkeiten im Einzelfall

Im Einzelfall kann die Formel "Haftung für Verität, nicht für Bonität" aber ungenau sein.

409

Bsp.: A hat gegen den X eine Kaufpreisforderung über ein Auto. Später verkauft der A dem B eben diese Kaufpreisforderung und tritt sie ihm ab. Wegen Mangelhaftigkeit des Fahrzeugs erhebt X nunmehr gegenüber dem B die Mängeleinrede (§ 320 BGB). B verlangt deshalb von A Schadensersatz.

410

B könnte gegen A einen Anspruch aus den §§ 311a II 1 haben.

411

z.B. bei Mängeleinrede, § 320

Ein Kaufvertrag über die Forderung wurde geschlossen (§ 453 I). Eine Haftung des A nach den §§ 311a II 1 kommt aber grundsätzlich nur dann in Betracht, wenn der rechtliche Bestand der Kaufpreisforderung des A gegen X nicht gegeben wäre. Der Verkäufer haftet nur für die Verität, nicht die Bonität des Rechts. Die Forderung gegen X besteht aber.

⇨ *Hemmung der rechtlichen Durchsetzbarkeit*

Fraglich ist jedoch, ob nicht infolge der von X erhobenen Mängeleinrede gemäß § 320 ein Fall des § 435 gegeben ist. X kann die Mängeleinrede gemäß § 404 auch dem B als neuem Gläubiger entgegenhalten. Es fragt sich deshalb, ob § 435 nach seinem Sinn und Zweck auch auf solche Fälle anwendbar ist.

412

Grd.: Forderung ist mit Einrede behaftet

Im Rahmen des § 435 haftet der Käufer auch dafür, dass das verkaufte Recht nicht mit Mängeln behaftet ist, die seine *Durchsetzbarkeit* aus Rechtsgründen hindern. Dagegen haftet der Verkäufer nicht dafür, dass das Recht aus *tatsächlichen* Gründen nicht durchsetzbar ist (z.B. Insolvenz des Schuldners), denn eine solche Haftung wäre praktisch grenzenlos. Maßgebend ist daher die Unterscheidung nach der rechtlichen und tatsächlichen Durchsetzbarkeit.[300]

⇨ *§ 435 (+)*

Der *rechtliche Bestand* einer Forderung ist aber unter anderem auch dann nicht gewahrt, wenn die Forderung mit *Einreden* behaftet ist oder wenn das einmal entstandene Recht durch *Ausübung eines Gestaltungsrechts* (Anfechtung, Aufrechnung, Rücktritt) zunichte gemacht wurde, sofern der rechtliche Grund für diese Einreden bzw. Gestaltungsrechte bereits im Zeitpunkt des Vertragsschlusses angelegt war.[301]

Da mit der Mängeleinrede nach § 320 BGB die Forderung aus Rechtsgründen nur vorübergehend nicht mehr durchsetzbar ist (es besteht ein Nacherfüllungsanspruch, nach dessen Erfüllung § 320 BGB entfällt, hat B gegen A in dieser Situation keinen Schadensersatzanspruch aus § 311a II 1.

413

---

299 EIDENMÜLLER, ZGS 2002, 290 ff.
300 BGH, NJW 1963, 1971
301 Vgl. PALANDT, § 453, Rn. 21.

§ 5 RECHTSMÄNGELHAFTUNG

Erst dann, wenn die Nacherfüllung innerhalb einer bestimmten Frist nicht erfolgt, oder ein Fall des § 440 BGB vorliegt, und X daraufhin vom Vertrag zurücktritt, kommt eine Haftung in Betracht gem. §§ 437 Nr.3, 280 I, III, 283 BGB.

hemmer-Methode: Regel-Ausnahme-Konstellationen sind regelmäßig Gegenstand von Examensklausuren: Hier will der Klausurersteller dann herausfinden, ob Sie Ihr Wissen flexibel handhaben können.
Auch in diesem Fall besteht ein Regel-Ausnahme-Prinzip. Der Fall der Mängeleinrede fällt nämlich gerade nicht unter den Begriff der Verität, da das fragliche Recht besteht. Wer dann nur schlagwortartig gelernt hat, übersieht die für die Lösung maßgeblichen Wertungsaspekte. Wichtig muss für Sie deshalb vor allem sein, dass hinter § 437 das Schutzgut der rechtlichen Durchsetzbarkeit des Rechts steht.

bei Kauf von Gesellschaftsanteilen regelm. § 311 II, 280 I

Besteht das verkaufte Recht in einem Gesellschaftsanteil, so haftet der Verkäufer dafür, dass der Anteil in der verkauften Größe tatsächlich existiert und dass es sich um eine werbende Gesellschaft[302] handelt. Weiter müssen die mit dem Gesellschaftsanteil verbundenen Rechte (Stimmrecht, Dividendenrecht) bestehen. Nicht gehaftet wird jedoch für den Wert der übernommenen Beteiligung oder für die vom Unternehmen erwirtschafteten Erträge, es sei denn, der Verkäufer hat eine diesbezügliche selbständige Garantie übernommen.

414

hemmer-Methode: Daneben kann aber auch ein Anspruch des Käufers aus c.i.c. stehen, wenn z.B. der Verkäufer über den Wert der Beteiligung oder die Ertragslage des Unternehmens getäuscht hat.[303]

415

Exkurs Ende

Sofern es im Rahmen des Rechtskaufs um **Mängelhaftung** geht, liegt letztlich auf der Hand, dass allenfalls eine Haftung für Rechtsmängel in Betracht kommt. Ein Recht kann grds. keinen Sachmangel haben.[304] Daher kommt hier grundsätzlich nur eine Haftung nach §§ 453, 435, 437 BGB in Betracht. Das ergibt sich zudem aus einem Umkehrschluss aus § 453 III BGB.

416

Kauf beherrschender Anteile
⇨ *§§ 434 ff., 437*

Anders kann dies aber nach neuerer Rechtsprechung des BGH beim Kauf *beherrschender* Gesellschaftsanteile aufgrund *wirtschaftlicher Betrachtungsweise* sein. Dann handelt es sich zwar formal um einen Rechtskauf, faktisch jedoch um den Kauf des gesamten Unternehmens und damit um den Kauf eines sonstigen Gegenstandes i.S.d. § 453 2.Alt BGB. Wenn das Unternehmen Mängel aufweist, kommt dann die Sachmängelhaftung nach den §§ 434, 437 in Betracht. Ein Sachkauf kann i.d.R. beim Kauf von 80% der Unternehmensanteile angenommen werden.[305]

417

B. Rechtsmängelhaftung im Werkvertragsrecht

Auch beim Werkvertrag besteht eine Rechtsmängelhaftung. Gemäß § 633 I, III hat der Werkunternehmer das Werk frei von Rechtsmängeln zu verschaffen. Die Rechtsfolgen eines Rechtsmangels entsprechen denen eines Sachmangels. Dem Besteller steht gemäß § 634 Nr. 4, 280, 281, 283 bzw. § 311a II 1 ein Schadensersatzanspruch zu. Der Begriff des Rechtsmangels entspricht dem beim Kaufvertrag.

418

---

302 Gegensatz ist die Liquidationsgesellschaft.
303 Vgl. zum Ganzen PALANDT, § 453, Rn. 16, 23 ff.
304 EIDENMÜLLER, ZGS 2002, 290 ff.
305 Vgl. zu den weiteren Einzelheiten PALANDT, § 453, Rn. 7, 23.

C. §§ 536 III, 536a I

Nach den §§ 536 III, 536a I kann der Mieter vom Vermieter Schadensersatz wegen Nichterfüllung bei *Rechtsmängeln der Mietsache* verlangen.

Voraussetzungen

Der Anspruch besteht nach dem Wortlaut dann, wenn an der Mietsache *Rechte Dritter* bestehen, diese ihre Rechte *geltend machen* und damit der vertragsgemäße Gebrauch ganz oder teilweise entzogen wird oder von vornherein nicht gewährt werden kann (Entwehrung).

Voraussetzung für die Anwendbarkeit des § 536a ist hinsichtlich des Rechtsmangels nicht die Überlassung der Mietsache![306]

Rechtsmangel ⇨ Unmöglichkeit des vertragsgem. Gebrauchs

Die Mietsache hat nur dann einen Rechtsmangel, wenn der Dritte sein Recht geltend macht und dadurch der vertragsgemäße Gebrauch nicht möglich ist. Examensrelevante Variante der Rechtsmängelhaftung im Mietrecht ist die *Doppelvermietung*.[307] Der nicht besitzende Mieter ist in diesem Fall aber auf einen Schadensersatzanspruch beschränkt; er besitzt *keinen* Anspruch auf Besitzeinräumung. Regelmäßig ist bei Fällen der Doppelvermietung auch noch die Frage von größerer Bedeutung, welche Schadensposten zu ersetzen sind.

Vertretenmüssen ⇨ keine Garantiehaftung

Für den Anspruch aus den §§ 536 III, 536a I ist aber auch noch notwendig, dass der Vermieter den Rechtsmangel zu vertreten hat. Es besteht mithin Verschuldens- und keine Garantiehaftung.

> **Bsp.:** F mietet sich bei R für drei Wochen ein Ferienhaus in Italien. Als F in Italien ankommt, stellt er enttäuscht fest, dass R das Ferienhaus bereits anderweitig vermietet hat. Für 1 Woche kann F ein Hotelzimmer anmieten, das um 50 % teurer ist. Ein preislich dem angemieteten Haus vergleichbares zu finden, war nicht möglich. F meint, R müsse ihm die Fahrt- und die Zimmerkosten ersetzen. Schließlich habe er auch noch Anspruch auf nutzlos vertane Urlaubszeit, denn er habe den Urlaub deshalb zwei Wochen früher abbrechen müssen, weil er für diese Zeit kein Zimmer mehr gefunden habe.
>
> Ansprüche des F gegen R aus § 651f kommen nicht in Betracht, da dem Sachverhalt nicht zu entnehmen ist, dass eine Gesamtheit von Reiseleistungen angeboten wurde.

häufigster Fall: Doppelverm.

Ein Anspruch des F gegen R könnte sich aber aus den §§ 536 III, 536a I ergeben. Von einem wirksamen Mietvertrag kann ausgegangen werden. Der andere Mieter hatte mit Abschluss des Mietvertrags mit R ein Recht an der Wohnung. Durch die anderweitige Vermietung war der vertragsgemäße Gebrauch für F auch nicht möglich. Von einem Verschulden des R kann hier ausgegangen werden. Ein Schadensersatzanspruch besteht damit dem Grunde nach.

Fraglich ist allerdings, welche Schadensposten im Fall beachtlich sind. Ein Anspruch besteht zwar im Umfang des positiven Interesses, unberücksichtigt bleiben müssen jedoch die Fahrtkosten, denn diese sind nicht kausal durch den Rechtsmangel entstanden. Auch bei rechtmäßigem Alternativverhalten wären diese Kosten angefallen. Zu ersetzen ist allerdings die höhere Miete des Ersatzzimmers.

F kann schließlich nicht *in Analogie zu § 651f* II aus den §§ 536 III, 536a I Ersatz für die vertane Urlaubszeit verlangen. Da es sich um eine Ausnahmevorschrift des Reisevertragsrechts handelt, und die bloße Vermietung keinen Reiseveranstaltungscharakter hat, kommt eine analoge Anwendung nicht in Betracht.[308]

---

[306] PALANDT, § 536a Rn. 3 a.E.
[307] Vgl. dazu auch BGH Life and Law 2006, 589 ff.
[308] Vgl. PALANDT, § 651f, Rn.1.

hemmer-Methode: Die Problematik der Doppelvermietung lässt sich besonders gut mit der analogen Anwendung von § 651f bei der Vermietung von Ferienwohnungen kombinieren. Achten Sie deshalb schon beim Lesen des Sachverhalts darauf, was an Schadensersatz gefordert ist! Denken Sie auch an die Möglichkeit, dass die Frage der Ferienhausvermietung mit zivilprozessualen Problemen verbunden wird! Zu beachten sind dabei insbesondere § 29a II ZPO i.V.m. den §§ 549 II. Es gelten dann die Vorschriften der §§ 29 ZPO, 269 BGB.[309]

---

[309] Zu den Zuständigkeitsvorschriften der ZPO vgl. den Beitrag von Dorn in Life&Law 2000, 750 ff.!

WIEDERHOLUNGSFRAGEN:

Rn.

1. Wie unterscheidet sich die Ersatzpflicht bei Vermögens- und Nichtvermögensschäden? ... *1 f.*
2. Sind fiktive Wiederherstellungskosten ersatzfähig? ... *4*
3. Was meint der Gedanke der Kommerzialisierung? ... *5*
4. Welche Rolle spielt die hypothetische Kausalität im Schadensersatzrecht? ... *7*
5. Was müssen Sie bei jedem Schadensersatzbegehren beachten? ... *9*
6. Was ist der Unterschied zwischen Anspruchs- und Gesetzeskonkurrenz? ... *11 f.*
7. Wie bauen Sie einen Anspruch aus Drittschadensliquidation auf? ... *19 ff.*
8. Wofür ist die Kenntnis der verschiedenen Anspruchsarten wichtig? ... *22*
9. Erlangt § 278 bei primären Schadensersatzansprüchen eine Bedeutung? ... *26 ff.*
10. Erfordert ein sekundärer Schadensersatzanspruch die eigenhändige Verletzung einer Leistungspflicht? ... *30 f.*
11. Wonach richtet sich der Schadensumfang? ... *32 f.*
12. Was besagt der Grundsatz der Naturalrestitution? ... *34 f.*
13. Unter welchen Voraussetzungen kann der Geschädigte Geldzahlung verlangen? ... *36 ff.*
14. Wer trägt i.R.d. § 251 II das Prognoserisiko? ... *40*
15. Ist § 252 eine Ausnahme vom Grundsatz der Naturalrestitution? ... *41*
16. Grenzen Sie negatives und positives Interesse voneinander ab! ... *42 ff.*
17. Ist das positive Interesse immer höher als das negative? ... *47 f.*
18. Was ist ein Begleitschaden? ... *55 ff.*
19. Welcher Sorgfaltsmaßstab ist grds. an das Verhalten des Schuldners anzulegen? ... *60*
20. Ist im Straßenverkehr eine Beschränkung auf die Sorgfalt in eigenen Angelegenheiten möglich? ... *62 f.*
21. Wann findet § 278 Anwendung? ... *64 ff.*
22. Wer ist "gesetzlicher Vertreter" i.S.d. § 278? ... *67 f.*
23. Wer ist "Erfüllungsgehilfe" i.S.d. § 278? ... *70*
24. Welches Problem kann sich beim Versendungskauf stellen? ... *71 f.*
25. Wie wird die Zurechnung nach § 278 begrenzt? ... *74 ff.*
26. Grenzen sie den Erfüllungs- vom Verrichtungsgehilfen ab! ... *77 ff.*
27. Welcher Verschuldensmaßstab gilt für den Erfüllungsgehilfen? ... *83*
28. Wie wird das Mitverschulden eines Erfüllungsgehilfen zugerechnet? ... *85*
29. Definieren Sie den Garantievertrag! ... *88 ff.*
30. Wovon ist der Garantievertrag abzugrenzen? ... *95 ff.*
31. Grenzen Sie die unselbständige von der selbständigen Garantie ab! ... *107 ff.*
32. Was umfasst der Anspruch gem. § 536a I 1.Alt.? ... *117*
33. Zählen Sie die Voraussetzungen für einen Anspruch aus § 536a I 1. Alt. kurz auf! ... *123*
34. Definieren Sie "Fehler" i.S.d. § 536a I 1.Alt.! ... *126 ff.*
35. Wann fehlt eine zugesicherte Eigenschaft i.S.d. § 536 II? ... *130 f.*
36. Welcher Zeitpunkt ist für die gesetzliche Garantiehaftung des Vermieters maßgeblich? ... *132 ff.*
37. Woran müssen Sie bei der Zusicherung durch Vertreter immer denken? ... *145 ff.*
38. Wie werden selbständige und unselbständige Garantie voneinander abgegrenzt? ... *149 ff.*
39. Wann ist eine Beschaffenheitsgarantie im Sinne von §§ 443, 276 gegeben? ... *151 f.*
40. Kann eine Beschaffenheitsgarantie auch stillschweigend vereinbart werden? ... *153*
41. Grenzen Sie die Beschaffenheitsgarantie zu anderweitigen Angaben über die Sache ab! ... *157 ff.*

42.	Was hat der BGH im sog. "Trevira-Fall" entschieden?	164
43.	Was gilt beim Gebrauchtwagenkauf?	165 f.
44.	Wann ist eine selbständige Garantie im Rahmen eines Werkvertrages anzunehmen?	171
45.	Kann im Rahmen des Reisevertragsrechts § 651j abbedungen werden?	176
46.	Welches Prinzip liegt der Haftung gemäß § 122 zugrunde?	179
47.	Wann wird § 122 analog angewandt?	181 ff.
48.	Welche Möglichkeit hat der "Vertragspartner" eines falsus procurator?	193
49.	Was gilt bei § 179 I, wenn das positive Interesse niedriger als das negative ist?	196
50.	Wie wird der falsus procurator selber geschützt?	198
51.	In welchen Fällen ist die Haftung des falsus procurator ausgeschlossen?	199 ff.
52.	Was gilt bei Insolvenz des vermeintlich Vertretenen?	205 f.
53.	Gibt es Fälle einer analogen Anwendung des § 179?	211 ff.
54.	Was raten Sie dem Vertragspartner bei ungewisser Vertretungsmacht?	216 f.
55.	Gibt es einen Schadensersatzanspruch gem. § 670?	218 ff.
56.	Wie grenzt man den Auftrag vom Gefälligkeitsverhältnis ab?	221
57.	Gelten für die GoA Besonderheiten?	237
58.	Was kann der Käufer bei Lieferung einer mangelhaften Sache verlangen?	229
59.	Wovon hängen die Anspruchsgrundlagen für Schadensersatz im kaufrechtlichen Mängelrecht im Einzelfall ab?	231
60.	Nennen Sie die Anspruchsgrundlagen für Schadensersatz bei Mangelfolgeschäden, behebbaren und unbehebbaren Mängeln!	231
61.	Unter welchen Voraussetzungen kann Ersatz des Mangelschadens bei behebbaren Mängeln verlangt werden?	232 ff.
62.	Wie werden die Begriffe Sachmangel und Beschaffenheitsvereinbarung definiert?	237 ff.
63.	Wie erfolgt die Zurechnung der Beschaffenheitsvereinbarung durch den Vertreter?	242 f.
64.	Wann eignet sich eine Sache zur „vorausgesetzten Verwendung" i.S.v. § 434 I 2 Nr. 1?	247 ff.
65.	Wie wird die „gewöhnliche Verwendung" i.S.v. § 434 I 2 Nr. 2 bestimmt?	252 ff.
66.	Wie rechtfertigt sich die Erweiterung des Sachmangelbegriffs des § 434 I 2 Nr. 2 durch § 434 I 3?	256
67.	Definieren Sie den Begriff „öffentliche Äußerung"!	257
68.	Von wem müssen diese Äußerungen stammen?	260
69.	Was versteht man unter dem Begriff Montage i.S.v. § 434 II 1?	266 f.
70.	Wann ist eine Sache zur Montage bestimmt?	268
71.	Wann ist eine Sachmangel Gemäß § 434 II 2 ausgeschlossen?	270
72.	Was ist eine Aliud	271
73.	Wie werden Aliud und Peius voneinander abgegrenzt?	273
74.	Wann liegt eine Zuwenig-Lieferung vor?	275
75.	Welche Besonderheiten bestehen beim sog. Sukzessivlieferungsvertrag?	275
76.	Zu welchem Zeitpunkt muss der Sachmangel vorhanden sein	276
77.	Wann tritt der Gefahrübergang beim Versendungskauf ein?	279 f.
78.	Wie ist die Beweislast bei § 476 verteilt	281
79.	Wann handelt der Verkäufer arglistig?	285 ff.
80.	Worauf bezieht sich der rechtsgeschäftliche Haftungsausschluss?	289
81.	Was gilt bezüglich der Mängelrechte beim Verbrauchsgüterkauf?	290
82.	Wie erfolgt die Ausübung des Wahlrechts gemäß § 439 I?	292 ff.
83.	Wann ist dieses Wahlrecht eingeschränkt?	294

84.	Welche Folge tritt ein, wenn der Käufer dem Verkäufer eine zu kurze Frist setzt?	*300*
85.	Wann ist eine Fristsetzung entbehrlich?	*301 ff.*
86.	Was ist der Bezugspunkt für das Vertretenmüssen des Verkäufers?	*309*
87.	Wie unterscheiden sich kleiner und großer Schadensersatz?	*314 f.*
88.	Steht dem Käufer ein uneingeschränktes Wahlrecht zwischen kleinem und großem Schadensersatz zu?	*316*
89.	Wonach richtet sich der Schadensersatzanspruch des Käufers bei unbehebbaren Mängeln?	*317*
90.	Was bedeutet Unmöglichkeit der Nacherfüllung?	*321*
91.	Worauf bezieht sich das Vertretenmüssen des Verkäufers?	*323 f.*
92.	Wonach richtet sich der Schadensersatzanspruch des Käufers bei nachträglicher Unmöglichkeit?	*326*
93.	Worauf bezieht sich das Vertretenmüssen gemäß § 283?	*328*
94.	Welche Anspruchsgrundlage kommt bei Mangelfolgeschäden in Betracht?	*329*
95.	Welche Schäden werden ersetzt?	*333*
96.	Wann liegt ein weiterfressender Mangel vor?	*335*
97.	Welche Rechte hat der Besteller bei Mangelhaftigkeit des Werks?	*338*
98.	Was gilt bei Verträgen über Computer-Software?	*346*
99.	Ist die Abnahme des Werks Voraussetzung für einen Schadensersatzanspruch?	*349 f.*
100.	Wie wird der Schaden bei unbehebbaren Sachmangel im Rahmen eines Werkvertrages ersetzt?	*358 f.*
101.	Um was für einen Anspruch handelt es sich bei § 536 I 2. Alt?	*365*
102.	Wann ist diese Anspruch ausgeschlossen?	*367 ff.*
103.	Wann liegt ein Reisevertrag i.S.v. § 651a ff. vor?	*373*
104.	Wann ist eine Reise mangelhaft?	*374*
105.	Kommt es auf das Vertretenmüssen des Reiseveranstalters an?	*377*
106.	Ist für § 651f eine Mängelanzeige und Abhilfeverlangen erforderlich?	*383*
107.	Kann der Reisende auch Ersatz für nutzlos aufgewendete Urlaubszeit verlangen?	*384 ff.*
108.	Stellt § 651f eine Ausnahme zu § 253 dar?	*388*
109.	Inwieweit ist im Reisevertragsrecht eine Haftungsbegrenzung möglich?	*391 ff.*
110.	Woran müssen Sie bei der Buchung von "Familien-Reisen" immer denken?	*396*
111.	Was kann der Käufer bei Rechtsmängeln im Kaufrecht verlangen?	*398*
112.	Woraus ergibt sich der Schadensersatzanspruch?	*399*
113.	Was gilt bezüglich der Rechtsfolgen beim Sach- und Rechtsmangel?	*401*
114.	Definieren Sie die Begriff „Rechtsmangel"	*402*
115.	Begründet die "Belastung" eines Grundstücks mit einer Vormerkung einen Rechtsmangel?	*403 ff.*
116.	Worin kann im Mietrecht bei unbeweglichen Sachen ein Rechtsmangel liegen?	*404*
117.	Wie werden Sach- und Rechtsmängeln bei öffentlichen Bau- und Nutzungsbeschränkungen voneinander abgegrenzt?	*405*
118.	Wird bei Forderungen für den Bestand und/oder für die Güte des verkauften Rechts gehaftet?	*408 ff.*
119.	Was gilt, wenn der Forderung eine dauernde Einrede entgegensteht?	*409 ff.*
120.	Wird beim Verkauf von Unternehmensanteilen auch für den Ertrag gehaftet?	*414 f.*
121.	Wann liegt im Mietrecht ein Rechtsmangel vor?	*420*
122.	Kommt es für die Rechtsmängelhaftung auf ein Vertretenmüssen des Vermieters an?	*420*
123.	Was gilt bei der Doppelvermietung?	*422*

STICHWORTVERZEICHNIS

Die Zahlen verweisen auf die Randnummern des Skripts

A

"Auch-Vertretung"	214 f.
Abhanden gekommene Vollmachtsurkunde	184
Abhanden gekommene WE	183
Abnahme	349
Aliud	271 ff.
Anfängliche Unmöglichkeit	322
Anspruchsarten	22 ff.
Anspruchsgrund	9 ff.
Anspruchsinhalt	9 ff., 32 f.
Ausschluss der Haftung	188 ff., 199 ff.

B

Begleitschaden	55 ff.
Beschaffenheit	239
Beschaffenheitsangaben	158
Beschaffenheitsgarantie	151 ff., 311
Bestandhaftung beim Rechtskauf	408 ff.
Beweislastumkehr	281
Bonität	408 ff.

D

diligentia quam in suis	62
Dingliche Rechte	403
Doppelvermietung	420 ff.
Drittschadensliquidation	19 f.

E

Entbehrlichkeit der Fristsetzung	299 ff., 354 f.
Entgangener Gewinn	42
Erklärungstheorie	182
Ersatz nutzlos aufgewendeter Urlaubszeit	384 ff.

F

Fensterlackfall	155
Fristablauf	308
Fristsetzung	299 ff., 354 f.

G

Garantie	148 ff.
Reichweite	150
selbständige	149
unselbständige	148
Garantiehaftung	86, 147 ff.
kaufrechtliches Gewährleistungsrecht	151 ff.
Garantievertrag	88 ff.
Abgrenzung von Bürgschaft	95 ff.
Abgrenzung zu Schuldübernahme/-beitritt	101 ff.
Abgrenzung zur gewährleistungs-rechtl. Beschaffenheitsgarantie	107 ff.
Gebrauchtwagenkauf	165 f.
Gefährdungshaftung	87
Gefahrübergang	276 ff.
Geldersatz	37 f.
Fristsetzung	37
Unmöglichkeit	38
Gesetzeskonkurrenz	12 ff.
Gesetzliche Garantiefälle	218 ff.
Gesetzliche Garantiehaftung	116 ff.
§ 536a I 1. Alt.	117 ff.
Anspruchsausschluss nach §§ 536a, 536b	136 f.
Abgrenzung § 536a I 1. Alt. und anfängliche Unmöglichkeit	138 ff.
Haftung des Gastwirts	146a
Haftungsgrund	122 f.

H

Haftung des Gastwirts	146a
Haftung für Eigenverschulden	60 ff.
Haftung für Hilfspersonen	64 ff.
Erfüllungsgehilfen	70 ff.
gesetzliche Vertreter	67 ff.
Verschulden	83 ff.
Haftungsbegrenzung	391 ff.
Haftungsgrund	179 f., 192, 343, 371, 400
Hypothetische Kausalität	7

I

IKEA- Klausel	268 ff.

K

Kleberollenfall	162
Kommerzialisierungsgedanke	5
Konkurrenzen	209 f.

M

Mangelfolgeschaden	7
Merkantiler Minderwert	254
Montageanleitung	268 ff.
Montagefehler	265 ff.

N

Nachträgliche Unmöglichkeit	326 ff.
Naturalrestitution	34
Negatives Interesse	50 ff.
Nichtvermögensschaden	1
Niederländischer Meister Fall	163
Nothilfeschäden	226
Nutzungsbeschränkungen	405

O

Obligatorische Rechte	404
Öffentliche Äußerung	256 ff.

P

Positives Interesse	43 f.
Prognoserisiko	40

R

Rechtsgeschäftlicher Haftungsausschluss	289 ff., 352
Rechtsmangel	402
Rechtsmängelhaftung	397 ff., 428 ff.
Reisevertragsrecht	173 ff.
Rentabilitätsvermutung	48

S

Sachmangel	237, 347
Sachmängelhaftung im Kaufrecht	228 ff.
behebbarer Mangel	231, 232 ff.
unbehebbarer Mangel	231, 317 ff.
Sachmängelhaftung im Werkvertragsrecht	337 ff.
Sachversicherungsvertrag	114 ff.
Schaden	6 ff.
Schadensersatzansprüche	22 ff.
primär	23 ff.
sekundär	30 ff.
kleiner Schadensersatz	314
großer Schadensersatz	315
Schadensersatzanspruch aus § 311a II 1	140
Schadensersatz statt der Leistung	313 ff., 325, 357
Schadensumfang	34 ff.
Schriftformklausel	244 f.
Software	345 f.
Sonderverbindung	66
Streitverkündung	216 f.
Superbenzinfall	331

T

TREVIRA-Fall	164

U

Unmöglichkeit der Nacherfüllung	321, 353

V

Veranlassungshaftung	179
Verbrauchsgüterkauf	290
Vergebliche Aufwendungen	45
Verjährung	208, 297
Vermögensfolgeschaden	7
Vermögensschaden	1
Versendungskauf	279 f.
Verschuldensunabhängige Haftung im Werkvertragsrecht	167 ff.
Verität	408 ff.
Vertrag zugunsten Dritter	396
Vertrauenshaftung	86
Vertretenmüssen	309 ff., 323 f., 332, 356, 377 f.
Vertreter ohne Vertretungsmacht	191
Beschränkt Geschäftsfähiger	201
Hindernisse	207
Insolvenz des Vertretenen	205 f.
Kenntnis	200
Nichtigkeit des Vertretergeschäfts	204
Wahlrecht	193 ff.

W

Wahlrecht	292 ff., 316
Weiterfressender Mangel	335 f.
Werbung	161 ff.
Widerruf	199
Willenstheorie	182

Z

Zufallsschäden	218 ff.
Zuwenig Lieferung	275 ff.

hemmer/wüst
Verlagsgesellschaft mbH

VERLAGSPROGRAMM 2007

Jura mit den Profis

WWW.HEMMER-SHOP.DE

Liebe Juristinnen und Juristen,

Auch beim Lernmaterial gilt:
„Wer den Hafen nicht kennt, für den ist kein Wind günstig" (Seneca).
Häufig entbehren Bücher und Karteikarten der Prüfungsrealität. Bei manchen Produkten stehen ausschließlich kommerzielle Interessen im Vordergrund. Dies ist gefährlich: Leider kann der Student oft nicht erkennen wie gut ein Produkt ist, weil ihm das praktische Wissen für die Anforderungen der Prüfung fehlt.
Denken Sie deshalb daran, je erfahrener die Ersteller von Lernmaterial sind, um so mehr profitieren Sie. Unsere Autoren im Verlag sind alle Repetitoren. Sie wissen, wie der Lernstoff richtig vermittelt wird. Die Prüfungsanforderungen sind uns bekannt.
Unsere Zentrale arbeitet seit 1976 an examenstypischem Lernmaterial und wird dabei von hochqualifizierten Mitarbeitern unterstützt.
So arbeiteten z.B. ehemalige Kursteilnehmer mit den Examensnoten von 16,0; 15,54; 15,50; 15,25; 15,08; 14,79; 14,7; 14,7; 14,4; 14,25; 14,25; 14,08; 14,04 ... als Verantwortliche an unserem Programm mit. Unser Team ist Garant, um oben genannte Fehler zu vermeiden.
Lernmaterial bedarf ständiger Kontrolle auf Prüfungsrelevanz. Wer sonst als derjenige, der sich täglich mit Examensthemen beschäftigt, kann diesem Anforderungsprofil gerecht werden.

Gewinnen Sie, weil

- gutes Lernmaterial Verständnis schafft
- fundiertes Wissen erworben wird
- Sie intelligent lernen
- Sie sich optimal auf die Prüfungsanforderungen vorbereiten
- Jura Spaß macht

und Sie letztlich unerwartete Erfolge haben, die Sie beflügeln werden.

Damit Sie sich Ihre eigene Bibliothek als Nachschlagewerk nach und nach kostengünstig anschaffen können, schlagen wir Ihnen speziell für die jeweiligen Semester Skripten und Karteikarten vor. Bildung soll für jeden bezahlbar bleiben, deshalb der studentenfreundliche Preis.

Viel Spaß und Erfolg beim intelligenten Lernen.

HEMMER Produkte - im Überblick

Grundwissen
- Skripten „Grundwissen"
- Die wichtigsten Fälle
- Musterfälle für die Zwischenprüfung
- Lexikon, die examenstypischen Begriffe

Basiswissen für die Scheine
- Die Basics
- Die Classics

Examenswissen
- Skripten Zivilrecht
- Skripten Strafrecht
- Skripten Öffentliches Recht
- Skripten Wahlfach
- Die Musterklausuren für's Examen

Karteikarten
- Die Shorties
- Die Karteikarten
- Übersichtskarteikarten

BLW-Skripten

Assessor-Skripten/-karteikarten

Intelligentes Lernen/Sonderartikel
- Coach dich - Psychologischer Ratgeber
- Lebendiges Reden - Psychologischer Ratgeber
- Lernkarteikartenbox
- Der Referendar
- Klausurenblock
- Gesetzesbox
- Wiederholungsmappe
- Jurapolis - das hemmer-Spiel

Life&LAW - die hemmer-Zeitschrift

Alle Preise gültig ab 01/2007

HEMMER Skripten - Logisch aufgebaut!

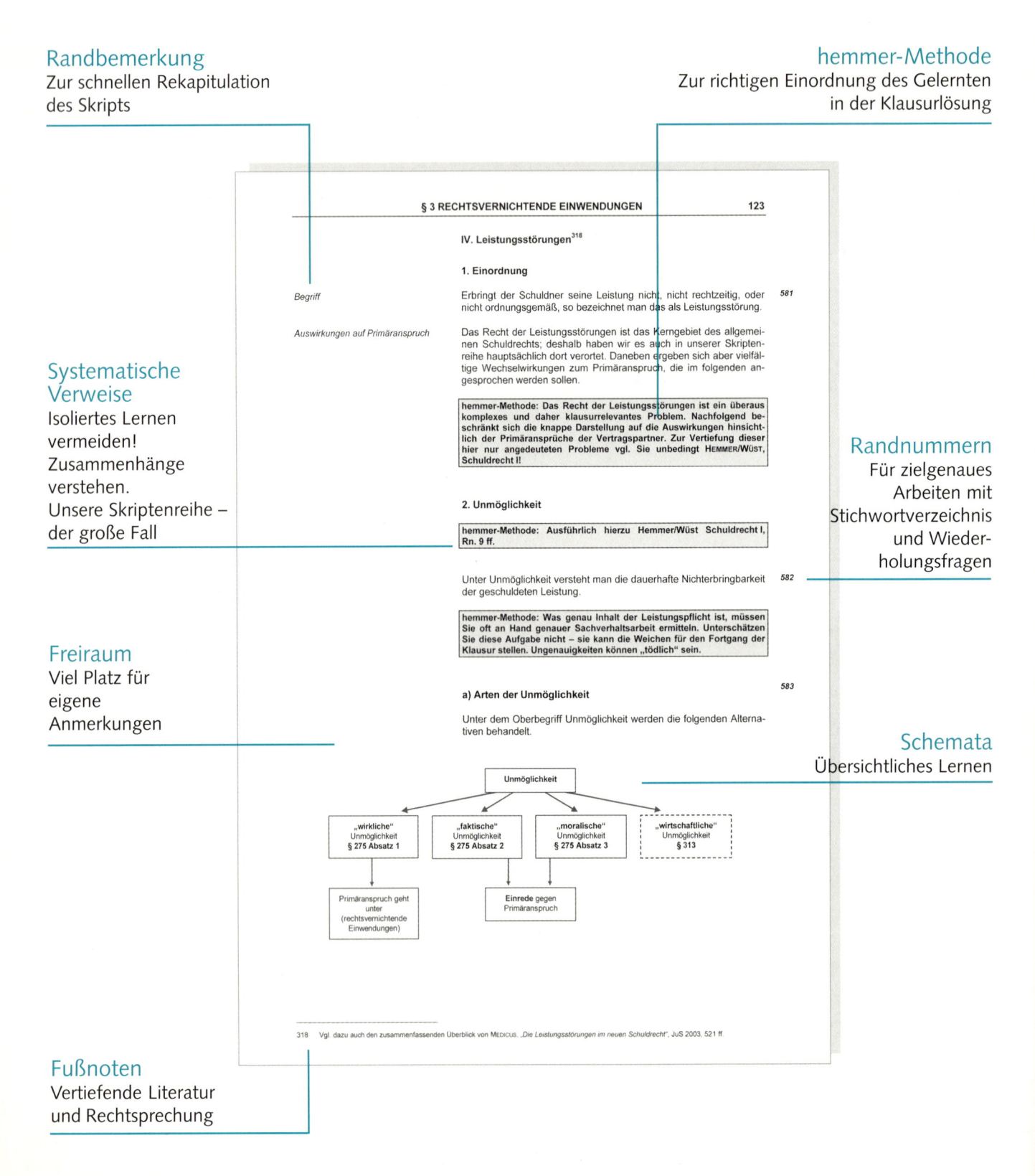

Intelligentes Lernen schnell & effektiv

Randbemerkung
Zur schnellen Rekapitulation des Skripts

hemmer-Methode
Zur richtigen Einordnung des Gelernten in der Klausurlösung

Systematische Verweise
Isoliertes Lernen vermeiden! Zusammenhänge verstehen. Unsere Skriptenreihe – der große Fall

Randnummern
Für zielgenaues Arbeiten mit Stichwortverzeichnis und Wiederholungsfragen

Freiraum
Viel Platz für eigene Anmerkungen

Schemata
Übersichtliches Lernen

Fußnoten
Vertiefende Literatur und Rechtsprechung

---

§ 3 RECHTSVERNICHTENDE EINWENDUNGEN — 123

IV. Leistungsstörungen[318]

1. Einordnung

Begriff

Erbringt der Schuldner seine Leistung nicht, nicht rechtzeitig, oder nicht ordnungsgemäß, so bezeichnet man das als Leistungsstörung. — 581

Auswirkungen auf Primäranspruch

Das Recht der Leistungsstörungen ist das Kerngebiet des allgemeinen Schuldrechts; deshalb haben wir es auch in unserer Skriptenreihe hauptsächlich dort verortet. Daneben ergeben sich aber vielfältige Wechselwirkungen zum Primäranspruch, die im folgenden angesprochen werden sollen.

> hemmer-Methode: Das Recht der Leistungsstörungen ist ein überaus komplexes und daher klausurrelevantes Problem. Nachfolgend beschränkt sich die knappe Darstellung auf die Auswirkungen hinsichtlich der Primäransprüche der Vertragspartner. Zur Vertiefung dieser hier nur angedeuteten Probleme vgl. Sie unbedingt HEMMER/WÜST, Schuldrecht I!

2. Unmöglichkeit

> hemmer-Methode: Ausführlich hierzu Hemmer/Wüst Schuldrecht I, Rn. 9 ff.

Unter Unmöglichkeit versteht man die dauerhafte Nichterbringbarkeit der geschuldeten Leistung. — 582

> hemmer-Methode: Was genau Inhalt der Leistungspflicht ist, müssen Sie oft an Hand genauer Sachverhaltsarbeit ermitteln. Unterschätzen Sie diese Aufgabe nicht – sie kann die Weichen für den Fortgang der Klausur stellen. Ungenauigkeiten können „tödlich" sein.

a) Arten der Unmöglichkeit — 583

Unter dem Oberbegriff Unmöglichkeit werden die folgenden Alternativen behandelt.

```
                        Unmöglichkeit
        ┌───────────────┬───────────────┬───────────────┐
   „wirkliche"      „faktische"     „moralische"    „wirtschaftliche"
   Unmöglichkeit    Unmöglichkeit   Unmöglichkeit   Unmöglichkeit
   § 275 Absatz 1   § 275 Absatz 2  § 275 Absatz 3  § 313
        │                   │               │
        ▼                   ▼               ▼
   Primäranspruch      Einrede gegen Primäranspruch
   geht unter
   (rechtsvernichtende
   Einwendungen)
```

---

[318] Vgl. dazu auch den zusammenfassenden Überblick von MEDICUS, „Die Leistungsstörungen im neuen Schuldrecht", JuS 2003, 521 ff.

examenstypisch - anspruchsvoll - umfassend

Grundwissen

Für Ihr Jurastudium ist es nötig, sich schnell mit dem notwendigen Basiswissen einen Überblick zu verschaffen. Was aber ist wichtig und richtig?

Bei der Fülle der Ausbildungsliteratur kann einem die Lust auf Jura vergehen. Wir beschränken uns in dieser Ausbildungsphase auf das Wesentliche. Weniger ist mehr.

Skripten Grundwissen

Die Reihe „Grundwissen" stellt die theoretische Ergänzung unserer Reihe „die wichtigsten Fälle" dar.

Mit ihr soll das notwendige Hintergrundwissen vermittelt werden, welches für die Bewältigung der Fallsammlungen erforderlich ist. Auf diese Art und Weise ergänzen sich beide Reihen ideal. Hilfreich dabei sind Verweisungen auf die jeweiligen Fälle der Fallsammlungen, so dass man das Erlernte gleich klausurtypisch anwenden kann.

Die Darstellung erfolgt bewusst auf sehr einfachem Niveau. Es werden also für die Bewältigung der Ausführungen keine Kenntnisse vorausgesetzt. Ebenso wird bewusst auf Vertiefungshinweise verzichtet. Eine Vertiefung kann erfolgen, wenn die Kenntnisse anhand der Fälle wiederholt wurden. Dazu werden Hinweise in den Fallsammlungen gegeben.

Grundwissen und die Reihe „Die wichtigsten Fälle" sind so das ideale Lernsystem für eine klausur- und damit prüfungstypische Arbeitsweise.

Grundwissen Zivilrecht

BGB AT (111.10)	6,90 €
Schuldrecht AT (111.11)	6,90 €
erhältlich ab Frühjahr 2007	
Schuldrecht BT I (111.12)	6,90 €
Schuldrecht BT II (111.13)	6,90 €
Sachenrecht I (111.14)	6,90 €
Sachenrecht II (111.15)	6,90 €

Grundwissen Strafrecht

erhältlich ab Frühjahr 2007

Strafrecht AT (112.20)	6,90 €
Strafrecht BT I (112.21)	6,90 €

Grundwissen Öffentliches Recht

Staatsrecht (113.30)	6,90 €
Verwaltungsrecht (113.31)	6,90 €

Grundwissen

Die wichtigsten Fälle

Die vorliegende Fallsammlung ist für Studenten in den ersten Semestern gedacht. Gerade in dieser Phase ist es wichtig, bei der Auswahl der Lernmaterialien den richtigen Weg einzuschlagen.
Die Gefahr zu Beginn des Studiums liegt darin, den Stoff zu abstrakt zu erarbeiten. Ein problemorientiertes Lernen, d.h. ein Lernen am konkreten Fall, führt zum Erfolg. Das gilt für die kleinen Scheine/die Zwischenprüfung genauso wie für das Examen. Wer gelernt hat, sich die Probleme des Falles aus dem Sachverhalt schnell zu erschließen, schreibt die gute Klausur.
Bei der Anwendung dieser Lernmethode sind wir Marktführer. Profitieren Sie von der 30-jährigen Erfahrung des Juristischen Repetitoriums hemmer im Umgang mit Examensklausuren. Diese Erfahrung fließt in sämtliche Skripten des Verlages ein. Das Repetitorium beschäftigt ausschließlich Spitzenjuristen, teilweise Landesbeste ihres Examenstermins. Die so erreichte Qualität in Unterricht und Skripten werden Sie woanders vergeblich suchen. Lernen Sie mit den Profis!
Ihre Aufgabe als Jurist wird es einmal sein, konkrete Fälle zu lösen. Diese Fähigkeit zu erwerben ist das Ziel einer guten juristischen Ausbildung. Nutzen Sie die Chance, diese Fähigkeit bereits zu Beginn Ihres Studiums zu trainieren. Erarbeiten Sie sich das notwendige Handwerkszeug anhand unserer Fälle. Sie werden feststellen:
Wer Jura richtig lernt, dem macht es auch Spaß. Je mehr Sie verstehen, desto mehr Freude werden Sie haben, sich neue Probleme durch eigenständiges Denken zu erarbeiten. Wir bieten Ihnen mit unserer juristischen Kompetenz die notwendige Hilfestellung.
Fallsammlungen gibt es viele. Die Auswahl des richtigen Lernmaterials ist jedoch der entscheidende Aspekt. Vertrauen Sie auf unsere Erfahrungen im Umgang mit Prüfungsklausuren. Unser Beruf ist es, alle klausurrelevanten Inhalte zusammenzutragen und verständlich aufzubereiten. Prüfungsinhalte wiederholen sich. Wir vermitteln Ihnen das, worauf es in der Prüfung ankommt – verständlich – knapp – präzise.

BGB AT (115.21)	12,80 €
Schuldrecht AT (115.22)	12,80 €
Schuldrecht BT (115.23)	12,80 €
GOA-BereicherungsR (115.24)	12,80 €
Deliktsrecht (115.25)	12,80 €
Verwaltungsrecht (115.26)	12,80 €
Staatsrecht (115.27)	12,80 €
Strafrecht AT (115.28)	12,80 €
Strafrecht BT I (115.29)	12,80 €
Strafrecht BT II (115.30)	12,80 €
Sachenrecht I (115.31)	12,80 €
Sachenrecht II (115.32)	12,80 €
ZPO I (115.33)	12,80 €
ZPO II (115.34)	12,80 €
Handelsrecht (115.35)	12,80 €
Erbrecht (115.36)	12,80 €
Familienrecht (115.37)	12,80 €
Gesellschaftsrecht (115.38)	12,80 €
Arbeitsrecht (115.39)	12,80 €
StPO (115.40)	12,80 €

Sonderband
Der Streit- und Meinungsstand im neuen Schuldrecht

Der hemmer/wüst Verlag stellt mit dem vorliegenden Werk die umstrittensten Problemkreise in 24 Fällen des neuen Schuldrechts dar, zeigt den aktuellen Meinungsstand auf und schafft so einen Überblick. Es wird das notwendige Wissen vermittelt.

115.20   *14,80 €*

Grundwissen

Musterfälle für die Zwischenprüfung

Exempla docent - an Beispielen lernen. Die Fälle zu den Basics! Nur wer so lernt, weiß was in der Klausur verlangt wird.
Die Fallsammlungen erweitern unsere Basics und stellen die notwendige Fortsetzung für das Schreiben der Klausur dar. Genau das, was Sie für die Scheine brauchen - nämlich exemplarisch dargestellte Falllösungen. Wichtige, immer wiederkehrende Konstellationen werden berücksichtigt.

Profitieren Sie von der seit 1976 bestehenden Klausurerfahrung des Juristischen Repetitoriums hemmer. Über 1000 Klausuren wurden für die Auswahl der Musterklausuren auf ihre „essentials" analysiert

Musterklausur für die Zwischenprüfung Zivilrecht

Ein Muss: Klassiker wie die vorvertragliche Haftung (c.i.c.), die Haftung bei Pflichtverletzungen im Schuldverhältnis (§ 280), Vertrag mit Schutzwirkung, Drittschadensliquidation, Mängelrecht, EBV, Bereicherungs- und Deliktsrecht werden klausurtypisch aufbereitet. Auf „specials" wie Saldotheorie, Verarbeitung, Geldwertvindikation, Vorteilsanrechnung und Nebenbesitz wird eingegangen. So entsteht wichtiges Grundverständnis.

16.31   14,80 €

Musterklausur für die Zwischenprüfung Strafrecht

Auch hier wieder prüfungstypische Fälle mit genauen Aufbauhilfen. Die immer wiederkehrenden „essentials" der Strafrechtsrechtsklausur werden in diesem Skript abgedeckt: Von der Abgrenzung von dolus eventualis und bewusster Fahrlässigkeit über die Irrtumslehre bis hin zu Problemen der Täterschaft und Teilnahme, u.v.m. Wer sich die Zeit nimmt, diese Musterfälle sorgfältig durchzuarbeiten, besteht jede Grundlagenklausur.

16.32   14,80 €

Musterklausur für die Zwischenprüfung Öffentliches Recht

Dieses Skript enthält die wichtigsten, in der Klausur immer wiederkehrenden Problemkonstellationen für die Bereiche Verfassungs- und Verwaltungsrecht. Im Verfassungsrecht werden die Zulässigkeitsvoraussetzungen von Verfassungsbeschwerden, Organstreitverfahren sowie abstrakter und konkreter Normenkontrolle erörtert. Im Rahmen der Begründetheitsprüfung werden die klausurrelevanten Grundrechte ausführlich erläutert. Gleichzeitig werden auch staatsorganisationsrechtliche Problemfelder aufbereitet. Die Klausuren zum Verwaltungsrecht zeigen die optimale Prüfung von Anfechtungs-, Verpflichtungs- und Fortsetzungsfeststellungsklagen sowie von Widerspruchsverfahren. Standardprobleme wie die Rücknahme oder der Widerruf eines Verwaltungsaktes und die Behandlung von Nebenbestimmungen eines VA sind u.a. Gegenstand der Begründetheitsprüfung.

16.33   14,80 €

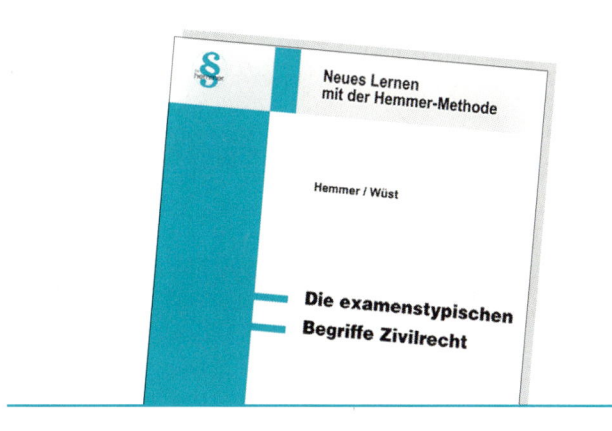

Die examenstypischen Begriffe/ ZivilR.

Das Grundwerk für die eigene Bibliothek. Alle examenstypischen Begriffe in diesem Nachschlagewerk werden anwendungsspezifisch für Klausur und Hausarbeit erklärt. Das gesammelte Examenswissen ist eine optimale schnelle Checkliste. Zusätzlicher Nutzen: Das große Stichwortverzeichnis. Neben der Einbettung des gesuchten Begriffs in den juristischen Kontext finden Sie Verweisungen auf entsprechende Stellen in unserer Skriptenreihe. Begriffe werden transparenter. Sie vertiefen Ihr Wissen. So können Sie sich schnell und auf anspruchsvollem Niveau einen Überblick über die elementaren Rechtsbegriffe verschaffen.

14.01   14,80 €

Basiswissen

Sie sind Jurastudent in den mittleren Semestern und wollen die großen Scheine unter Dach und Fach bringen. Wenn Sie sich in dieser Phase mit tausend Meinungen beschäftigen, besteht die Gefahr, sich im Detail zu verlieren. Wir empfehlen Ihnen, schon jetzt das Material zu wählen, welches Sie nicht nur durch die Scheine, sondern auch durch das Examen begleitet.

Die „Basics" - Reihe

Die Klassiker der hemmer-Reihe. So schaffen Sie die Universitätsklausuren viel leichter. Die Basics vermitteln Ihnen Grundverständnis auf anspruchsvollem Niveau, sie sind auch für die Examensvorbereitung ideal.
Denn: Wissen wird konsequent unter Anwendungsgesichtspunkten erworben.
Die Basics dienen auch der schnellen Wiederholung vor dem Examen oder der mündlichen Prüfung, wenn Zeit zur Mangelware wird.

Basics-Zivilrecht I
BGB-AT/ Vertragliche Schuldverhältnisse mit dem neuen Schuldrecht

Im Vordergrund steht die Vermittlung der Probleme des Vertragsschlusses, u.a. das Minderjährigenrecht und die Stellvertretung. Neben rechtshindernden (z.B. §§ 134, 138 BGB) und rechtsvernichtenden Einwendungen (z.B. Anfechtung) werden auch die Klassiker der Pflichtverletzung nach § 280 BGB wie Unmöglichkeit (§§ 280 I, III, 283), Verzug (§§ 280 I, II, 286) und Haftung bei Verletzung nicht leistungsbezogener Nebenpflichten i.S.d. § 241 II BGB (früher: pVV bzw. c.i.c. jetzt: § 280 I bzw. § 280 I i.V.m. § 311 II BGB) behandelt. Ausführlich wird auf die wichtige Unterscheidung von Schadensersatz nach § 280 I BGB und Schadensersatz statt der Leistung nach §§ 280 I, III, 281-283 bzw. § 311a II BGB eingegangen. Nach Mängelrecht, Störung der GG und Schadensrecht schließt das Skript mit dem nicht zu unterschätzenden Gebiet des Dritten (z.B. Abgrenzung § 278 / § 831 / § 31; § 166; Vertrag mit Schutzwirkung zugunsten Dritter; DriSchaLi) im Schuldverhältnis ab.

110.0011   14,80 €

Basics-Zivilrecht II
Gesetzliche Schuldverhältnisse, Sachenrecht

Das Skript befasst sich mit dem Recht der GoA, dem Bereicherungsrecht und dem Recht der unerlaubten Handlungen als immer wieder klausurrelevante gesetzliche Schuldverhältnisse. Der Einstieg in das Sachenrecht wird mit der Abhandlung des Besitzrechts und dem Erwerb dinglicher Rechte an beweglichen Sachen erleichtert, wobei der Schwerpunkt auf dem rechtsgeschäftlichen Erwerb des Eigentums liegt. Über das für jede Prüfung unerlässliche Gebiet des EBV gibt das Skript einen ausführlichen Überblick. Eine systematische Aufbereitung des Pfandrechts und des Grundstücksrechts führen zum richtigen Verständnis dieser prüfungsrelevanten Gesetzesmaterie.

110.0012   14,80 €

Basics-Zivilrecht III
Familienrecht/ Erbrecht

Die typischen Probleme des Familienrechts: Von der Ehe als Klassiker für die Klausur (z.B. § 1357; GbR; Gesamtschuldner; Gesamtgläubiger; §§ 1365; 1369 BGB) zum ehelichen Güterrecht bis hin zur Scheidung.
Gegenstand des Erbrechts sind die gesetzliche und gewillkürte Erbfolge, die möglichen Verfügungen (Testament bzw. Erbvertrag) des Erblassers und was sie zum Inhalt haben (z.B. Erbeinsetzung, Vermächtnis, Auflage), Annahme und Ausschlagung der Erbschaft sowie neben Fragen der Rechtsstellung des Erben (z.B. im Verhältnis zum Erbschaftsbesitzer) auch das Pflichtteilsrecht und der Erbschein. Fazit: Das Wichtigste in Kürze für den schnellen Überblick.

110.0013   14,80 €

Basics-Zivilrecht IV
Zivilprozessrecht (Erkenntnisverfahren und Zwangsvollstreckungsverfahren)

Wegen fehlender Praxis ist in der Regel die ZPO dem Studenten fremd. Von daher wurde hier besonders auf leichte Verständlichkeit Wert gelegt. Der Schwerpunkt im Erkenntnisverfahren liegt neben den immer wiederkehrenden Problemen der Zulässigkeitsvoraussetzungen (z.B. Zuständigkeit, Streitgegenstand) auf den typischen Problemen des Prozesses, wie z.B. Versäumnisurteil, Widerklage und Klagenhäufung. Die Beteiligung Dritter am Rechtsstreit wird im Hinblick auf die Klausur und die examensrelevante Verortung erklärt.
Das Kapitel der Zwangsvollstreckung befasst sich vor allem mit dem Ablauf der Zwangsvollstreckung und den möglichen Rechtsbehelfen von Schuldner, Gläubiger und Dritten.
Dieses Skript gehört daher zur „Pflichtlektüre", um sich einen vernünftigen Überblick zu verschaffen!

110.0014   14,80 €

Basiswissen

Basics-Zivilrecht V
Handels- und Gesellschaftsrecht
Im Vordergrund steht: Wie baue ich eine gesellschaftsrechtliche Klausur richtig auf. Häufig geht es um die Haftung der Gesellschaft und der Gesellschafter. Eine systematische Aufbereitung führt durch das Recht der Personengesellschaften, also der GbR und OHG, sowie der KG. Das Recht der Körperschaften, wozu der rechts- und nichtrechtsfähige Verein, die GmbH sowie die AG zählen, wird ebenso im Überblick dargestellt. Auf dem Gebiet des Handelsrechts als Sonderrecht des Kaufmanns dürfen typische Problemkreise wie Kaufmannseigenschaft, Handelsregister, Wechsel des Unternehmensträgers und das kaufmännische Bestätigungsschreiben nicht fehlen. Abschließend befasst sich das Skript mit den Mängelrechten beim Handelskauf, der auch häufig die Schnittstelle zu BGB-Problemen darstellt.

110.0015 *14,80 €*

Basics-Zivilrecht VI
Arbeitsrecht
Das Arbeitsrecht gehört in den meisten Bundesländern zum Pflichtprogramm in der Examensvorbereitung. Hier tauchen immer wieder die gleichen Fragestellungen auf, die in diesem Skript knapp, präzise und klausurtypisch aufbereitet werden, wie die Zulässigkeit der Kündigungsschutzklage, Kündigungsschutz nach dem KSchG, innerbetrieblicher Schadensausgleich, fehlerhafter Arbeitsvertrag und die Reaktionsmöglichkeiten des Arbeitnehmers auf Änderungskündigungen. Ferner bildet auch das Recht der befristeten Arbeitsverhältnisse nach dem TzBfG einen Schwerpunkt.

110.0016 *14,80 €*

Basics-Strafrecht
Je besser der Einstieg, umso besser später die Klausuren. Weniger ist häufig mehr. Alle klausurwichtigen Probleme und Fragestellungen des materiellen Strafrechts auf einen Blick: Vom StGB-AT bis hin zum StGB-BT finden Sie all das dargestellt, was als Grundlagenwissen im Strafrecht angesehen wird. Außerdem werden die wichtigsten Aufbaufragen zur strafrechtlichen Klausurtechnik - an denen gerade Anfänger häufig scheitern - in einem eigenen Kapitel einfach und leicht nachvollziehbar erläutert.

110.0032 *14,80 €*

Basics-Öffentliches Recht I
Verfassungsrecht/ Staatshaftungsrecht
Materielles und prozessuales Verfassungsrecht bilden zusammen mit wichtigen Problemstellungen des Staatshaftungsrechts die Grundlage für dieses Skript. Öffentlich-rechtliches Wissen wird konsequent unter Anwendungsgesichtspunkten erworben.

110.0035 *14,80 €*

Basics-Öffentliches Recht II
Verwaltungsrecht
Grundfragen des allgemeinen und besonderen Verwaltungsrechts werden im Rahmen der wichtigsten Klagearten der VwGO verständlich und einprägsam dargestellt. Zusammen mit dem Skript Ö-Recht I werden Sie sich in der öffentlich rechtlichen Klausur sicher fühlen.

110.0036 *14,80 €*

Basics-Steuerrecht
Die Basics im Steuerrecht für einen einfachen, aber instruktiven Einstieg in das materielle Einkommensteuer- und Steuerverfahrensrecht. Die notwendigen Bezüge des Einkommensteuerrechts zum Umsatz- und Körperschaftssteuerrecht werden dargestellt sowie auf examens- und klausurtypische Konstellationen hingewiesen. Ein ideales Skript für alle, die sich erstmals mit der Materie befassen und die Grundstrukturen verstehen wollen. Es wird der Versuch unternommen, den Einstieg so verständlich wie möglich zu gestalten. Dazu werden immer wieder kleine Beispiele gebildet, die das Erlernen des abstrakten Stoffs vereinfachen sollen.

110.0004 *14,80 €*

Basics-Europarecht
Neben unserem Hauptskript nun die Basics zum Europarecht. Verständlicher Einstieg oder schnelle Wiederholung der wesentlichen Probleme? Für beides sind die Basics ideal. Wer in die Tiefe gehen möchte, kann dies mit unserem Klassiker, dem Hauptskript Europarecht. In Verbindung mit den Classics Europarecht und der Fallsammlung auf Examensniveau sind Sie somit gerüstet für die Prüfung in Ausbildung und Examen. Vernachlässigen Sie dieses immer wichtiger werdende Prüfungsgebiet nicht!

110.0005 *14,80 €*

Skripten Classics

> In den Classics haben wir für Sie die wichtigsten Entscheidungen der Obergerichte, denen Sie während Ihres Studiums immer wieder begegnen, ausgewählt und anschaulich aufbereitet. Bestimmte Entscheidungen müssen bekannt sein. In straffer Form werden der Sachverhalt, die Entscheidungssätze und die Begründung dargestellt. Die hemmer-Methode ordnet die Rechtssprechung für die Klausuren ein. Rechtsprechung wird so verständlich, Seitenfresserei vermieden.
>
> Hiermit bereiten Sie sich auch gezielt auf die mündliche Prüfung vor.

BGH-Classics Zivilrecht
Rechtskultur und Verständnis des Gesetzes werden in weiten Teilen von der Rechtsprechung geprägt. Nicht umsonst spricht man von der Rechtsprechung als der normativen Kraft des Faktischen. Die wegweisenden Entscheidungen müssen Student, Referendar und Anwalt bekannt sein. Auf leicht erfaßbare, knappe, präzise Darstellung wird Wert gelegt. Die hemmer-Methode sichert den für die Klausur und Hausarbeit notwendigen „background" ab.

15.01 *14,80 €*

Examenswissen

In der letzten Phase sollten Sie sich mit voller Kraft auf das Examen vorbereiten. Besonders wichtig ist jetzt fundiertes Wissen auf Examensniveau! unser Filetstück: die Hauptskripten. Konfronierten Sie sich frühzeitig mit dem, was Sie im Examen erwartet. Examenswissen unter professioneller Anleitung.

Zivilrecht BGB-AT I-III

Die Aufteilung der Unwirksamkeitsgründe nach den verschiedenen Büchern des BGB (z.B. BGB-AT, Schuldrecht AT usw.) entspricht nicht der Struktur des Examensfalls. Wegen der klassischen Einteilung wird der Begriff BGB-AT/ Schuldrecht AT beibehalten. Unsere Skripten BGB-AT I - III unterscheiden entsprechend der Fallfrage in Klausur und Hausarbeit (Anspruch entstanden? Anspruch untergegangen? Anspruch durchsetzbar?) zwischen wirksamen und unwirksamen Verträgen, zwischen rechtshindernden, rechtsvernichtenden und rechtshemmenden Einwendungen. Damit stellen sich diese Skripten als großer Fall dar und dienen auch als Checkliste für Ihre Prüfung. Schon das Durchlesen der Gliederung schafft Verständnis für den Prüfungsaufbau.

BGH-Classics Strafrecht
Auch die Entscheidungen im Strafrecht in ihrer konkreten Aufbereitung führen zur richtigen Einordnung der jeweiligen Problematik. Es wird die Interessenslage der Rechtsprechung erklärt. Im Vordergrund steht oft Einzelfallgerechtigkeit. Deswegen vermeidet die Rechtsprechung auch allzu dogmatische Entscheidungen.
Effizient, und damit in den wesentlichen Punkten knapp und präzise, wird die Entscheidung selbst wiedergegeben. So sparen Sie sich Zeit und erleiden nicht den berühmten Informationsinfarkt. Sowohl in der Examensvorbereitung, als auch in Klausur und Hausarbeit dienen die Classics als schnelles Lern- und Nachschlagewerk.

15.02   *14,80 €*

Classics Öffentliches Recht
Das Skript umfasst die Dauerbrenner aus den Bereichen der Rechtsprechung zu den Grundrechten, zum Staatsrecht, Verwaltungsrecht AT und BT sowie zum Europarecht. Neben der inhaltlichen Darstellung der Entscheidung werden mit Hilfe knapper Anmerkungen Besonderheiten und Bezüge zu anderen Problematiken hergestellt und somit die Fähigkeit zur Verknüpfung geschärft.

15.03   *14,80 €*

Classics Europarecht
Anders als im amerikanischen Recht gibt es bei uns kein reines „case-law". Gleichwohl hat die Rechtsprechung für Rechtsentwicklung und -fortbildung eine große Bedeutung. Gerade im Europarecht kommt man ohne festes Basiswissen in der europäischen Rechtsprechung nur selten zum Zuge. Auch für das Pflichtfach ein unbedingtes Muss!

15.04   *14,80 €*

BGB-AT I
Entstehen des Primäranspruchs
Besteht der Vertrag, so kann der Anspruchsteller Erfüllung, z.B. Übereignung, Überlassung der Mietsache etc. verlangen. Dies setzt unter anderem Rechtsfähigkeit der Vertragspartner, eine wirksame Willenserklärung, Zugang und ggf. Bevollmächtigung voraus. Nur wenn ein wirksamer Vertrag vorliegt, entsteht die Leistungspflicht des Schuldners und deren Folgeproblematik wie Rücktritt und Schadensersatz. Konsequent befasst sich das Skript daher auch mit den Problemkreisen der Stellvertretung sowie der Einbeziehung von AGB'en.

0001   *14,80 €*

BGB-AT II
Scheitern des Primäranspruchs
Scheitert der Vertrag von vornherein, so entfallen Erfüllungsansprüche. Die Unwirksamkeitsgründe sind im Gesetz verstreut, wie z.B. § 125, § 134, § 2301. Als konsequentes Rechtsfolgenskriptum sind alle klausurtypischen rechtshindernden Einwendungen zusammengefasst.

0002   *14,80 €*

BGB-AT III
Erlöschen des Primäranspruchs
Der Primäranspruch (bzw. Leistungs- oder Erfüllungsanspruch) kann nachträglich wegfallen, z.B. durch Erfüllung, Aufrechnung, Anfechtung, Unmöglichkeit. Nur wer Unwirksamkeitsgründe im Kontext des gescheiterten Vertrags einordnet, lernt richtig. Die rechtshemmenden Einreden (z.B. Verjährung, § 214 BGB) bewirken, dass der Berechtigte sein Recht nicht (mehr) geltend machen kann.

0003   *14,80 €*

Examenswissen

> Die klassischen Rechtsfolgeskripten zum Schadensersatz - „klausurtypisch!"

Schadensersatzrecht I
Das Skript erfasst neben Allgemeinem zum Schadensersatzrecht zunächst den selbstständigen Garantievertrag als Primäranspruch auf Schadensersatz. Daneben wird die gesetzliche Garantiehaftung behandelt. Ebenfalls enthalten sind die Sachmängelhaftung im Kauf- und Werk-, Miet- und Reisevertragsrecht sowie die Rechtsmängelhaftung.

0004　　　　　　　　　　　　　　　　*14,80 €*

Schadensersatzrecht II
Umfassende Darstellung des Leistungsstörungsrechts, rechtsfolgenorientierte Darstellung der Sekundäransprüche-Schadensersatzansprüche.

0005　　　　　　　　　　　　　　　　*14,80 €*

Schadensersatzrecht III
Befasst sich schwerpunktmäßig mit dem Anspruchsinhalt, d.h. mit der Frage des Umfangs der Ersatzpflicht, also dem „wie viel" eines dem Grunde nach bereits bestehenden Anspruchs. Drittschadensliquidation, Vorteilsausgleichung und hypothetische Schadensursachen dürfen nicht fehlen.

0006　　　　　　　　　　　　　　　　*14,80 €*

Schuldrecht

> Die Reihe Schuldrecht orientiert sich an der Klausurrelevanz des Schuldrechts. In nahezu jeder Klausur ist nach Schadensersatzansprüchen des Gläubigers bei Leistungsstörungen des Schuldners, nach bereicherungsrechtlichen Ansprüchen oder nach der deliktischen Haftung gefragt.
> Die Schuldrechtsskripten eignen sich hervorragend sowohl zur erstmaligen Aneignung der Materie als auch zur aufgrund der Schuldrechtsreform notwendigen Neustrukturierung bereits vorhandenen Wissens.

Schuldrecht I
Das allgemeine Leistungsstörungsrecht war schon immer äußerst klausurrelevant. Dies hat sich durch die Schuldrechtsreform in erheblichem Maße verstärkt, zumal das Besondere Schuldrecht nun häufig Rückverweisungen auf die §§ 280 ff. BGB vornimmt (z.B. § 437 BGB). Entsprechend der Gesetzessystematik ist das Skript von der Rechtsfolge her aufgebaut: Welche Art des Schadensersatzes verlangt der Gläubiger? Schwerpunkte bilden das Unmöglichkeitsrecht, der allgemeine Anspruch aus § 280 I BGB (auch vorvertragliche Haftung und Schuldnerverzug), die Ansprüche auf Schadensersatz statt der Leistung, Rücktritt und Störung der Geschäftsgrundlage.

0051　　　　　　　　　　　　　　　　*14,80 €*

Schuldrecht II
Die Klassiker im Examen! Kauf- und Werkvertrag in allen prüfungsrelevanten Varianten. Dies gilt insbesondere beim Kauf, dessen spezielles Gewährleistungsrecht abgeschafft und stattdessen auf die §§ 280 ff. BGB Bezug genommen wurde. Das Skript setzt sich mit den kaufspezifischen Fragestellungen wie Sachmangelbegriff, Nacherfüllung, Rücktritt, Minderung und Schadensersatz, Versendungs- und Verbrauchsgüterkauf auseinander. Ferner wird das - dem Kauf nun weitgehend gleichgeschaltete - Werkvertragsrecht behandelt.

0052　　　　　　　　　　　　　　　　*14,80 €*

Schuldrecht III
Umfassend werden die klausurrelevanten Probleme der Miete, Pacht, Leihe, des neuen Darlehensrechts (samt Verbraucherwiderruf nach §§ 491 ff. BGB), des Leasing- und Factoringrechts abgehandelt. Die äußerst wichtigen Fragestellungen aus dem Bereich Bürgschaft („Wer bürgt, wird erwürgt"), Reise- und Maklervertrag kommen ebenfalls nicht zu kurz.

0053　　　　　　　　　　　　　　　　*14,80 €*

Examenswissen

Bereicherungsrecht
Die §§ 812 ff. sind regelmäßig die Folge unwirksamer Verträge. Abgrenzungsprobleme gibt es dabei u.a. zum Wegfall der Geschäftsgrundlage (z.B. Rückabwicklung bei der nichtehelichen Lebensgemeinschaft) und §§ 987 ff. Die hemmer-Methode versteht sich als Gebrauchsanweisung für die erfolgreiche Bewältigung des anspruchsvollen Rechtsgebiets Bereicherungsrecht. Ohne Verständnis für dieses Rechtsgebiet bleibt der Zusammenhang im Zivilrecht im Dunkeln.

0008   *14,80 €*

Verbraucherschutzrecht
Das Verbraucherschutzrecht erlangt im Gesamtgefüge des BGB eine immer stärkere Bedeutung. Kaum ein Bereich, in dem die Besonderheiten des Verbraucherschutzrechtes nicht zu abweichenden Ergebnissen führen, so z.B. bei den §§ 474 ff. BGB, oder bei der Widerrufsproblematik der §§ 355 ff. BGB. Insbesondere die umständliche Verweisungstechnik der §§ 499 ff. BGB stellt den Bearbeiter von Klausuren vor immer neue Herausforderungen. Das Skript liefert eine systematische Einordnung in den Gesamtzusammenhang. Wer den Verbraucher richtig einordnet, schreibt die gute Klausur.

0007   *14,80 €*

Deliktsrecht I
Eine umfassende Einführung in das deliktische Haftungssystem. Da die deliktische Haftung gegenüber jedermann besteht, können die §§ 823 ff BGB. in jede Klausur problemlos eingebaut werden. Neben einer umfassenden Übersicht über die Haftungstatbestände werden sämtliche klausurrelevanten Problemfelder der §§ 823 ff BGB. umfassend behandelt (z.B. Probleme der haftungsbegründenden und -ausfüllenden Kausalität). § 823 I BGB ist als elementarer, strafrechtsähnlicher Grundtatbestand leicht erlernbar. Auch § 823 II und §§ 824 - 826 BGB sollten nicht vernachlässigt werden. Neben § 831 BGB (Vorsicht beim Entlastungsbeweis!), der Haftung für Verrichtungsgehilfen, befasst sich der erste Band auch mit der Mittäterschaft, Teilnahme und Beteiligung gem. § 830 BGB.

0009   *14,80 €*

Deliktsrecht II
Deliktsrecht II vervollständigt das deliktische Haftungssystem mit besonderem Schwerpunkt auf der Gefährdungshaftung und der Haftung für vermutetes Verschulden. Zum einen erfolgt eine ausführliche Erörterung der im BGB integrierten Haftungsnormen. Zum anderen vermittelt das Skript ein umfassendes Wissen in den klausurrelevanten Spezialgesetzen wie dem StVG, dem ProdHaftG und dem UmweltHaftG. Abgerundet werden die Darstellungen durch den wichtigen Beseitigungs- und Unterlassungsanspruch des § 1004 BGB.

0010   *14,80 €*

Sachenrecht I-III:

> Sachenrecht ist durch immer wiederkehrende examenstypische Problemfelder gut ausrechenbar. Anders als das Schuldrecht ist es ein klar strukturiertes Rechtsgebiet. In der Regel besteht deswegen eine feste Vorstellung, wie der Fall zu lösen ist. Deshalb gilt es gerade hier, mit den hemmer-Methoden den Ersteller der Klausur als imaginären Gegner zu erfassen. Es gilt, Begriffe wie z.B. Widerspruch und Vormerkung in ihrer rechtlichen Wirkung zu begreifen und in den Kontext der Klausur einzuordnen.

Sachenrecht I
Zu Beginn werden die allgemeinen Lehren des Sachenrechts (Abstraktionsprinzip, Publizität, numerus clausus etc.) behandelt, die für den Einstieg und ein grundlegendes Verständnis der Materie unabdingbar sind. Im Vordergrund stehen dann das Besitzrecht und das Eigentümer-Besitzer-Verhältnis. Gerade das EBV ist klausurrelevant. Hier dürfen Sie keinesfalls auf Lücke lernen. Schließlich geht es auch um den immer wichtiger werdenden (verschuldensunabhängigen) Beseitigungs- bzw. Unterlassungsanspruch aus § 1004 BGB.

0011   *14,80 €*

Sachenrecht II
Sachenrecht II behandelt den Erwerb dinglicher Rechte an beweglichen Sachen. Neben dem Erwerb kraft Gesetzes ist Schwerpunkt hier natürlich der rechtsgeschäftliche Erwerb des Eigentums. Bei dem Erwerb vom Berechtigten und den §§ 932 ff. BGB müssen Sie sicher sein, insbesondere, wenn wie im Examensfall regelmäßig Dritte (Besitzdiener, Besitzmittler, Geheißpersonen) in den Übereignungstatbestand eingeschaltet werden. Daneben geht es um die klausurrelevanten Probleme beim Pfandrecht, bei der Sicherungsübereignung und beim Anwartschaftsrecht des Vorbehaltsverkäufers.

0012   *14,80 €*

Sachenrecht III
Gegenstand des Skripts Sachenrecht III ist das Immobiliarsachenrecht, wobei die Übertragung des Eigentums an Grundstücken im Vordergrund steht. Weitere Schwerpunkte bilden u.a. Erst- und Zweiterwerb der Vormerkung, die Hypothek und Grundschuld -Gemeinsamkeiten und Unterschiede-, Übertragung sowie der Wegerwerb von Einwendungen und Einreden bei diesen.

0012A   *14,80 €*

Kreditsicherungsrecht
Der Clou! Wettlauf der Sicherungsgeber, Verhältnis Hypothek zur Grundschuld, Verlängerter Eigentumsvorbehalt und Globalzession/Factoring sind häufig Prüfungsgegenstand. Lernen Sie das, was zusammen gehört, als zusammengehörend zu betrachten. Alle examenstypischen Sicherungsmittel im Überblick: Wie sichere ich neben dem bestehen-

Examenswissen

den Rückzahlungsanspruch einen Kredit? Unterschieden werden Personalsicherheiten (z.B. Bürgschaft, Schuldbeitritt), Mobiliarsicherheiten (z.B. Sicherungsübereignung, Sicherungsabtretung, Eigentumsvorbehalt und Pfandrecht) sowie Immobiliar-sicherheiten (Grundschuld und Hypothek). Wer die Unterscheidung zwischen akzessorischen und nichtakzessorischen Sicherungsmitteln wirklich verstanden hat, geht unbesorgt in die Prüfung.

0013   14,80 €

Nebengebiete

Familienrecht
Das Familienrecht wird häufig in Verbindung mit anderen Rechtsgebieten geprüft. So sind z.B. §§ 1357, 1365, 1369 BGB Schnittstelle zum BGB-AT und nur in diesem Kontext verständlich. Die sog. Ehestörungsklage hat ihre Bedeutung bei §§ 823 und 1004 BGB. Da nur der geschädigte Ehegatte einen eigenen Schadensersatzanspruch gegen den Schädiger hat, stellen sich Probleme der Vorteilsanrechnung (vgl. § 843 IV BGB) und Fragen beim Regress. Von Bedeutung sind bei der Nichtehelichen Lebensgemeinschaft Bereicherungsrecht und, wie bei Eheleuten auch, familienrechtliche Bestimmungen sowie das Recht der BGB-Gesellschaft. Die typischen Problemkreise des Familienrechts sind berechenbar und leicht erlernbar.

0014   14,80 €

Erbrecht
„Erben werden geboren, nicht gekoren." oder „Erben werden gezeugt, nicht geschrieben." deuten auf germanischen Einfluß mit seinem Sippengedanken. Das Prinzip der Universalsukzession und die Testamentidee sind römischrechtliche Tradition. Die Spannung zwischen individualistischem (der Erbe steht im Vordergrund) und kollektivistischem Ansatz (die Sippe ist privilegiert) ist auch für die Klausur von großer praktischer Relevanz, z.B. gewillkürte oder gesetzliche Erbfolge, Formwirksamkeit des Testaments (auch gemeinschaftliches Testament und Erbvertrag), Widerruf und Anfechtung, Bestimmung durch Dritte, Vor- und Nach- sowie Ersatzerbschaft, Vermächtnis, Pflichtteilsrecht, Erbschaftsbesitz, Miterben, Erbschein. Auch die dingliche Surrogation, z.B. bei § 2019 BGB, und das Verhältnis des Erbrechts zum Gesellschaftsrecht sollte als prüfungsrelevant bekannt sein.

0015   14,80 €

Zivilprozessrecht I
Versäumnisurteil, Erledigung, Streitverkündung, Berufung (ZPO I, sog. Erkenntnisverfahren) sind mit der hemmer-Methode leicht verständlich für die Klausuranwendung aufbereitet. Von den vielen Bestimmungen der ZPO sind insbesondere diejenigen, die mit materiellrechtlichen Problemen verknüpft werden können, klausurrelevant. ZPO-Probleme werden nur dann richtig erfasst und damit auch für die Klausur handhabbar, wenn man den praktischen Hintergrund verstanden hat. Dies erleichtert Ihnen die hemmer-Methode. Die klausurrelevanten Neuerungen der ZPO-Reform sind selbstverständlich eingearbeitet.

0016   14,80 €

Zivilprozessrecht II
Zwangsvollstreckungsrecht - mit diesem Skript halb so wild: Grundzüge, allgemeine und besondere Vollstreckungsvoraussetzungen, sowie die klausurrelevanten Rechtsbehelfe wie §§ 771 BGB (und die Abgrenzung zu § 805), 766 und 767 BGB werden wie gewohnt übersichtlich und gut verständlich für die Anwendung in der Klausur aufbereitet. Dann werden auch gefürchtete Zwangsvollstreckungsklausuren leicht.

0017   14,80 €

Arbeitsrecht
Arbeitsrecht ist stark von Richterrecht geprägt und hat sich auch, wie z.B. im Streikrecht, praeter legem entwickelt. Entsprechend häufig sind die Neuerungen. Gleichwohl ist die Arbeitsrechtsklausur im Regelfall standardisiert: Kündigungsschutz (Feststellungsklage) und Lohnzahlung (Leistungsklage) bilden häufig das Grundgerüst. Eingestreut sind regelmäßig Probleme wie z.B. Gratifikationen, Urlaubsabgeltungsanspruch, faktische Bindung und Anwendbarkeit der Grundrechte. Verständnis entsteht. So macht Arbeitsrecht Spaß. Das Standardwerk! Ausgehend von einem großen Fall wird das gesamte Arbeitsrecht knapp und prägnant erklärt.

0018   16,80 €

Handelsrecht
Handelsrecht verschärft wegen der Sonderstellung der Kaufleute viele Bestimmungen des BGB (z.B. §§ 362, 377 HGB). Auch Vertretungsrecht wird modifiziert (z.B. § 15 HGB, Prokura), ebenso die Haftung (§§ 25 ff HGB). So kann eine Klausur ideal gestreckt werden. Deshalb sind Kenntnisse im Handelsrecht unerlässlich, alles in allem aber leicht erlernbar.

0019A   14,80 €

Gesellschaftsrecht
Ein Problem mehr in der Klausur: die Gesellschaft, insbesondere BGB-Gesellschaft, OHG, KG und GmbH. Zu unterscheiden ist häufig zwischen Innen- und Außenverhältnis. Die Haftung von Gesellschaft und Gesellschaftern muss jeder kennen. In der examenstypischen Klausur sind immer mehrere Personen vorhanden (Notendifferenzierung!), so dass sich zwangsläufig die typischen Schwierigkeiten der Mehrpersonenverhältnisse stellen (Zurechnung, Gesamtschuld, Ausgleichsansprüche etc.).

0019B   14,80 €

Examenswissen

Rechtsfolgeskripten

> Regelmäßig ist die sog. Herausgabeklausur („A verlangt von B Herausgabe. Zu Recht?") Prüfungsgegenstand. Der Rückgriff kann als Zusatzfrage jede Klausur abschließen. Klausurtypisch werden diese Problemkreise im Anspruchsgrundlagenaufbau dargestellt. So schreiben Sie die 18 Punkteklausur. Ein Muss für jeden Examenskandidaten!

Herausgabeansprüche
Der Band setzt das Rechtsfolgesystem bisheriger Skripten fort. Die Anspruchsgrundlagen, die in den verschiedenen Rechtsgebieten verstreut sind, werden in einem eigenen Skript klausurtypisch konzentriert behandelt, §§ 285, 346, 546, 604, 812, 861, 985, 1007 BGB. Die ideale Checkliste für die Herausgabeklausur. Wer konsequent von der Fallfrage aus geht, lernt richtig.

0031   *14,80 €*

Rückgriffsansprüche
Der Regreß ist examenstypisch. Dreiecksbeziehungen sind nicht nur im wirklichen Leben problematisch, sondern auch im Recht. Der Band gibt unsere Erfahrungen mit den verschiedenen Examenskonstellationen wieder. Beispielhaft ist die Begleichung einer Schuld durch einen Dritten und der Regreß beim Schuldner. In Betracht kommen häufig GoA, Gesamtschuld und Bereicherungsrecht.

0032   *14,80 €*

Strafrecht

> Eine zweistellige Punktezahl ist im Strafrecht immer im Bereich des Möglichen. Gerade im Strafrecht ist es wichtig, die Klassiker genau zu kennen. Im Strafrecht/Strafprozessrecht wird Ihre Belastbarkeit getestet: innerhalb relativ kurzer Zeit müssen viele Problemkreise „abgehakt" werden.

Strafrecht AT I
Für das Verständnis im Strafrecht unabdingbar sind vertiefte Kenntnisse des Allgemeinen Teils. Der Aufbau eines vorsätzlichen Begehungsdelikts wird ebenso vermittelt wie der eines vorsätzlichen Unterlassungsdelikts bzw. eines Fahrlässigkeitsdelikts. Darin eingebettet werden die examenstypischen Probleme erläutert und anhand der hemmer-Methode Lernverständis geschaffen. Um die allgemeine Strafrechtssystematik besser zu verstehen, beinhaltet dieses Skript zudem Ausführungen zur Garantiefunktion des Strafrechts, zum Geltungsbereich des deutschen Strafrechts sowie einen Überblick über strafrechtliche Handlungslehren.

0020   *14,80 €*

Strafrecht AT II
Dieses Skript vermittelt Ihnen anwendungsorientiert die Problemkreise Versuch (insbesondere Rücktritt vom Versuch), Täterschaft und Teilnahme (z.B. Täter hinter dem Täter), die Irrtumslehre (z.B. aberratio ictus), sowie das Wichtigste zu den Konkurrenzen. Grundbegriffe werden erläutert und zudem in den klausurtypischen Zusammenhang gebracht. Auch Sonderfälle wie die „actio libera in causa" werden in fallspezifischer Weise erklärt.

0021   *14,80 €*

Strafrecht BT I
Bei den Klassikern wie u.a. Diebstahl, Betrug einschließlich Computerbetrug, Raub, Erpressung, Hehlerei, Untreue (BT I) sollte man sich keine Fehltritte leisten. Mit der hemmer-Methode wird der verständnisvolle Umgang mit Fällen, die im Grenzbereich eines oder mehrerer Tatbestände liegen, eingeübt. Auf klausurtypische Fallkonstellationen wird hingewiesen.

0022   *14,80 €*

Strafrecht BT II
Immer wieder in Hausarbeit und Klausur: Totschlag, Mord, Körperverletzungsdelikte, Aussagedelikte, Urkundsdelikte, Straßenverkehrsdelikte. In aller Regel werden diese Delikte mit Täterschaftsformen des Allgemeinen Teils kombiniert, und dadurch die Problematik klausurtypisch gestreckt.

0023   *14,80 €*

Strafprozessordnung
Strafprozessrecht hat auch im Ersten Juristischen Staatsexamen deutlich an Bedeutung gewonnen: In fast jedem Bundesland ist mittlerweile verstärkt mit StPO-Zusatzfragen im Examen zu rechnen. Begriffe wie z.B. Legalitätsprinzip, Opportunitätsprinzip und Akkusationsprinzip dürfen keine Fremdworte bleiben. Lernen Sie spielerisch die Abgrenzung von strafprozessualem und materiellem Tatbegriff.

0030   *14,80 €*

Examenswissen

Verwaltungsrecht

> Auch die Verwaltungsrechtsskripten sind klausur- und hausarbeitsorientiert und damit als großer Fall zu verstehen. Trainieren Sie Verwaltungsrecht mit uns klausurorientiert. Lernen Sie mit der hemmer-Methode die richtige Einordnung. Im Öffentlichen Recht gilt: wenig Dogmatik - viel Gesetz. Gehen Sie deshalb mit dem sicheren Gefühl in die Prüfung, die Dogmatik genau zu kennen und zu wissen, wo Sie was zu prüfen haben.

Verwaltungsrecht I
Wie in einem großen Fall sind im Verwaltungsrecht I die klausurtypischen Probleme der Anfechtungsklage als zentrale Klageart der VwGO dargestellt. Entsprechend der Reihenfolge in einer Klausur werden Fragen der Zulässigkeit, vom Vorliegen eines VA bis zum Vorverfahren, und der Begründetheit, von der Ermächtigungsgrundlage bis zum Widerruf und der Rücknahme von VAen, klausurorientiert aufbereitet.

0024   14,80 €

Verwaltungsrecht II
Die richtige Einordnung der Prüfungspunkte im Rahmen der Zulässigkeit und Begründetheit von Verpflichtungs-, Fortsetzungsfeststellungs-, Leistungs- und Feststellungsklage sowie Normenkontrolle unter gleichzeitiger Darstellung typischer Fragestellungen der Begründetheit sind Gegenstand dieses Skripts. Sie machen es zu einem unentbehrlichen Hilfsmittel zur Vorbereitung auf Zwischenprüfung und Examina.

0025   14,80 €

Verwaltungsrecht III
Profitieren Sie von unserer jahrelangen Erfahrung als Repetitoren und unserer Sachkenntnis von Prüfungsfällen. Widerspruchsverfahren, vorbeugender und vorläufiger Rechtsschutz, Rechtsmittel sowie Sonderprobleme aus dem Verwaltungsprozess- und allgemeinen Verwaltungsrechts sind anschließend für Sie keine Fremdwörter mehr.

0026   14,80 €

Staatsrecht

> Stoffauswahl und Schwerpunktbildung von Verfassungsrecht (Staatsrecht I) und Staatsorganisationsrecht (Staatsrecht II) orientieren sich am praktischen Bedürfnis von Klausur und Hausarbeit. Da in diesem Bereich häufig nach dem Prinzip „terra incognita" gelernt wurde, gilt es Lücken zu schließen. Wer Staatsrecht richtig gelernt hat, kann sich jedem Fall stellen. Es gilt der Wahlspruch der Aufklärung: „sapere aude" (Wage, Dich Deines Verstandes zu bedienen.), Kant, auf ihn Bezug nehmend Karl Popper (Beck'sche Reihe, „Große Denker").

Staatsrecht I
Die Grundrechte sind das Herzstück der Verfassung. Zulässigkeit und Begründetheit der Verfassungsbeschwerde geben jedem Klausurersteller die Möglichkeit, Grundrechtsverständnis abzuprüfen. Die einzelnen Grundrechte werden im Rahmen der Begründetheit der Verfassungsbeschwerde umfassend erklärt. Lernen Sie mit der hemmer-Methode den richtigen Fallaufbau, auf den gerade im Öffentlichen Recht besonders viel Wert gelegt wird.

0027   14,80 €

Staatsrecht II
Speziell hier gilt: Die wenigen Klassiker, die immer wieder in der Klausur eingebaut sind, muss man kennen. Dies sind im Prozessrecht: Organstreitigkeiten, abstrakte und konkrete Normenkontrolle und föderale Streitigkeiten (Bund-/Länderstreitigkeiten). Das materielle Recht beinhaltet Staatszielbestimmungen (Art. 20 GG), Finanzverfassung, daneben auch oberste Staatsorgane, Gesetzgebungskompetenz und -verfahren, Verwaltungsorganisation und das Recht der politischen Parteien. Mit diesen Problemkreisen sollten Sie sich im Rahmen einer sinnvollen Examensvorbereitung mit den jeweiligen landesrechtlichen Besonderheiten auseinandersetzen. Skripten, die die Problematik „verallgemeinernd" auf Bundesebene darstellen, helfen meist nicht weiter!

0028   14,80 €

Staatshaftungsrecht
Das Staatshaftungsrecht ist eine Querschnittsmaterie aus den Bereichen Verfassungsrecht, Allgemeines und Besonderes Verwaltungsrecht und dem Bürgerlichen Recht. Diese Besonderheit macht es einerseits kompliziert, andererseits interessant für Klausurersteller! In diesem Skript finden Sie alle klausurrelevanten Probleme des Staatshaftungsrechts examenstypisch aufgearbeitet.

0040   14,80 €

Europarecht
Immer auf dem neusten Stand! Unser Europarecht hat sich zum Klassiker entwickelt. Anschaulich und klar strukturiert erspart es Zeit und dient dem Allgemeinverständnis für dieses in Zukunft immer wichtiger werdende Prüfungsgebiet. Zusammen mit der Fallsammlung Europarecht Garant für ein erfolgreiches Abschneiden in der Prüfung! Die hohe Nachfrage gibt dem Skriptum recht.

0029   16,80 €

Öffentliches Recht - landesspezifische Skripten

> Wesentliche Bereiche des Öffentlichen Rechts - Kommunalrecht, Sicherheitsrecht, Bauordnungsrecht - sind aufgrund der Kompetenzverteilung des Grundgesetzes Landesrecht. Hier müssen Sie sich im Rahmen einer sinnvollen Examensvorbereitung mit den jeweiligen landesrechtlichen Besonderheiten auseinandersetzen. Skripten, die die Problematik „verallgemeinernd" auf Bundesebene darstellen, helfen meist nicht weiter!

Examenswissen

Baurecht/Bayern
Baurecht/Nordrhein-Westfalen
Baurecht/Baden-Württemberg

Bauplanungs- und Bauordnungsrecht werden in klausurtypischer Aufarbeitung so dargestellt, dass selbst ein Anfänger innerhalb kürzester Zeit die Systematik des Baurechts erlernen kann. Vertieft werden darüber hinaus alle wichtigen Spezialprobleme des Baurechts wie gemeindliches Einvernehmen, Vorbescheid, Erlass von Bebauungsplänen etc. behandelt.

01.0033 BauR Bayern	14,80 €
02.0033 BauR NRW	14,80 €

erhältlich ab Frühjahr 2007

03.0033 BauR Baden Württ.	14,80 €

Polizei- und Sicherheitsrecht/ Bayern
Polizei- und Ordnungsrecht/NRW
Polizeirecht/Baden Württemberg

Gerade das Polizei- und/oder Sicherheitsrecht stellt sich von Bundesland zu Bundesland unterschiedlich dar: Hier kommt die Stärke der landesrechtlichen Skripten voll zur Geltung! Lernen Sie im jeweils regionalen Kontext die Begriffe Primär- und Sekundärmaßnahme, Konnexität, Anscheins- und Putativgefahr usw. Der Aufbau des Skripts orientiert sich an der typischen Systematik einer Polizeirechtsklausur.

01.0034 Polizei-/SR Bayern	14,80 €
02.0034 Polizei-/OR NRW	14,80 €
03.0034 PolizeiR/ Baden Württ.	14,80 €

Kommunalrecht/Bayern
Kommunalrecht/NRW
Kommunalrecht/Baden Württemberg

In vielen Bundesländern ist Kommunalrecht das Herz der verwaltungsrechtlichen Klausur, da es sich mit den meisten anderen Bereichen des Verwaltungsrecht-BT hervorragend kombinieren lässt: Begriffe wie eigener und übertragener Wirkungskreis, Kommunalaufsicht, Verbands- und Organkompetenz, Befangenheit von Gemeinderäten, Kommunale Verfassungsstreitigkeit, gemeindliche Geschäftsordnung und vieles mehr werden in gewohnt fallspezifischer Art dargestellt und erklärt.

01.0035 KomR. Bayern	14,80 €
02.0035 KomR. NRW	14,80 €
03.0035 KomR. Baden Württ.	14,80 €

Schwerpunktskripten

> Auch im Bereich der Wahlfachgruppen können Sie auf die gewohnte und bewährte Qualität der Hemmer-Skripten zurückgreifen. Wir ermöglichen Ihnen, das Gebiet Ihrer Wahlfachgruppe effektiv und examenstypisch zu erschließen. Die Zusammenstellung der Skripten orientiert sich am examensrelevanten Stoff und den wichtigsten Problemkreisen.

Kriminologie

Das Skript Kriminologie umfasst sämtliche, für die Wahlfachgruppe relevanten Bereiche: Kriminologie, Jugendstrafrecht und Strafvollzug. Im Mittelpunkt stehen insbesondere die Erscheinungsformen und Ursachen von Kriminalität, der Täter, aber auch das Opfer und die Kontrolle und Behandlung des Straftäters. Durch die Behandlung vieler strafrechtlicher Grundbegriffe ist das Skriptum auch für den Studenten geeignet, der diese Wahlfachgruppe nicht gewählt hat.

0039	16,80 €

Völkerrecht

Die Probleme im Völkerrecht sind begrenzt. Der Band vermittelt den Einstieg in die Rechtsmaterie und stellt die wichtigsten Probleme des Völkerrechts dar. Ergänzt durch Beispielfälle und die Judikatur des IGH ist dieses Skript ein unverzichtbares Hilfsmittel. Erschließen Sie sich mit Hilfe dieses Skripts die Problemkreise der völkerrechtlichen Verträge, über die Personalhoheit bis hin zum Interventionsverbot.

0036	16,80 €

Internationales Privatrecht

In der Praxis wird der Jurist von morgen nicht darum herumkommen, sich mit IPR zu beschäftigen. Internationale Verflechtungen gewinnen an Bedeutung und den nationalen Scheuklappen wird entgegengewirkt. Das Skript ist fallorientiert und ermöglicht den leichten Einstieg. Die Anwendung des Internationalen Einheitsrechts, staatsvertraglicher Kollisionsnormen sowie des autonomen Kollisionsrechts werden hier erläutert. Auch werden die Rechte der natürlichen Person auf internationaler Ebene vom Vertragsrecht bis hin zum Sachenrecht behandelt.

0037	16,80 €

Kapitalgesellschaftsrecht

Im Skript Kapitalgesellschaftsrecht werden die Gründung der Kapitalgesellschaften und deren Organisationsverfassung dargestellt. Es beinhaltet daneben die Rechtsstellung der Gesellschafter, die Finanzordnung der Gesellschaften und die Stellung der Gesellschaften im Rechtsverkehr. Abschließend erfolgt ein Überblick über das Konzernrecht und Sonderformen der Kapitalgesellschaften.

0055	16,80 €

Rechtsgeschichte I

Gegenstand des Skripts ist die Rechtsgeschichte des frühen Mittelalters bis hin zur Rechtsgeschichte des 20. Jahrhunderts. Inhaltlich deckt es die Bereiche Verfassungsrechtsgeschichte, Privatrechtsgeschichte und Strafrechtsgeschichte ab. Hauptsächlich hilft das Skript bei der Vorbereitung auf die rechtsgeschichtlichen Klausuren. Gleichzeitig ist es auch für „kleine" Grundlagenklausuren und die „großen" Examensklausuren geeignet. Ideal auch zur Vorbereitung auf die mündliche Prüfung.

0058	16,80 €

Rechtsgeschichte II

Das Skript Rechtsgeschichte II befasst sich mit der Römischen Rechtsgeschichte und liefert im Zusammenhang mit dem Skript Rechtsgeschichte I (Deutsche Rechtsgeschichte) den Stoff für die Wahlfachgruppe. Darüber hinaus sollten Grundzüge der Rechtsgeschichte zum Wissen eines jeden Jurastudenten gehören. Mit diesem Skript werden Sie schnell in die Entwicklungen und Einflüsse der Römischen Rechtsgeschichte eingeführt.

0059	16,80 €

Examenswissen

Wettbewerbs- und Markenrecht
Im Rahmen des Rechts des unlauteren Wettbewerbs werden die Grundzüge erklärt, die für das Verständnis dieser Materie unerlässlich sind. Aus dem Bereich des Immaterialgüterrechts wird das Markenrecht näher betrachtet, etwa Unterlassungs- und Schadensersatzansprüche wegen Markenverletzung.

0060   *16,80 €*

Rechts- und Staatsphilosophie sowie Rechtssoziologie
Ziel des Skriptes ist es, über die Vermittlung des für die Klausur erforderlichen Wissens hinaus den Leser zu befähigen, ein eigenständiges rechts-philosophisches Denken zu entwickeln und die erforderliche Argumentation auszuprägen. Das Werk führt zunächst gezielt in die Grundlagen und Fragestellungen der Rechtsphilosophie und Rechtssoziologie ein. Dem folgt eine historisch wie thematisch orientierte Auswahl von Philosophen und Soziologen, wobei nach einem festen Gliederungsmuster deren Leben, Vorstellung von Recht und Gerechtigkeit, Gesellschaft und Staat vorgestellt wird. Die Ausführungen schließen mit aktuellen Bezügen zur jeweiligen Theorie als Denkanstoß ab.

0062   *16,80 €*

Insolvenzrecht
Das Skript umfasst sämtliche relevanten Bereiche: Insolvenzantragsverfahren, vorläufige Insolvenzverwaltung, Anfechtung, Aus- und Absonderung sowie alles rund um das Amt des Insolvenzverwalters. Ebenfalls besprochen werden die Besonderheiten von Arbeitsverhältnissen in der Insolvenz sowie die Besonderheiten des Verbraucherinsolvenzverfahrens. Mit einer Vielzahl von Beispielen aus der Praxis ist das Skriptum geeignet, sich einen groben Überblick über diesen sehr bedeutsamen Bereich zu verschaffen.

0063   *16,80 €*

Steuererklärung leicht gemacht
Das Skript gibt alle erforderlichen Anleitungen und geldwerte Tipps für die selbstständige Erstellung der Einkommensteuererklärung von Studenten und Referendaren. Zur Verdeutlichung sind Beispielfälle eingebaut, deren Lösungen als Grundlage für eigene Erklärungen dienen können.

0038   *14,80 €*

Abgabenordnung
Die Abgabenordnung als das Verfahrensrecht zum gesamten Steuerrecht hält viele Besonderheiten bereit, die Sie sowohl im Rahmen der Pflichtfachklausur im 2. Examen, wie auch in der Wahlfachklausur beherrschen müssen. Hierbei hilft zwar Systemverständnis im allgemeinen Verwaltungsrecht, das wir Ihnen mit unseren Skripten Verwaltungsrecht I - III vermitteln. Jedoch ist auch eine detaillierte Auseinandersetzung mit abgabenordnungsspezifischen Problemen unverzichtbar. Im Ersten gleichsam wie im Zweiten Examen stellen verfahrensrechtliche Fragen regelmäßig zwischen 25 und 30 % des Prüfungsstoffes der Steuerrechtsklausur dar. Hier zeigt sich immer wieder, dass das Verfahrensrecht zu wenig beachtet wurde. Eine gute Klausur kann aber nur dann gelingen, wenn sowohl die einkommensteuerrechtliche als auch die verfahrensrechtliche Problematik erfasst wurde.

0042   *16,80 €*

Einkommensteuerrecht
Der umfassende Überblick über das Einkommensteuerrecht! Der gesamte examensrelevante Stoff sowohl für die Wahlfachgruppe als auch für die Pflichtklausur im 2. Examen: Angefangen bei den einkommensteuerlichen Grundfragen der subjektiven Steuerpflicht und den Besteuerungstatbeständen der sieben Einkommensarten, über die verschiedenen Gewinnermittlungsmethoden, bis hin zur Berechnung des zu versteuernden Einkommens orientiert sich das Skript streng am Klausuraufbau und stellt so absolut notwendiges Handwerkszeug dar.

0043   *21,80 €*

Die Musterklausuren für das Examen

> Fahrlässig handelt, wer sich diese Fälle entgehen lässt! Aus unserem langjährigen Klausurenkursprogramm die besten Fälle, die besonders häufig Gegenstand von Prüfungen waren und sicher wieder sein werden. Lernen Sie den Horizont von Klausurenerstellern und -korrektoren anhand von exemplarischen Fällen kennen.

Musterklausuren Examen Zivilrecht
Das Repetitorium hemmer ist für seine Trefferquote bekannt. Das zeigt sich auch in den Musterklausuren: Teilweise wurden die ausgewählten Fälle später zu nahezu identischen Originalexamensfällen. Die Themenkreise sind weiter hochaktuell. Examensklausuren haben eine eigene Struktur. Der Ersteller konstruiert Sachverhalt und Lösung nach bestimmten Regeln, die es zu erfassen gilt. Objektiv muss die Klausur wegen der Notendifferenzierung anspruchsvoll, aber lösbar sein, eine Vielzahl von Problemen beinhalten und bei der Lösung ein einheitliches Ganzes ergeben. Subjektives Merkmal ist, wie der Ersteller die objektiven Merkmale gewichtet hat. Hier zeigt sich sein Ideengebäude, welches zu erfassen die wesentliche Aufgabe bei der Klausurbewältigung ist.

16.01   *14,80 €*

Musterklausuren Examen Strafrecht
Wenig Gesetz, viel Dogmatik. Gerade im Strafrecht gilt: „Streit erkannt, Gefahr gebannt!" Strafrecht ist regelmäßig ein Belastungstest: Strafrechtliche Klausuren bestehen aus einer Vielzahl von Problemen aus dem Allgemeinen Teil, dem Besonderen Teil, bzw. aus beiden. Routine beim „Abhaken" der Problemkreise zahlt sich aus.

16.02   *14,80 €*

Musterklausuren Examen Steuerrecht
Steuerrechtliche Klausuren zeichnen sich durch immer wiederkehrende Einzelkonstellationen aus, die zu einem großen Fall zusammengebastelt sind. Es ist leicht eine gute Note zu schreiben, wenn man die Materie kennt. Auf der Grundlage von original Examensklausuren aus den letzten Jahren werden die klassischen Problemfelder aus dem materiellen Recht wie aus dem Verfahrensrecht examenstypisch aufbereitet und vermittelt.

16.03   *14,80 €*

Musterklausur Examen Europarecht
Europarecht ist ohne Fälle nicht fassbar. Erleichtern Sie sich das Verständnis für Europarecht, indem Sie anwendungsspezifisch und fallorientiert lernen. Nachdem das Europarecht auch als Pflichtfach immer größere Bedeutung erlangt, stellt diese Fallsammlung als Erweiterung des Lernmaterials zum Europarecht eine unerlässliche Hilfe bei der Examensvorbereitung dar.

16.04   *14,80 €*

Die Shorties - Minikarteikarten

Die Shorties - in 20 Stunden zum Erfolg

Die wichtigsten Begriffe und Themenkreise werden anwendungsspezifisch erklärt.

Knapper geht es nicht.

Die „sounds" der Juristerei (super learning) grafisch aufbereitet - in Kürze zum Erfolg.

- als Checkliste
zum schnellen Erfassen des jeweiligen Rechtsgebiets.

- zum Rekapitulieren
mit dem besonderen Gedächtnistraining schaffen Sie Ihr Wissen ins Langzeitgedächtnis.

- vor der Klausur zum schnellen Überblick

- ideal vor der mündlichen Prüfung

Die Shorties 1 *BGB AT, SchuldR AT (50.10)*	21,80 €
Die Shorties 2/I *KaufR, MietV, Leihe, WerkVR, ReiseV, Verwahrung* *(50.21)*	21,80 €
Die Shorties 2/II *GoA, BerR, DeliktsR,* *SchadensersatzR (50.22)*	21,80 €
Die Shorties 3 *SachenR, ErbR, FamR (50.30)*	21,80 €
Die Shorties 4 *ZPO I/II, HGB (50.40)*	21,80 €
Die Shorties 5 *StrafR AT/BT (50.50)*	21,80 €
Die Shorties 6 *Öffentliches Recht (50.60)* *(VerwR, GrundR, BauR, StaatsOrgR, VerfProzR)*	21,80 €

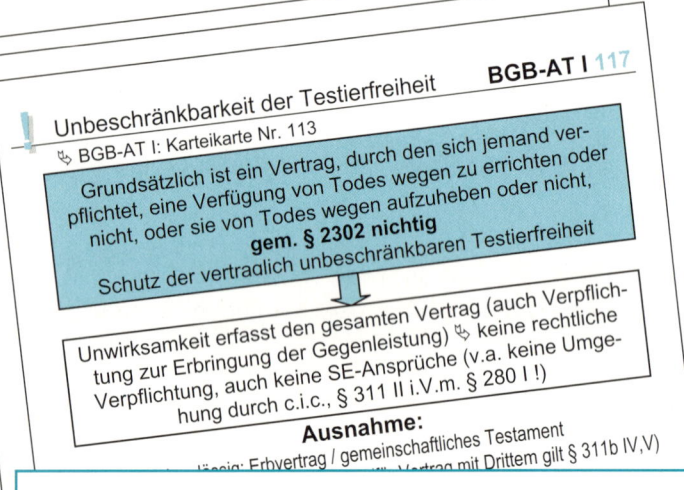

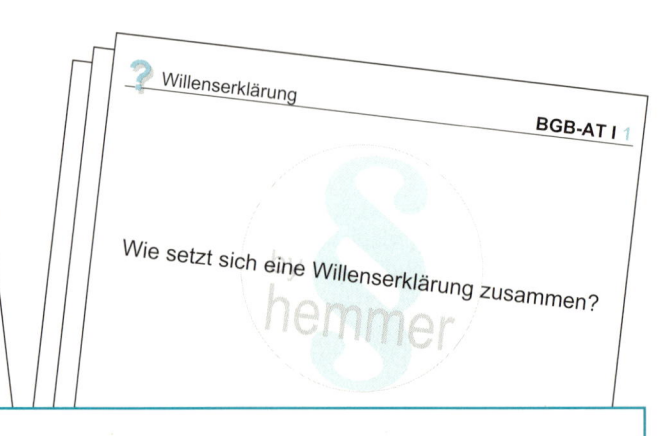

So lernen Sie richtig mit der hemmer-Box (im Preis inklusive):

1. **Verstehen:** Haben Sie den gelesenen Stoff verstanden, wandert die Karte auf Stufe 2., Wiederholen am nächsten Tag.

2. **Wiederholen:** Haben Sie den Stoff behalten, wandert er von Stufe 2. zu Stufe 4.

3. **kleine Strafrunde:** Konnten Sie den Inhalt von 2. nicht exakt wiedergeben, arbeiten Sie die Themen bitte noch einmal durch.

4. **fundiertes Wissen:** Wiederholen Sie die hier einsortierten Karten nach einer Woche noch einmal. Konnten Sie alles wiedergeben? Dann können Sie vorrücken zu Stufe

5. **Langzeitgedächtnis:** Wiederholen Sie auf dieser Stufe das Gelernte im Schnelldurchlauf nach einem Monat. Sollten noch Fragen offen bleiben, gehen sie bitte eine Stufe zurück.

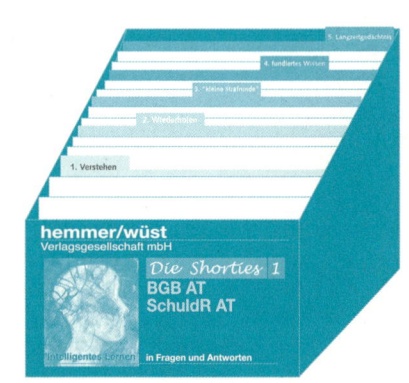

HEMMER Karteikarten - Logisch und durchdacht aufgebaut!

Intelligentes Lernen schnell & effektiv

Einleitung
führt zur Fragestellung hin und verschafft Ihnen den schnellen Überblick über die Problemstellung

Frage oder zu lösender Fall
konkretisiert den jeweiligen Problemkreis

II. Verschulden bei Vertragsverhandlungen — **SchR-AT I, Karte 22**
Vorvertragliche Sonderverbindung

Die c.i.c. setzt ein vorvertragliches Vertrauensverhältnis voraus. Dieses entsteht nicht durch jeden gesteigerten sozialen Kontakt, sondern nur durch ein Verhalten, das auf den Abschluss eines Vertrages oder die Anbahnung geschäftlicher Kontakte abzielt. Ob es später tatsächlich zu einem Vertragsschluss kommt, ist dagegen unerheblich. Der Vertragsschluss ist nur erheblich für die Abgrenzung zwischen §§ 280 I, 241 II BGB (pVV) und §§ 280 I, 311 II, 241 II BGB (c.i.c.): Fällt die Pflichtverletzung in den Zeitraum vor Vertragsschluss, sind ohne Rücksicht auf den späteren Vertragsschluss die §§ 280 I, 311 II, 241 II BGB richtige Anspruchsgrundlage.

A macht einen Stadtbummel. Aus Neugier betritt er ein neues Geschäft, um das Warenangebot näher kennen zu lernen. Dazu kommt es aber nicht. Er rutscht kurz hinter dem Eingang auf einer Bananenschale aus und bricht sich ein Bein.
Hat A Ansprüche aus c.i.c.?
Abwandlung: A betritt das Geschäft nur, weil es gerade zu regnen angefangen hat. Er hat keinerlei Kaufinteresse.

Juristisches Repetitorium
examenstypisch · anspruchsvoll · umfassend **hemmer**

---

1. Grundfall:
Fraglich ist, ob ein vorvertragliches Schuldverhältnis vorliegt. Dieses entsteht insbesondere erst durch ein Verhalten, das auf die Aufnahme von Vertragsverhandlungen (§ 311 II Nr. 1 BGB), die Anbahnung eines Vertrags (§ 311 II Nr. 2 BGB) oder eines geschäftlichen Kontakts (§ 311 II Nr. 3 BGB) abzielt. Hier betritt A das Geschäft zwar ohne konkrete Kaufabsicht, aber doch als potentieller Kunde in der Absicht, sich über das Warensortiment zu informieren, um später möglicherweise doch etwas zu kaufen. Sein Verhalten ist somit auf die Anbahnung eines Vertrags gerichtet, bei welchem der A im Hinblick auf eine etwaige rechtsgeschäftliche Beziehung dem Geschäftsinhaber die Möglichkeit zur Einwirkung auf seine Rechte, Rechtsgüter und Interessen gewährt oder ihm diese anvertraut, vgl. § 311 II Nr. 2 BGB.

Der Geschäftsinhaber hat die Pflicht, alles Zumutbare zu unternehmen, um seine Kunden vor Schäden an Leben und Gesundheit zu schützen. Diese Pflicht wurde hier verletzt. Im Hinblick auf die Darlegungs- und Beweislast zum Vertretenmüssen ist von § 280 I 2 BGB auszugehen. Ausreichend ist daher von Seiten des Geschädigten der Nachweis des objektiv verkehrsunsicheren Zustands im Verantwortungsbereich des Schuldners, hier durch die Bananenschale. Der Schuldner, also der Geschäftsinhaber muss dann nachweisen, dass er und seine Erfüllungsgehilfen alle zumutbaren Maßnahmen zur Vermeidung des Schadens ergriffen haben. Das wird regelmäßig nicht gelingen. **Von Vertretenmüssen ist daher auszugehen**, gegebenenfalls ist dem Geschäftsinhaber das *Verschulden der Erfüllungsgehilfen (z.B. Ladenangestellten)* nach § 278 BGB zuzurechnen. **Die Pflichtverletzung war ursächlich für den Schaden des A. A kann somit Schadensersatz aus §§ 280 I, 311 II Nr. 2, 241 II BGB verlangen** (u.U. gekürzt um einen *Mitverschuldensanteil*).

2. Abwandlung:
In der Abwandlung hat A von vornherein keinerlei Kaufabsicht. Sein **Verhalten ist nicht auf die Anbahnung eines Vertrags gerichtet**. Das bloße Betreten eines Ladens genügt jedoch nicht, um ein gesteigertes Vertrauensverhältnis zu begründen. **Daher scheiden Ansprüche aus §§ 280 I, 311 II Nr. 2, 241 II BGB aus.** *Es kommen lediglich deliktische Schadensersatzansprüche in Betracht.*

hemmer-Methode: Bei dauernden Geschäftsbeziehungen, innerhalb derer sich ein Vertrauensverhältnis herausgebildet hat, ist eine Haftung aus c.i.c. auch für Handlungen, die nicht unmittelbar auf die Anbahnung eines Vertrages gerichtet sind, gerechtfertigt, sofern die Handlung in engem Zusammenhang mit der Geschäftsbeziehung steht.

Antwort
informiert umfassend und in prägnanter Sprache

hemmer-Methode
ein modernes Lernsystem, das letztlich erklärt, was und wie Sie zu lernen haben. Gleichzeitig wird „background" vermittelt. Die typischen Bewertungskategorien eines Korrektors werden miterklärt. So lernen Sie Ihre imaginären Gegner (Ersteller und Korrektor) besser einzuschätzen und letztlich zu gewinnen. Denken macht Spass und Jura wird leicht.

---

examenstypisch - anspruchsvoll - umfassend

Die Karteikarten

Die Karteikartensätze

> Lernen Sie intelligent mit der 5-Schritt-Methode. Weniger ist mehr. Das schnelle Frage- und Antwortspiel sich auf dem Markt durchgesetzt. Mit der hemmer-Methode wird der Gesamtzusammenhang leichter verständlich, das Wesentliche vom Unwesentlichen unterschieden. Ideal für die AG und Ihre Lerngruppe: wiederholen Sie die Karteikarten und dem hemmer-Spiel „Jurapolis". Lernen Sie so im Hinblick auf die mündliche Prüfung frühzeitig auf Fragen knapp und präzise zu antworten. Wissenschaftlich ist erwiesen, dass von dem Gelernten in der Regel innerhalb von 24 Stunden bis zu 70% wieder vergessen wird. Daher ist es wichtig, das Gelernte am nächsten Tag zu wiederholen, bevor Sie sich neue Karteikarten vornehmen. Mit den Karteikarten können Sie leicht kontrollieren, wie viel Sie behalten haben.
> Karteikarten bieten die Möglichkeit, knapp, präzise und zweckrational zu lernen. Im Hinblick auf das Examen werden die wichtigsten examenstypischen Problemfelder vermittelt. Das Karteikartensystem entspricht modernen Lernkonzepten und führt zum „learning just in time" (Lernen nach Bedarf). Da sie kurz und klar strukturiert sind, kann mit ihnen in kürzester Zeit der Lernstoff erarbeitet und vertieft werden.

Basics - Zivilrecht
Das absolut notwendige Grundwissen vom Vertragsabschluß bis zum EBV. Alles was Sie im Zivilrecht wissen müssen. Die Grundlagen müssen sitzen.

20.01   12,80 €

Basics - Strafrecht
Karteikarten Basics-Strafrecht bieten einen Überblick über die wichtigsten Straftatbestände wie z.B.: Straftaten gegen Leib und Leben sowie Eigentumsdelikte und Straßenverkehrsdelikte, sowie verschiedene Delikttypen, wichtige Probleme aus dem allgemeinen Teil, z.B. Versuch, Beteiligung Mehrerer, usw.

20.02   12,80 €

Basics - Öffentliches Recht
Anhand der Karten Basics-Öffentliches Recht erhalten Sie einen breitgefächerten Überblick über Staatsrecht, Verwaltungs-, und Staatshaftungsrecht. So lassen sich die verschiedenen Rechtsbehelfe optimal in ihrer Zulässigkeits- und Begründetheitsstation auf die Grundlagen hin erlernen.

20.03   12,80 €

BGB-AT I
Die BGB-AT I Karteikarten beinhalten das, was zum Wirksamwerden eines Vertrages beiträgt (Wirksamwerden der WE, Geschäftsfähigkeit, Rechtsbindungswille, usw.) bzw. der Wirksamkeit hindernd entgegensteht (Willensvorbehalte, §§ 116 ff., Sittenwidrigkeit, u.v.m.). Die Problemfelder der Geschäftsfähigkeit, insbesondere das Recht des Minderjährigen, dürfen bei dieser Möglichkeit zu lernen nicht fehlen.

22.01   14,80 €

BGB-AT II
Die BGB-AT II Karteikarten stellen in bekannt knapper und präziser Weise dar, was auf dem umfangreichen Gebiet der Stellvertretung von Ihnen erwartet wird. Die unerlässlichen Kenntnisse der Probleme der Anfechtung, der AGB-Bestimmungen und des Rechts der Einwendungen und Einreden können hiermit zur Examensvorbereitung wiederholt bzw. vertieft werden.

22.02   14,80 €

Schuldrecht AT I
Im bekannten Format werden hier die Grundbegriffe des Schuldrechts dargestellt. Dazu gehören der Inhalt und das Erlöschen des Schuldverhältnisses (z.B. durch Erfüllung, Aufrechnung oder auch Rücktritt). Insbesondere die verschiedenen Probleme in Zusammenhang mit der Haftung im vorvertraglichen Schuldverhältnis nach §§ 280 I, 311 II, 241 II BGB (c.i.c.), das Verhältnis des allgemeinen Leistungsstörungsrechts zu anderen Vorschriften und die Formen und Wirkungen der Unmöglichkeit werden behandelt.

22.031   14,80 €

Schuldrecht AT II
Klassiker wie Verzug, Abtretung, Schuldübernahme, Vertrag zugunsten oder mit Schutzwirkung zugunsten Dritter und Drittschadensliquidation gehören hier genauso zum Stoff der Karteikarten wie die Gesamtschuldnerschaft und das Schadensrecht (§§ 249 ff. BGB), das umfassend von Schadenszurechnung bis hin zu Art, Inhalt und Umfang der Ersatzpflicht dargestellt wird.

22.032   14,80 €

Schuldrecht BT I
Bei diesen Karteikarten steht das Kaufrecht als examensrelevante Materie im Vordergrund. Die Schwerpunkte bilden aber auch Sachmängelrecht und die Probleme rund um den Werkvertrag.

22.40   14,80 €

Schuldrecht BT II
Die Karteikarten Schuldrecht BT II behandeln nach Kaufrecht im Karteikartensatz Schuldrecht BT I, die restlichen Vertragstypen. Dazu gehören vor allem das Mietrecht, der Dienstvertrag, die Bürgschaft und die GoA. Auch Gebiete wie z.B. Schenkung, Leasing, Schuldanerkenntnis und Auftrag kommen nicht zu kurz.

22.41   14,80 €

Bereicherungsrecht
Die §§ 812 ff. BGB sind regelmäßig die Folge unwirksamer Verträge. Abgrenzungsprobleme gibt es u.a. zum Wegfall der Geschäftsgrundlage (z.B. Rückabwicklung bei der nichtehelichen Lebensgemeinschaft) und §§ 987 ff. BGB. Der Karteikartensatz versteht sich als Gebrauchsanweisung für die erfolgreiche Bewältigung des anspruchsvollen Rechtsgebiets Bereicherungsrecht. Ohne Verständnis für dieses Rechtsgebiet bleibt der Zusammenhang im Zivilrecht im Dunkeln.

22.08   14,80 €

Die Karteikarten

Deliktsrecht
Thematisiert werden im Rahmen dieser Karteikarten schwerpunktmäßig die §§ 823 I und 823 II BGB. Verständlich und präzise wird auch auf die Probleme der §§ 830 ff. eingegangen, wobei besonders auf den Verrichtungsgehilfen und die Gefährdungshaftung geachtet wird. Neben einem Einblick in das Staatshaftungsrecht wird auch die Haftung aus dem StVG, ProdHaftG und die negatorische/quasinegatorische Haftung behandelt.

22.09   14,80 €

Sachenrecht I
Mit den Karteikarten können Sie ein so komplexes Gebiet wie dieses optimal wiederholen und Ihr Wissen trainieren. Das Sachenrecht mit EBV, Anwartschaftsrecht und Pfandrechten ist für jeden Examenskandidaten ein Muss.

22.11   14,80 €

Sachenrecht II
Auch auf einem so schwierigen Gebiet wie dem Grundstücksrecht und den damit verbundenen Pfand- und Sicherungsrechten geben die Karteikarten nicht nur eine zügige Wissensvermittlung, sondern reduzieren die Komplexität des Immobiliarsachenrechts auf das Wesentliche und erleichtern somit die eigene Systematik, z.B. des Hypothek- und Grundschuldrechts, zu verstehen. Begriffe wie die Vormerkung und das dingliche Vorkaufsrecht müssen im Examen beherrscht werden.

22.12   14,80 €

Kreditsicherungsrecht
Die Karteikarten als Ergänzung zum Skript Kreditsicherungsrecht ermöglichen Ihnen, spielerisch mit den einzelnen Sicherungsmitteln umzugehen, und die Unterschiede zwischen akzessorischen und nichtakzessorischen Sicherungsmitteln genauso wie ihre Besonderheiten zu beherrschen.

22.13   14,80 €

Arbeitsrecht
Arbeitsrecht ist stark von Richterrecht geprägt und hat sich auch, wie z.B. im Streikrecht, praeter legem entwickelt. Entsprechend häufig sind die Neuerungen. Gleichwohl ist die Arbeitsrechtsklausur im Regelfall standardisiert: Kündigungsschutz (Feststellungsklage) und Lohnzahlung (Leistungsklage) bilden häufig das Grundgerüst. Eingestreut sind regelmäßig Probleme wie z.B. Gratifikationen, Urlaubsabgeltungsanspruch, faktische Bindung und Anwendbarkeit der Grundrechte.

22.18   14,80 €

Familienrecht
Die wichtigsten Problematiken dieses Gebietes werden hier im Überblick dargestellt und erleichtern Ihnen den Umgang mit Ehe, Sorgerecht, Vormundschaft, aber auch dem Familienprozessrecht.

22.14   14,80 €

Erbrecht
Die Grundzüge des Erbrechts mit den einzelnen Problematiken der gewillkürten und gesetzlichen Erbfolge, des Pflichtteilrechts und der Erbenhaftung gehören ebenso zum Examensstoff wie die Annahme und Ausschlagung der Erbschaft und die Problematik mit dem Erbschein. Die Grundlagen zu beherrschen ist wichtiger als einzelne Sonderprobleme.

22.15   14,80 €

ZPO I
ZPO taucht zunehmend in den Examensklausuren auf und darf nicht vernachlässigt werden. Nutzen Sie die Möglichkeit, sich durch die knappe und präzise Aufbereitung in den Karteikarten mit dem Prozessrecht vertraut zu machen, um im Examen eine ZPO-Klausur in Ruhe angehen zu können.

22.16   14,80 €

ZPO II
Die Karteikarten ZPO II führen Sie quer durch das Recht der Zwangsvollstreckung bis hin zu den verschiedenen Rechtsbehelfen in der Zwangsvollstreckung. Dabei können Rechtsbehelfe wie die Vollstreckungsgegenklage oder die Drittwiderspruchsklage den Einstieg in eine BGB-Klausur bilden.

22.17   14,80 €

Handelsrecht
Im Handelsrecht kehren oft bekannte Probleme wieder, die mittels der Karteikarten optimal wiederholt werden können. Auch für das umfassende Schuld- und Sachenrecht des Handels, in dem auch viele Verknüpfungen zum BGB bestehen, bieten die Karteikarten einen guten Überblick.

22.191   14,80 €

Gesellschaftsrecht
Die Personengesellschaften, Körperschaften und Vereine haben viele Unterschiede, weisen aber auch Gemeinsamkeiten auf. Um diese mit allen wichtigen Problemen optimal vergleichen zu können, eignen sich besonders die Karteikarten im Überblicksformat.

22.192   14,80 €

Strafrecht-AT I
Das vorsätzliche Begehungsdelikt mit all seinen Problemen der Kausalität, der Irrtumslehre bis hin zur Rechtfertigungsproblematik und Schuldfrage ist hier umfassend, aber in bekannt kurzer und übersichtlicher Weise dargestellt.

22.20   14,80 €

Strafrecht-AT II
Die Karteikarten Strafrecht AT II decken die restlichen Problemkreise Versuch (insbesondere Rücktritt vom Versuch), Täterschaft und Teilnahme, das Fahrlässigkeitsdelikt und die oft vernachlässigten Konkurrenzen ab.

22.21   14,80 €

Strafrecht-BT I
Ergänzend zum Skript werden Ihnen hier die Vermögensdelikte in knapper und übersichtlicher Weise veranschaulicht. Besonders im Strafrecht BT, wo es oft zu Abgrenzungsproblematiken kommt (z.B. Abgrenzung zwischen Raub und

Die Karteikarten

räuberischer Erpressung) ist eine Darstellung auf Karteikarten sehr hilfreich.

22.22 14,80 €

Strafrecht-BT II
Die Strafrecht BT II - Karten befassen sich mit den Nichtvermögensdelikten. Besonderes Augenmerk wird hierbei auf die Körperverletzungsdelikte sowie die Urkundendelikte und die Brandstiftungsdelikte gelegt.

22.23 14,80 €

StPO
In fast jeder StPO-Klausur werden Zusatzfragen auf dem Gebiet des Strafprozessrechts gestellt. Es handelt sich hierbei meist um Standardfragen, aber gerade diese sollten Sie sicher beherrschen. Die Karteikarten decken alle Standardprobleme ab, von Prozessmaximen bis hin zu den einzelnen Verfahrensstufen.

22.30 14,80 €

Verwaltungsrecht I
Ob allgemeines oder besonderes Verwaltungsrecht - die einzelnen Probleme der Eröffnung des Verwaltungsrechtsweges werden Ihnen immer wieder begegnen. Wiederholen Sie hier auch Ihr Wissen rund um die Anfechtungsklage, welche die zentrale Klageart in der VwGO darstellt.

22.24 14,80 €

Verwaltungsrecht II
Von der Verpflichtungsklage über die Leistungsklage bis hin zum Normenkontrollantrag sowie weitere Bereiche, mit deren jeweiligen Sonderproblemen werden alle verwaltungsrechtlichen Klagearten dargestellt.

22.25 14,80 €

Verwaltungsrecht III
Mittels Karteikarten können die Spezifika der jeweiligen Rechtsgebiete umfassend aufbereitet und verständlich erklärt werden. Thematisiert werden im Rahmen dieser Karten das Widerspruchsverfahren, der vorläufige sowie der vorbeugende Rechtsschutz und das Erheben von Rechtsmitteln.

22.26 14,80 €

Staatsrecht
Karteikarten eignen sich besonders gut, die einzelnen Grundrechte, Verfassungsrechtsbehelfe und Staatszielbestimmungen darzustellen, da gerade die einschlägigen Rechtsbehelfe zum Bundesverfassungsgericht sehr klaren und eindeutigen Strukturen folgen, innerhalb derer eine saubere Subsumtion notwendig ist. Das Gesetzgebungsverfahren und die Aufgaben der obersten Staatsorgane können hierbei gut wiederholt werden. Auch wird ein kurzer Einblick in die auswärtigen Beziehungen und die Finanzverfassung gegeben.

22.27 14,80 €

Europarecht
Nutzen Sie die Europarechtskarteikarten, um im weitläufigen Gebiet des Europarechts den Überblick zu behalten. Vom Wesen und den Grundprinzipien des Gemeinschaftsrechts über das Verhältnis von Gemeinschaftsrecht zum mitgliedstaatlichen Recht bis hin zu den Institutionen wird hier übersichtlich alles dargestellt, was Sie als Grundlagenwissen benötigen. Hinzu kommen die klausurrelevanten Bereiche des Rechtsschutzes und der Grundfreiheiten.

22.29 14,80 €

Übersichtskarteikarten

> Ihr Begleiter vom 1. Semester bis zum 2. Staatsexamen! Die wichtigsten Problemfelder im Zivil-, Straf- und Öffentlichen Recht sind knapp, präzise und übersichtlich dargestellt. Sie erfassen effektiv auf einen Blick das Wesentliche. Die grafische Aufbereitung auf der Vorderseite erleichtert den schnellen Zugriff.
> Die Kommentierung mit der hemmer-Methode auf der Rückseite schafft die Einordnung für die Klausur. Nutzen Sie die Übersichtskarten auch als Checkliste zur Kontrolle.

BGB im Überblick I
Mit den Übersichtskarteikarten verschaffen Sie sich einen schnellen und effizienten Überblick über die wichtigsten zivilrechtlichen Problemkreise des BGB-AT, Schuldrecht AT und BT sowie des Sachenrecht AT und BT. Knapp und teilweise graphisch aufbereitet vermitteln Ihnen die Übersichtskarten das Wesentliche. Aufbauschemata helfen Ihnen bei der Subsumtion. Für den Examenskandidaten sind die Übersichtskarten eine „Checkliste", für den Anfänger eine Möglichkeit zum ersten Einblick.

25.01 30,00 €

BGB im Überblick II
Diese Karteikarten bieten einen Überblick der Gebiete Erbrecht, Familienrecht, Handelsrecht, Arbeitsrecht und ZPO. Für den Examenskandidaten sind die Übersichtskarteikarten eine „Checkliste", für den Anfänger ein erster Einblick.

25.011 30,00 €

Strafrecht im Überblick
Die Übersichtskarten leisten eine Einordnung in den strafrechtlichen Kontext. Im Hinblick auf das Examen werden so die wichtigsten examenstypischen Problemfelder vermittelt. Behandelt werden die Bereiche Strafrecht AT I und II wie auch BT I und II und StPO. Im Strafrecht BT ist bekanntlich fundiertes Wissen der Tatbestandsmerkmale mit ihren Definitionen gefragt, was sich durch Lernen mit den Übersichtskarten gezielt und schnell wiederholen lässt.

25.02 30,00 €

Öffentliches Recht im Überblick
Verschaffen Sie sich knapp einen Überblick über das Wesentliche der Gebiete Staatsrecht und Verwaltungsrecht. Die verwaltungs- und staatsrechtlichen Klagearten, Staatszielbestimmungen und die wichtigsten Vorschriften des Grundgesetzes werden mit den wichtigsten examenstypischen Problemfeldern verknüpft und vermindern in der gezielten Knappheit die Datenflut.

25.03 16,80 €

BLW-Skripten/Assessor-Skripten/-Karteikarten

ÖRecht im Überblick / Bayern
ÖRecht im Überblick / NRW

Mit dem zweiten Satz der Übersichtskarteikarten im Öffentlichen Recht können Sie Ihr Wissen nun auch auf den Gebiete Polizei- und Sicherheitsrecht überprüfen und auffrischen. Die wichtigsten Probleme auf den Gebieten Baurecht und Kommunalrecht werden im klausurspezifischen Kontext dargestellt, z.B. die Besonderheiten von Kommunalverfassungsstreitigkeiten im Kommunalrecht oder Fortsetzungsfeststellungsklagen im Polizeirecht.

25.031 ÖRecht im Überb. / Bayern	16,80 €
25.032 ÖRecht im Überb. / NRW	16,80 €

Europarecht/Völkerrecht im Überblick

Die Übersichtskarten zum Europarecht dienen der schnellen Wiederholung. Gerade in diesem Rechtsgebiet ist es wichtig, einen schnellen Überblick über Institutionen, Klagearten usw. zu bekommen. Klassiker wie Grundfreiheiten und Verknüpfungen zum deutschen Recht werden ebenfalls dargestellt. Komplettiert wird der Satz durch eine Darstellung der Grundzüge des Völkerrechts.

25.04	16,80 €

Skripten für BWL'er, WiWi und Steuerberater

> Profitieren Sie von unserem know-how.
> Seit 1976 besteht das ,in Würzburg gegründete, Repetitorium hemmer und bildet mit Erfolg aus. Grundwissen im Recht ist auch im Wirtschaftsleben heute eine Selbstverständlichkeit. Die **prüfungstypischen Standards, die so oder in ähnlicher Weise immer wiederkehren,** üben wir anhand unserer Skripten mit Ihnen ein. Durch unsere jahrelange Erfahrung wissen wir, mit welchen Anforderungen zu rechnen sind und welche Aspekte der Ersteller einer juristischen Prüfungsklausur der Falllösung zu Grunde legt. Das prüfungs- und praxisrelevante Wissen wird umfassend und gleichzeitig in der bestmöglichen Kürze dargestellt. Der Zugang zur „Fremdsprache Recht" wird damit erleichtert. Die richtige Investition in eine gute Ausbildung garantiert den Erfolg.

Privatrecht für BWL'er, WiWi & Steuerberater 18.01	14,80 €
Ö-Recht für BWL'er, WiWi & Steuerberater 18.02	14,80 €
Musterklausuren für´s Vordiplom/PrivatR 18.03	14,80 €
Musterklausuren für´s Vordiplom/ÖRecht 18.04	14,80 €
Die wichtigsten Fälle: BGB-AT, Schuldrecht AT/BT für BWL´er 118.01	14,80 €
Die wichtigsten Fälle: GesR, GoA, BereicherungsR für BWL´er 118.02	14,80 €

Skripten Assessor-Basics

> Trainieren Sie mit uns genau das, was Sie im 2. Staatsexamen erwartet. Die Themenbereiche der Assessor-Basics sind alle examensrelevant. So günstig erhalten Sie nie wieder eine kleine Bibliothek über das im 2. Staatsexamen relevante Wissen. Die Skripten dienen als Nachschlagewerk, sowie als Anleitung zum Lösen von Examensklausuren.

Theoriebände

Die Zivilrechtliche Anwaltsklausur/Teil 1: 410.0004	18,60 €
Das Zivilurteil 410.0007	18,60 €
Die Strafrechtsklausur im Assessorexamen 410.0008	18,60 €
Die Assessorklausur Öffentliches Recht 410.0009	18,60 €

Klausurentraining (Fallsammlung)

Zivilurteile (früher. Zivilprozess) 410.0001	18,60 €
Arbeitsrecht 410.0003	18,60 €
Strafprozess 410.0002	18,60 €
Zivilrechtliche Anwaltsklausuren/Teil 2: 410.0005	18,60 €
Öffentlichrechtl. u. strafrechtl. Anwaltsklausuren 410.0006	18,60 €

in Vorbereitung: Skript FGG-Verfahren

Karteikarten Assessor-Basics

Zivilprozessrecht im Überblick 41.10	19,80 €
Strafrecht im Überblick 41.20	19,80 €
Öffentliches Recht im Überblick 41.30	19,80 €
Familien- und Erbrecht im Überblick 41.40	19,80 €

Intelligentes Lernen/Sonderartikel/Life&LAW

Coach dich!
Rationales Effektivitäts-Training zur Überwindung emotionaler Blockaden

70.05   19,80 €

Lebendiges Reden (inkl. CD)
Wie man Redeangst überwindet und die Geheimnisse der Redekunst erlernt.

70.06   21,80 €

Die praktische Lern-Karteikartenbox
- Maße der Lernbox mit Deckel:
  je 160 mm x 65 mm x 120 mm
- für alle Karteikarten, auch für die Übersichtskarteikarten
- inclusive Lernreiter als Sortierhilfe:
  In 5 Schritten zum Langzeitgedächtnis

28.01   1,99 €

Der Referendar
24 Monate zwischen Genie und Wahnsinn

Das gesamte nicht-examensrelevante Wissen über Trinkversuche, Referendarsstationen, Vorstellungsgespräch... von Autor und Jurist Jörg Steinleitner. Humorvoll und sprachlich spritzig! 250 Seiten im Taschenbuchformat

70.01   8,90 €

Der Rechtsanwalt
Meine größten (Rein-) Fälle

Die im vorliegenden Band vereinigten Kolumnen erschienen in der Zeitschrift Life&LAW unter dem Titel: „Voll, der Jurist". Steinleitner hat sie für die Buchausgabe überarbeitet und ergänzt. 250 Seiten im Taschenbuchformat

70.02   9,90 €

Orig. Klausurenblock
DinA 4, 80 Blatt, Super praktisch
- Wie in der Prüfung wissenschaftlicher Korrekturrand, 1/3 von links
- glattes Papier zum schnellen Schreiben
- Klausur schreiben, rausreißen, fertig

KL 1   2,49 €
S 805   DinA 4, 80 Blatt, 5er Pack   11,80 €
S 810   DinA 4, 80 Blatt, 10er Pack   22,80 €

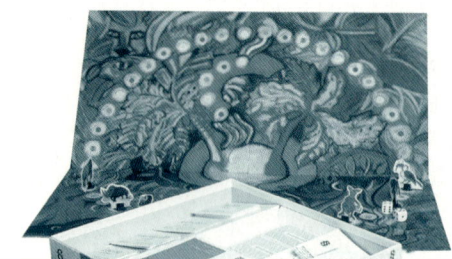

Life&Law - die hemmer-Zeitschrift
Die Life&Law ist eine monatlich erscheinende Ausbildungszeitschrift. In jeder Ausgabe werden aktuelle Entscheidungen im Bereich des Zivil-, Straf- und Öffentlichen Rechts für Sie aufbereitet und klausurtypisch gelöst.

Die Gesetzesbox
- stabile Box aus geprägtem Kunstleder mit Magnetverschluss
- Schutz für Ihre Gesetzestexte (Schönfelder und Sartorius), innen und außen gepolstert
- Box und Leseständer in einem, abwaschbar, leicht

28.05   24,80 €

Intelligentes Lernen: Wiederholungsmappe
Kaum etwas ist frustrierender, als sich in mühseliger Arbeit Wissen anzueignen, nur um wenige Zeit später festzustellen, dass das Meiste wieder vergessen wurde. Anstatt sein Wissen konstant auszubauen, wird ein und dasselbe immer wieder von neuem angegangen. Ein solches Vorgehen hat nur einen geringen Lernerfolg. Aber auch Motivation und Konzentrationsfähigkeit leiden unter diesem ständigen „Ankämpfen" gegen das Vergessen. Von Spaß am Lernen kann keine Rede sein. Mit dieser Wiederholungsmappe möchten wir diesem Problem beim Lernen entgegentreten. Mit einem effektiven Wiederholungsmanagement werden Sie Ihr Wissen beständig auf einem hohen Niveau halten. Wiederholungsmappe inklusive Übungsbuch und Mindmapps

75.01   9,90 €

Jurapolis - das hemmer-Spiel
Mit Jurapolis lernen Sie Jura spielerisch.

Die mündliche Prüfungssituation wird spielerisch trainiert. Sie trainieren im Spiel Ihre für die mündliche Prüfung so wichtige rhetorische Fähigkeiten. Vergessen Sie nicht, auch im Mündlichen wird entscheidend gepunktet.

Inklusive Karteikartensatz (ohne Übersichtskarteikarten und Shorties) nach Wahl, bitte bei Bestellung angeben!
Lässt sich auch mit eigenen Karteikarten spielen!

40.01   30,00 €

Im hemmer.card Magazin wird dem Leser Wissenswertes und Interessantes rund um die Juristerei geboten.
Als hemmer-Kursteilnehmer/in (auch ehemalige) erhalten Sie die Life&LAW zum Vorzugspreis von 5,- € mtl.

Art.Nr.: AboLL (ehem. Kurs-Teilnehmer)   5,00 €
Art.Nr.: AboLL (nicht Kurs-Teilnehmer)   6,00 €

Life&LAW Jahrgangsband

Art.Nr.: LLJ   1999 - 2005   je 50,00 €
bitte Jahrgang angeben

Art.Nr.: LLJ05   2006   80,00 €
Art.Nr.: LLE   Einband für Life&LAW   je 6,00 €
bitte Jahrgang angeben

Der Jahreskurs

Würzburg - Augsburg - Bayreuth - Berlin-Dahlem - Berlin-Mitte - Bielefeld - Bochum - Bonn - Bremen - Dresden - Düsseldorf - Erlangen - Frankfurt/M - Frankfurt/Oder - Freiburg - Gießen - Göttingen - Greifswald - Halle - Hamburg - Hannover - Heidelberg - Jena - Kiel - Köln - Konstanz - Leipzig - Mainz - Mannheim - Marburg - München - Münster - Osnabrück - Passau - Potsdam - Regensburg - Rostock - Saarbrücken - Stuttgart - Trier - Tübingen

Unsere Jahreskurse beginnen jeweils im Frühjahr (März) und im Herbst (September).

In allen Städten ist im Kurspreis ein Skriptenpaket integriert:

Bereits mit der Anmeldung wählen Sie 12 Produkte (Skripten oder Karteikarten) kursbegleitend:

- ✓ daher frühzeitig sich anmelden!
- ✓ sich einen Kursplatz sichern
- ✓ mit den Skripten / Karteikarten lernen
- ✓ Life&Law im Kurspreis integriert
- ✓ keine Kündigungsfristen

Juristisches Repetitorium hemmer

examenstypisch   anspruchsvoll   umfassend

Karl Edmund Hemmer / Achim Wüst

Gewinnen Sie mit der „HEMMER-METHODE"!

Wer in vier Jahren sein Studium erfolgreich abschließen will, kann sich einen Irrtum im Hinblick auf Examensvorbereitung und Ausbildungsmaterial nicht leisten!

Ihr Ziel: Sie wollen ein gutes Examen:

Stellen Sie frühzeitig die Weichen richtig. Trainieren Sie unter professioneller Anleitung das, was Sie im Examen erwartet. Dazu hat Ihre Ausbildung den Ansprüchen des Examens zu entsprechen. Um das Examen sicher zu erreichen, müssen Sie wissen, mit welchem Anforderungsprofil Sie im Examen zu rechnen haben.
Die Kunst, eine gute Examensklausur zu schreiben, setzt voraus:

Problembewusstsein

„Problem erkannt, Gefahr gebannt". Ein zentraler Punkt ist das Prinzip, an authentischen Examensproblemen zu lernen. Anders als im wirklichen Leben gilt: „Probleme schaffen, nicht wegschaffen".

Juristisches Denken

Dazu gehört die Fähigkeit,
- komplexe Sachverhalte in ihre Bestandteile zu zerlegen (assoziative Textauswertung),
- die notwendigen rechtlichen Erörterungen anzuschließen,
- Einzelprobleme zueinander in Beziehung zu setzen,
- zu einer schlüssigen Klausurlösung zu verbinden und
- durch ständiges Training wiederkehrende examenstypische Konstellationen zu erfassen.

Grundlegende Fehler werden so vermieden.

Abstraktionsvermögen

Die Gesetzessprache ist abstrakt. Der Fall ist konkret. Nur wer über das notwendige Abstraktionsvermögen verfügt, ist in der Lage, die für die Falllösung erforderliche Transformationsleistung zu erbringen. Diese Fähigkeit wird geschult durch methodisches Lernen.

Sprachsensibilität

Damit einhergehend ist Genauigkeit und Klarheit in der Darstellung, Plausibilität und Überzeugungskraft erforderlich.

Was macht das Juristische Repetitorium Hemmer so erfolgreich?

In allen drei Rechtsgebieten gilt: Examenstypisches, umfassendes und anspruchsvolles Lernsystem.

1. Kein Lernen am einfachen Fall:

> **Grundfall geht an Examensrealität vorbei!**

Hüten Sie sich vor Übervereinfachung beim Lernen! Unterfordern Sie sich nicht. Die Theorie des einfachen Grundfalles nimmt zwar als psychologischer Aspekt die Angst vor Falllösungen, die Examensreife kann aber so nicht erlangt werden. Es fehlt die Einbindung des gelernten Teilwissens in den Kontext des großen Falls. Ein vernetztes Lernen findet nicht statt. Außerdem: Für den Grundfall brauchen Sie kein Repetitorium. Sie finden ihn in jedem Lehrbuch. Die Methode der Reduzierung juristischer Sachverhalte auf den einfachen Grundfall bzw. das Schema entspricht weder in der Klausur noch in der Hausarbeit der Examensrealität. Sie müssen sich folglich das notwendige Anwendungswissen für das Examen selbst aneignen. Schablonenhaftes Denken ist im Examen gefährlich. Viele lernen nur nach dem Prinzip „Aufschieben und Hinauszögern" von zu erledigenden Aufgaben. Dies erweist sich als Form der Selbstsabotage. Wer sich überwiegend mit Grundfällen und dem Auswendiglernen von Meinungen beschäftigt, dem fehlt am Schluss die Zeit, Examenstypik einzutrainieren.

2. Kein Lernen am Rechtsprechungsfall mit Literaturmeinung

> **Rechtsprechungsfall entspricht nicht der Vielschichtigkeit des Examensfalls**

Zwar ermöglicht dies Einzelprobleme leichter als durch Lehrbücher zu erlernen, es fehlt aber eine den Examensarbeiten entsprechende Vielschichtigkeit.

Außerdem besteht die Gefahr des Informationsinfarkt. Viel Wissen garantiert noch lange nicht, auch im Examen gut abzuschneiden. Maßgeblich ist die Situationsgebundenheit des Lernens. Wer sich examenstypisch am großen Fall Problemlösungskompetenz unter Anleitung erarbeitet, reduziert die Informationsmenge auf das Wesentliche.

Durch richtiges Lernen mit einem ausgesuchten, am Examen orientierten Fallmaterial verschaffen Sie sich mehr Freizeit. Nur wer richtig lernt, erspart sich auch Zeit. Weniger ist häufig mehr!

Die Examensklausuren und noch mehr die Hausarbeiten sind so konstruiert, dass die notwendige Notendifferenzierung ermöglicht wird. Die Examensrealität ist damit in der Regel anders als der einfache Rechtsprechungsfall. Examensfälle sind anspruchsvoll.

3. hemmer-Methode: Lernen am examenstypischen „großen" Fall

Wir orientieren uns am Niveau von Examensklausuren, weil sich gezeigt hat, dass traditionelle Lehr- und Lernkonzepte den Anforderungen des Examens nicht entsprechen. Der Examensfall und damit der große Fall ist eine konstruierte Realität, auf die es sich einzustellen gilt.

Examen ist eine konstruierte Realität

Die „HEMMER-METHODE" ist eine neue Lernform und holt die Lernenden aus ihrer Passivität heraus. Mit gezielten, anwendungsorientierten Tipps unterstützen wir vor allem die wichtige Sachverhaltsaufbereitung und damit Ihre Examensvorbereitung.

Jura ist ein Sprachspiel

Denken Sie daran, Jura ist ein Spiel und zuallererst ein *Sprachspiel*, auch im Examen.
Es kommt auf den richtigen Gebrauch der Worte an.

Lernen Sie mit uns einen genauen und reflektierten Umgang mit der juristschen Sprache. Dies heißt immer auch, genau denken zu lernen. Profitieren Sie dabei von unserem Erfahrungswissen. Die juristische Sprache ist erlernbar. Wie Sie sie sinnvoll erlernen, erfahren Sie in unseren Kursen. Statt reinem Faktenwissen erhalten Sie Strategie- und Prozesswissen. „Schach dem Examen!."

Spaß mit der Arbeit am Sachverhalt

Die genaue Arbeit am Sachverhalt bringt Spaß und hat sich als sehr effizient für das juristische Verständnis von Fallkonstellationen herausgestellt. Dabei ist zu beachten, dass die juristische Sprache eine Kunstsprache ist. Wichtig wird damit die Transformation: So erklärt der Laie in der Regel in der Klausur nicht: „Ich fechte an, ich trete zurück", sondern „Ich will vom Vertrag los".

Lernen Sie, den Sachverhalt richtig zu lesen. Steigern Sie Ihre Leseaufmerksamkeit. Gehen Sie deshalb gründlich und liebevoll mit dem Sachverhalt um, und verlieren Sie sich dabei nicht in Einzelheiten. Letztlich geht es um die Wahrnehmungsfähigkeit: Was ist im Sachverhalt des Examensfalles angelegt und wie gehe ich damit um („Schlüssel-Schloß- Prinzip"). Der Sachverhalt gibt die Problemfelder vor. Entgehen Sie der Gefahr, dass Sie „ein Weihnachtsgedicht zu Ostern vortragen."

Trainieren von denselben Lerninhalten in verschiedenen Anwendungs-situationen

Juristerei setzt eine gewisse Beweglichkeit voraus, d.h. jeder Fall ist anders, manchmal nur in Nuancen. Akzeptieren Sie: Jeder Fall hat einen experimentellen Charakter. Trainieren Sie Ihr bisheriges Wissen an neuen Problemfeldern. Dies verhindert, dass das Gelernte auf einen bestimmten Kontext fixiert wird. Trainieren Sie, dieselben Lerninhalte in verschiedene Anwendungssituationen einzubetten und aus unterschiedlichen Blickwinkeln zu betrachten. Denn wer einen Problemkreis von mehreren Seiten her kennt, kann damit auch flexibler umgehen. Verbessern Sie damit Ihre Transferleistung. Über das normale additive Wissen hinaus vermitteln wir sog. metabegriffliches Wissen, d.h. bereichsübergreifendes Wissen.

Modellhaftes Lernen

Modellhaftes Lernen schafft Differenzierungsvermögen, ermöglicht Einschätzungen und fördert den Prozess der Entscheidungsfindung. Seien Sie kritisch gegenüber Ihren Ersteinschätzungen. Eine gewisse Veränderungsbereitschaft gehört zum Lernprozess. Überprüfen Sie Ihr Wertungssystem auch im Hinblick auf das Ergebnis des Falles.
Hüten Sie sich vor zu starkem Routinedenken und damit vor automatisierten Mustern. Fragen Sie sich stets, ob Sie mit Ihren Annahmen den Fall weiterlösen können oder ob Sie in eine Sackgasse geraten.

Assoziations-methode als erste „Heran-gehensweise": Hypothesen-bildung

Mit der Assoziationsmethode lehren wir in unseren mündlichen Kursen, wie Sie die zentralen Probleme des Falles angehen und ausdeuten. Dabei wird die Bedeutung nahezu aller Worte untersucht. Durch frühe Hypothesenbildung werden alle für die Falllösung möglichen Problemkonstellationen durchgespielt. Die spätere gezielte Selektion führt dazu, dass die für den konkreten Sachverhalt abwegigen Varianten ausscheiden (Prinzip der Retardation bzw. der negativen Evidenz). Die übriggebliebenen Hypothesen bestimmen die Lösungsstrategie.

Wichtigste Arbeitsphase = Problem-aufriss

Die erste Stunde, der Problemaufriss, ist die wichtigste Stunde. Es werden die Weichen für die spätere Niederschrift gestellt. Wenn Sie die Klausur richtig erfassen (den „roten Faden"/die „main street"), sind Sie zumindest auf der sicheren Seite und schreiben nicht an der Klausur vorbei.

4. Ersteller als „imaginärer" Gegner

Dialog mit dem Klausur-ersteller

Der Ersteller des Examensfalles hat auf verschiedene Problemkreise und ihre Verbindung geachtet. Der Ersteller als Ihr „imaginärer Gegner" hat, um Notendifferenzierungen zu ermöglichen, verschiedene Problemfelder unterschiedlicher Schwierigkeit versteckt. Der Fall ist vom Ersteller als kleines Kunstwerk gewollt. Diesen Ersteller muss der Student als imaginären Gegner bei seiner Falllösung berücksichtigen. Er muss also versuchen, sich in die Gedankengänge, Annahmen und Ideen des Erstellers hineinzudenken, und dessen Lösungsvorstellung wie im Dialog möglichst nahe zu kommen. Je ideenreicher Ihre Ausbildung verläuft, desto mehr Möglichkeiten erkennen Sie im Sachverhalt. Die Chance, eine gute Klausur zu schreiben, wird größer.

Gewinnen Sie mit der „Hemmer-Methode"

Wir fragen daher konsequent bei der Falllösung:
- ✓ *Was will der Ersteller des Falles („Sound")?*
- ✓ *Welcher „rote Faden" liegt der Klausur zugrunde („main-street")?*
- ✓ *Welche Fallen gilt es zu erkennen?*
- ✓ *Wie wird bestmöglicher Konsens mit dem Korrektor erreicht?*

Die Falllösung wird dann nicht durch falsches Schablonendenken geprägt, vielmehr zeigen Sie, dass Sie gelernt haben, mit den juristischen Begriffen umzugehen, dass es nicht nur auswendig gelernte Begriffe sind, sondern dass Sie sich darüber im Klaren sind, dass der Begriff immer erst in der konkreten Anwendung seine Bedeutung gewinnt.

Unterfordern Sie sich nicht! Lernen Sie nicht auf zu schwachem Niveau. Zwar ist „der Einäugige unter den Blinden König". Die Einäugigkeit rächt sich aber spätestens im Examen. Ziel jeden guten Unterrichts muss eine realistische Selbsteinschätzung der Hörer sein.

Problemorientiertes Lernen, unterstützt durch Experten Wichtig ist, mit der Assoziationsmethode im richtigen sozialen Kontext zu lernen, denn gemeinsames Lernen in Gruppen ist nicht nur motivierend, sondern auch effektiv. Nehmen Sie an einer Atmosphäre teil, in der Sie sinnvoll Erfahrungsaustausch, Meinungsvielfalt und Kontakt mit Experten erfahren. Maßgeblich ist die gezielte Unterstützung. Wir geben das Niveau vor. Achten Sie stets darauf, dass die Lernsituation anwendungsbezogen bleibt und der Vielschichtigkeit des Examens entspricht. Unser Repetitorium spricht den Juristen an, der sich am Prädikatsexamen orientiert. Insoweit profitieren Sie auch vom Interesse und Wissensstand der anderen Kursteilnehmer.

Gefahr bei Kleingruppen Hüten Sie sich vor sog. „Kleingruppen". Dort besteht die Gefahr, dass Schwache und Nichtmotivierte den Unterricht allzusehr mitbestimmen: „Der Schwächste bestimmt das Niveau!" Wichtig ist doch für Sie, auf welchem Niveau (was und wie) die Auseinandersetzung mit der Juristerei stattfindet. Wer nur auf vier Punkte lernt, landet leicht bei drei Punkten!

Soviel ist klar: Wie Sie lernen, beeinflusst Ihr Examen. Weniger bekannt ist, dass das Fehlen bestimmter Informationen das Examen verschlechtert.

Glauben Sie an die eigene Entwicklungsfähigkeit, schöpfen Sie Ihr Potential aus.

5. Spezielle Ausrichtung auf Examenstypik

Im Trend des Examens Dies hat weiterhin den Vorteil, dass wir voll im Trend des Examens liegen. Die Thematik der Examensfälle ist bei uns auffällig häufig vorher im Kurs behandelt worden. Auch in Zukunft ist damit zu rechnen, dass wir mit Ihnen innerhalb unseres Kurses die Themen durchsprechen, die in den nächsten Prüfungsterminen zu erwarten sind.

6. „Gebrauchsanweisung"

Vertrauen Sie auf unsere Expertenkniffe. Die **„HEMMER-METHODE"** setzt richtungsweisende Maßstäbe und ist Gebrauchsanweisung für Ihr Examen.

Der Erfolg gibt uns recht!

Examensergebnisse Die Examenstermine zeigen, dass **unsere Kursteilnehmer** überdurchschnittlich abschneiden;
z.B. Würzburg, Ergebnisse **1991-2006:**
15,08 (Landes**bester**); 14,95* (**Bester** des Termins 2006 I in Würzburg); 14,79*; 14,7* (**Beste** des Termins 98 I); 14,66* (**Bester** des Termins 2006 II in Würzburg); 14,3* (Landes**bester**); 14,25*(**Bester** des Termins 2005 II); 14,16* (**Beste** des Termins 2000 II), 14,08* (**Beste** des Termins in Würzburg 96 I); 14,08 (Landes**bester**); 14,04* (**Bester** des Termins 2004 II); 13,87; 13,83*; 13,8*; 13,75* (**Bester** im Termin 99/II in Würzburg); 13,75*; 13,7 (7. Semester, **Bester** des Termins in Würzburg 95 II); 13,66* (**Bester** des Termins 97 I, 7. Semester); 13,6*; 13,54*, 13,41*, 13,4*; 13,3* (**Beste** des Termins 93 I in Würzburg); 13,3* (**Bester** des Termins 91 I in Würzburg), 13,29*; 13,2*(**Bester** des Termins 2001 I in Würzburg); 13,2; 13,12*; 13,08* (**Bester** des letzten Termins 2002 I in Würzburg), 13,04*; 13,02* (**Bester** des Termins 95 I in Würzburg); 13,0; 12,91* (**Bester** des Termins 99 I in Würzburg); 2 x 12,87* (7. Semester); 12,83* (**Bester** des Termins 2004 I); 12,8*; 12,79*; 12,75*; 12,62; 12,6; 12,6*; 12,6; 12,58*; 12,54*; 12,54*, 12,5*; 12,41; 12,37*(7. Semester); 12,3*; 12,25*; 12,2; 12,2*; 12,18; 12,12*; 12,12; 12,1; 12,08; 12,08*; 12,06; 12,04*(**Beste** des Termins 98 II; Ergebnis Februar '99); 12,0*; 12,0*; 12,0*; 12,0*; 12,0*; 12,0*; 11,83; 11,8; 11,79*; 11,75*; 11,75; 11,75; 11,6; 11,58*; 11,54*; 11,5*; 11,5;...
(*hemmer-Mitarbeiter bzw. ehemalige hemmer-Mitarbeiter)

Ziel: solides Prädikatsexamen Lassen Sie sich aber nicht von diesen „Supernoten" verschrecken. Denn unsere Hauptaufgabe sehen wir nicht darin, nur Spitzennoten zu produzieren: Wir streben ein solides Prädikatsexamen an. So erreichten z.B. schon im ersten Durchgang unsere Kursteilnehmer in Leipzig (Termin 1994 II) bereits nach dem Schriftlichen einen Schnitt von 8,6 Punkten, wobei der Gesamtdurchschnitt aller Kandidaten nur 5,46 Punkte betrug (Quelle: Fachschaft Jura Leipzig, »Der kleine Advokat«, April 1995). Aber am allerwichtigsten für uns ist: Unsere Durchfallquote ist äußerst gering!
Regelmäßiges Training an examenstypischem Material zahlt sich also aus.

Spitzennoten von Mitarbeitern Dies zeigt sich auch z.B. bei unseren Verantwortlichen: In jedem Rechtsgebiet arbeiteten Juristen mit, die ihr Examen mit **„sehr gut"** bestanden haben.
Professionelle Vorbereitung zahlt sich aus. Noten unserer Kursleiter (ehemalige Kursteilnehmer in Würzburg) im bayerischen Staatsexamen, wie **13,5, 13,4** und **12,9** und andere mit „gut" sind Ihr Vorteil. Nur wer selbst gut ist, weiß auf was es im Examen ankommt. Nur so wird gutes Material erstellt.
Die Ergebnisse unserer Kursteilnehmer im Ersten Staatsexamen können auch Vorbild für Sie sein. Motivieren Sie sich durch Ihre guten Mitkursteilnehmer/innen. Lassen Sie sich daher nicht von unseren Supernoten verschrecken, sehen Sie dieses Niveau als Anreiz für Ihr Examen. „Wer nur in der C-Klasse spielt, bleibt in der C-Klasse."

Wir sind für unser Anspruchsniveau bekannt.